NOS MOS HOY 2 COMPACTO

Edición para estudiantes + Cuaderno de ejercicios

Curso de español

A2

Libro + plataforma digital

Edición para estudiantes

p. 3

Cuaderno de ejercicios

p. 151

difusión

Bienvenidos a NOS VEMOS HOY 2 COMPACTO

NOS VEMOS HOY es un manual para descubrir el mundo de habla hispana y aprender a comunicarse en situaciones de la vida cotidiana. Al final de este nivel el / la estudiante habrá alcanzado el nivel A2 del Marco Común Europeo de Referencia para las Lenguas.

Para vivir una experiencia aún más interactiva, todos los recursos digitales de **NOS VEMOS HOY** se encuentran disponibles en:

Recursos para estudiantes y docentes
campus difusión

campus difusión

- ✓ Libro digital interactivo en dos formatos (flipbook y HTML)
- ✓ Audios y vídeos
- ✓ Transcripciones de los audios
- ✓ Textos mapeados
- ✓ Textos locutados
- ✓ Itinerarios digitales
- ✓ Itinerarios básicos
- ✓ Evaluaciones
- ✓ Exámenes autocorregibles por unidad
- ✓ Edición anotada para docentes
- ✓ Glosarios en inglés, francés y chino
- ✓ Soluciones

NOS VEMOS HOY

2 COMPACTO

Edición para estudiantes
+ Cuaderno de ejercicios

Edición para estudiantes

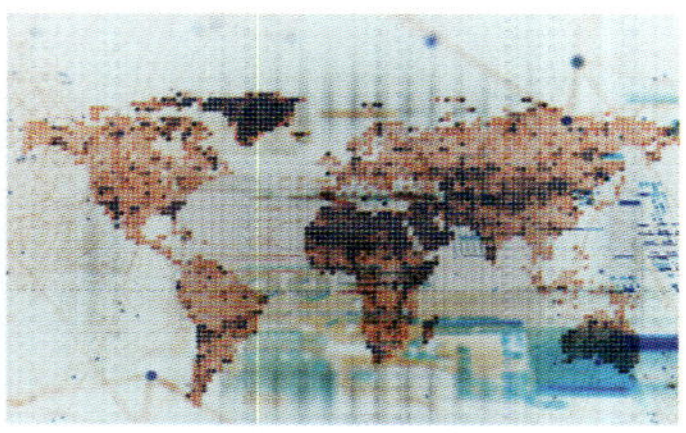

ÍNDICE

Cada unidad de NOS VEMOS HOY se estructura de la siguiente manera:

Una página doble de **portadilla** presenta los objetivos, activa los conocimientos previos e introduce el tema de la unidad.

Tres páginas dobles forman el corazón de la unidad. Contienen textos vivos e informativos para familiarizarse con el idioma y actividades para aplicar de inmediato lo aprendido.

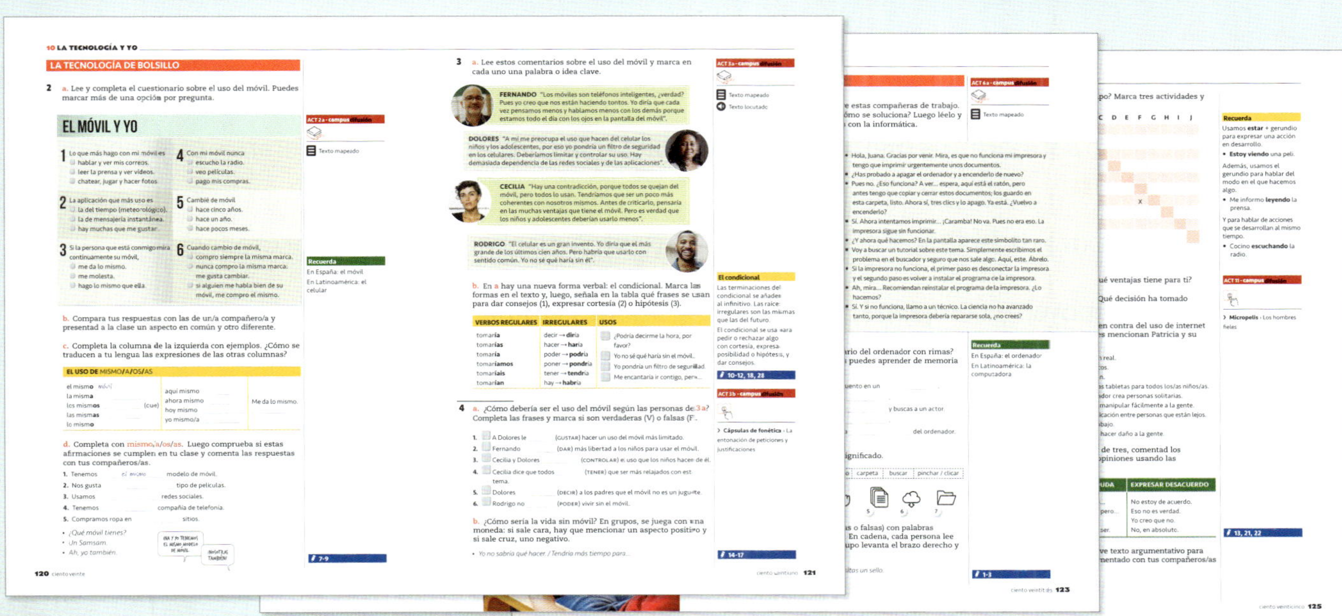

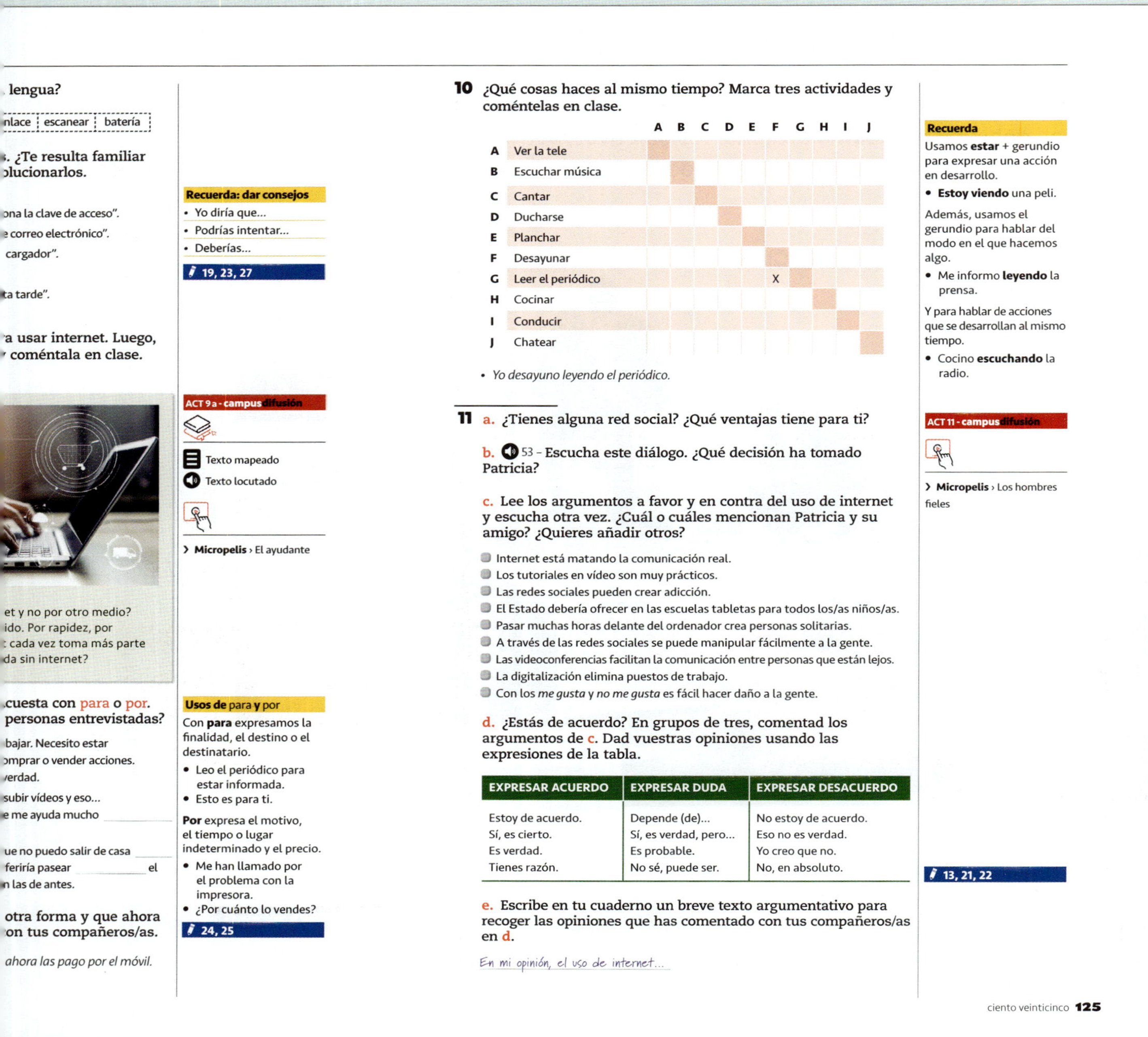

lengua?

nlace | escanear | batería

. ¿Te resulta familiar olucionarlos.

ona la clave de acceso".
correo electrónico".
cargador".

ta tarde".

a usar internet. Luego, comértala en clase.

et y no por otro medio?
ido. Por rapidez, por
cada vez toma más parte
da sin internet?

cuesta con para o por. personas entrevistadas?

bajar. Necesito estar
omprar o vender acciones.
verdad.
subir vídeos y eso...
e me ayuda mucho
ue no puedo salir de casa
ferìría pasear el
n las de antes.

otra forma y que ahora on tus compañeros/as.

ahora las pago por el móvil.

Recuerda: dar consejos
- Yo diría que...
- Podrías intentar...
- Deberías...

19, 23, 27

ACT 9a - campusdifusión

Texto mapeado
Texto locutado

› **Micropelis** › El ayudante

Usos de para y por

Con **para** expresamos la finalidad, el destino o el destinatario.
- Leo el periódico para estar informada.
- Esto es para ti.

Por expresa el motivo, el tiempo o lugar indeterminado y el precio.
- Me han llamado por el problema con la impresora.
- ¿Por cuánto lo vendes?

24, 25

10 ¿Qué cosas haces al mismo tiempo? Marca tres actividades y coméntelas en clase.

		A	B	C	D	E	F	G	H	I	J
A	Ver la tele										
B	Escuchar música										
C	Cantar										
D	Ducharse										
E	Planchar										
F	Desayunar										
G	Leer el periódico						X				
H	Cocinar										
I	Conducir										
J	Chatear										

- *Yo desayuno leyendo el periódico.*

11 a. ¿Tienes alguna red social? ¿Qué ventajas tiene para ti?

b. 53 - Escucha este diálogo. ¿Qué decisión ha tomado Patricia?

c. Lee los argumentos a favor y en contra del uso de internet y escucha otra vez. ¿Cuál o cuáles mencionan Patricia y su amigo? ¿Quieres añadir otros?

- Internet está matando la comunicación real.
- Los tutoriales en vídeo son muy prácticos.
- Las redes sociales pueden crear adicción.
- El Estado debería ofrecer en las escuelas tabletas para todos los/as niños/as.
- Pasar muchas horas delante del ordenador crea personas solitarias.
- A través de las redes sociales se puede manipular fácilmente a la gente.
- Las videoconferencias facilitan la comunicación entre personas que están lejos.
- La digitalización elimina puestos de trabajo.
- Con los *me gusta* y *no me gusta* es fácil hacer daño a la gente.

d. ¿Estás de acuerdo? En grupos de tres, comentad los argumentos de c. Dad vuestras opiniones usando las expresiones de la tabla.

EXPRESAR ACUERDO	EXPRESAR DUDA	EXPRESAR DESACUERDO
Estoy de acuerdo.	Depende (de)...	No estoy de acuerdo.
Sí, es cierto.	Sí, es verdad, pero...	Eso no es verdad.
Es verdad.	Es probable.	Yo creo que no.
Tienes razón.	No sé, puede ser.	No, en absoluto.

e. Escribe en tu cuaderno un breve texto argumentativo para recoger las opiniones que has comentado con tus compañeros/as en d.

En mi opinión, el uso de internet...

Recuerda

Usamos **estar** + gerundio para expresar una acción en desarrollo.
- **Estoy viendo** una peli.

Además, usamos el gerundio para hablar del modo en el que hacemos algo.
- Me informo **leyendo** la prensa.

Y para hablar de acciones que se desarrollan al mismo tiempo.
- Cocino **escuchando** la radio.

ACT 11 - campusdifusión

› **Micropelis** › Los hombres fieles

13, 21, 22

ciento veinticinco 125

Este manual integra **itinerarios digitales** para completar las unidades. Estos itinerarios ofrecen en **campusdifusión**:

contenido extra de **NOS VEMOS HOY** (textos mapeados y textos locutados)

vídeos que apoyan y complementan las explicaciones gramaticales y léxicas (gramaclips, cortos, micropelis, clases de gramática...)

Además, las ayudas laterales de **gramática** y las de **léxico y comunicación** ofrecen a los/as estudiantes, a lo largo de toda la unidad, un cómodo apoyo lingüístico para desarrollar las actividades y las propuestas prácticas de manera eficaz.

1, 2 Estas **remisiones al Cuaderno de ejercicios** informan a los / las estudiantes de qué actividades están asociadas a las propuestas didácticas de las unidades.

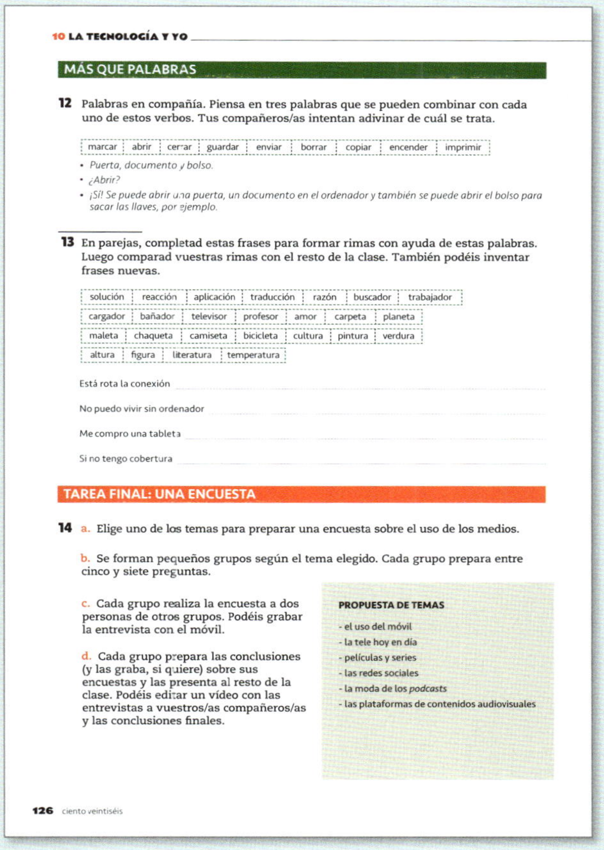

10 LA TECNOLOGÍA Y YO

MÁS QUE PALABRAS

12 Palabras en compañía. Piensa en tres palabras que se pueden combinar con cada uno de estos verbos. Tus compañeros/as intentan adivinar de cuál se trata.

marcar | abrir | cerrar | guardar | enviar | borrar | copiar | encender | imprimir

- *Puerta, documento y bolso.*
- *¿Abrir?*
- *¡Sí! Se puede abrir una puerta, un documento en el ordenador y también se puede abrir el bolso para sacar las llaves, por ejemplo.*

13 En parejas, completad estas frases para formar rimas con ayuda de estas palabras. Luego comparad vuestras rimas con el resto de la clase. También podéis inventar frases nuevas.

solución | reacción | aplicación | traducción | razón | buscador | trabajador
cargador | bañador | televisor | profesor | amor | carpeta | planeta
maleta | chaqueta | camiseta | bicicleta | cultura | pintura | verdura
altura | figura | literatura | temperatura

Está rota la conexión

No puedo vivir sin ordenador

Me compro una tableta

Si no tengo cobertura

TAREA FINAL: UNA ENCUESTA

14 a. Elige uno de los temas para preparar una encuesta sobre el uso de los medios.

b. Se forman pequeños grupos según el tema elegido. Cada grupo prepara entre cinco y siete preguntas.

c. Cada grupo realiza la encuesta a dos personas de otros grupos. Podéis grabar la entrevista con el móvil.

d. Cada grupo prepara las conclusiones (y las graba, si quiere) sobre sus encuestas y las presenta al resto de la clase. Podéis editar un vídeo con las entrevistas a vuestros/as compañeros/as y las conclusiones finales.

PROPUESTA DE TEMAS
- el uso del móvil
- la tele hoy en día
- películas y series
- las redes sociales
- la moda de los *podcasts*
- las plataformas de contenidos audiovisuales

126 ciento veintiséis

Más que palabras trabaja los recursos comunicativos y el contenido léxico de la unidad. Además, presenta colocaciones léxicas que ayudan a comprender cómo se combinan las palabras en español.

Una **tarea final** servirá para convertir los conocimientos adquiridos en la unidad en algo práctico para la vida real. Junto con sus compañeros/as, **el / la estudiante elaborará un producto** en el que plasmará su competencia comunicativa.

Todas las unidades ofrecen un vídeo, disponible en **campusdifusión**, que complementa el contenido de la unidad al tiempo que muestra la realidad sociocultural de los países de habla hispana.

VÍDEO ▶

8 – UNA CANCIÓN DE AMOR

Antes de ver el vídeo

1 ¿Tienes una canción de amor favorita? ¿Cuál es?

2 ¿Alguna vez has escrito un poema o has compuesto una canción de amor? Coméntalo en clase.

Vemos el vídeo

3 Ve el vídeo y escribe el argumento en tu cuaderno.

4 Ve el vídeo de nuevo y transcribe la letra de la canción.

5 Ahora, analiza la letra. ¿De qué habla la canción si piensas en una persona? ¿De qué habla si piensas en un teléfono? Comenta las diferencias con tus compañeros/as.

Después de ver el vídeo

6 Escribe versos de amor que pueden hablar de una persona y de un objeto al mismo tiempo: un coche, una tele, un móvil, una mochila...
Contigo la vida es el mejor viaje

ciento veintisiete 127

En el apartado **De fiesta** se realiza un recorrido cultural por varias fiestas de España y Latinoamérica.

10 LA TECNOLOGÍA Y YO

DE FIESTA

LA VENDIMIA

Hola, me llamo Antonio y soy de Logroño, la capital de La Rioja. Mi región es famosa por sus magníficos vinos, sobre todo los tintos.

Los vinos de La Rioja tienen la Denominación de Origen Calificada (D. O. C.), un certificado de calidad que confirma que el vino se ha producido en esta región. Un vino de Rioja siempre es bueno, pero no es lo mismo comprar un vino de crianza que un vino gran reserva, por ejemplo. Crianza, reserva y gran reserva son categorías de calidad (de menor a mayor) que se definen por el tiempo que pasa el vino en el barril y en la botella.

El vino es una parte fundamental en nuestra vida y, además, marca el paisaje de La Rioja. Es hermoso, sobre todo en otoño, cuando las viñas cambian de color. Es también la época más importante para la región, porque se realiza la vendimia, es decir, se recogen las uvas de las que después se hará el vino.

Todos los pueblos y ciudades de La Rioja, grandes o pequeños, celebran en otoño sus fiestas de la vendimia. Aquí, en Logroño, estas fiestas se llaman "Fiestas de San Mateo" y empiezan el 21 de septiembre. Es una fiesta muy antigua que se celebra desde el siglo XII. Como en todas las fiestas populares, hay música, bailes y comida. Se come muchísimo y muy bien porque celebramos también la Feria Gastronómica. ¿Qué se come? De todo, pero lo mejor son las especialidades de la región, como las patatas con chorizo. Y, claro, se bebe vino. El nuestro, el Rioja.

Una parte preciosa de las fiestas es cuando al final se hace la "ofrenda del primer mosto". El mosto es el nombre que tiene el zumo de la uva y que no lleva alcohol. En la ofrenda, niños y niñas de toda La Rioja llenan la "cuba" con las primeras uvas recogidas.

Después las uvas se pisan de la manera tradicional, con los pies, para sacar el mosto. Este mosto se ofrece a la patrona de Logroño, la Virgen de la Valvanera. Finalmente, se quema la cuba. ¡Es muy emocionante!

1 Antes de leer el texto, busca el significado de estas palabras. ¿Puedes hacer un dibujo para ilustrar cada una?

uvas, vendimia, cuba / barril, botella, viña, pisar

2 ¿Verdadero (V) o falso (F)? Corrige las frases falsas.

	V	F
1. La D. O. C. no certifica la calidad de un vino.		
2. Un vino reserva es mejor que un crianza.		
3. La vendimia se hace antes del verano.		
4. Las fiestas populares de La Rioja se llaman "Fiestas de San Mateo".		
5. El primer mosto se pisa con los pies.		

3 ¿En tu país hay productos con D. O. C. (o algún certificado similar)? ¿Cuáles?

DE FIESTA - campusdifusión | 26

Texto mapeado

Texto locutado

128 ciento veintiocho

ciento veintinueve 129

La doble página final brinda una recopilación de **recursos comunicativos** y **contenidos gramaticales**.

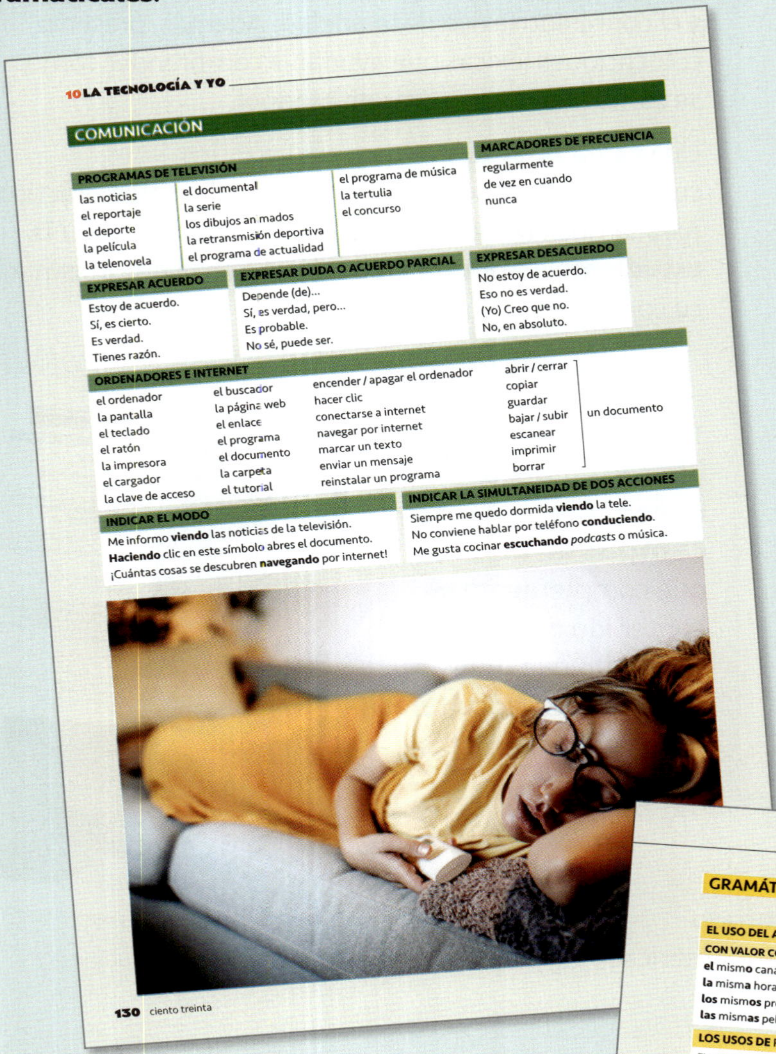

10 LA TECNOLOGÍA Y YO

COMUNICACIÓN

PROGRAMAS DE TELEVISIÓN

las noticias el reportaje el deporte la película la telenovela	el documental la serie los dibujos animados la retransmisión deportiva el programa de actualidad	el programa de música la tertulia el concurso

MARCADORES DE FRECUENCIA

regularmente
de vez en cuando
nunca

EXPRESAR ACUERDO

Estoy de acuerdo.
Sí, es cierto.
Es verdad.
Tienes razón.

EXPRESAR DUDA O ACUERDO PARCIAL

Depende (de)...
Sí, es verdad, pero...
Es probable.
No sé, puede ser.

EXPRESAR DESACUERDO

No estoy de acuerdo.
Eso no es verdad.
(Yo) Creo que no.
No, en absoluto.

ORDENADORES E INTERNET

el ordenador la pantalla el teclado el ratón la impresora el cargador la clave de acceso	el buscador la página web el enlace el programa el documento la carpeta el tutorial	encender / apagar el ordenador hacer clic conectarse a internet navegar por internet marcar un texto enviar un mensaje reinstalar un programa	abrir / cerrar copiar guardar bajar / subir escanear imprimir borrar	un documento

INDICAR EL MODO

Me informo **viendo** las noticias de la televisión.
Haciendo clic en este símbolo abres el documento.
¡Cuántas cosas se descubren **navegando** por internet!

INDICAR LA SIMULTANEIDAD DE DOS ACCIONES

Siempre me quedo dormida **viendo** la tele.
No conviene hablar por teléfono **conduciendo**.
Me gusta cocinar **escuchando** *podcasts* o música.

130 ciento treinta

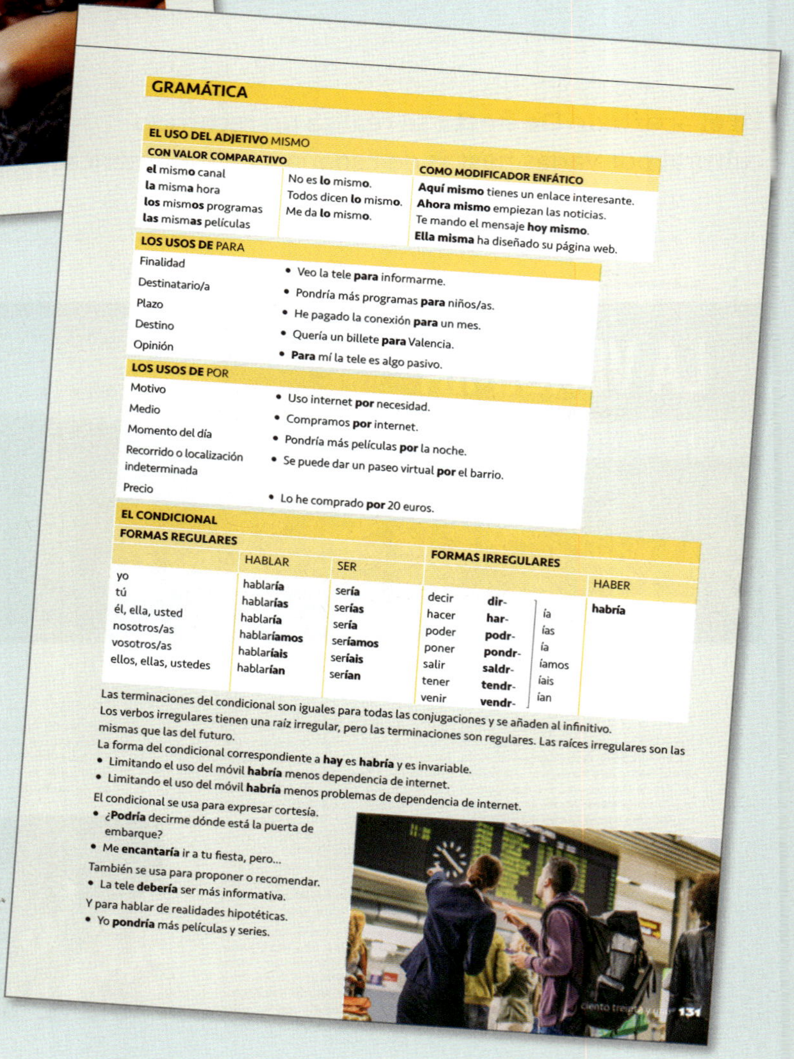

GRAMÁTICA

EL USO DEL ADJETIVO MISMO

CON VALOR COMPARATIVO

el mismo canal **la** misma hora **los** mismos programas **las** mismas películas	No es **lo** mismo. Todos dicen **lo** mismo. Me da **lo** mismo.

COMO MODIFICADOR ENFÁTICO

Aquí mismo tienes un enlace interesante.
Ahora mismo empiezan las noticias.
Te mando el mensaje **hoy mismo**.
Ella misma ha diseñado su página web.

LOS USOS DE PARA

Finalidad	• Veo la tele **para** informarme.
Destinatario/a	• Pondría más programas **para** niños/as.
Plazo	• He pagado la conexión **para** un mes.
Destino	• Quería un billete **para** Valencia.
Opinión	• **Para** mí la tele es algo pasivo.

LOS USOS DE POR

Motivo	• Uso internet **por** necesidad.
Medio	• Compramos **por** internet.
Momento del día	• Pondría más películas **por** la noche.
Recorrido o localización indeterminada	• Se puede dar un paseo virtual **por** el barrio.
Precio	• Lo he comprado **por** 20 euros.

EL CONDICIONAL

FORMAS REGULARES

	HABLAR	SER
yo	hablar**ía**	ser**ía**
tú	hablar**ías**	ser**ías**
él, ella, usted	hablar**ía**	ser**ía**
nosotros/as	hablar**íamos**	ser**íamos**
vosotros/as	hablar**íais**	ser**íais**
ellos, ellas, ustedes	hablar**ían**	ser**ían**

FORMAS IRREGULARES

			HABER
decir	**dir-**	ía	**habría**
hacer	**har-**	ías	
poder	**podr-**	ía	
poner	**pondr-**	íamos	
salir	**saldr-**	íais	
tener	**tendr-**	ían	
venir	**vendr-**		

Las terminaciones del condicional son iguales para todas las conjugaciones y se añaden al infinitivo.
Los verbos irregulares tienen una raíz irregular, pero las terminaciones son regulares. Las raíces irregulares son las mismas que las del futuro.
La forma del condicional correspondiente a **hay** es **habría** y es invariable.
- Limitando el uso del móvil **habría** menos dependencia de internet.
- Limitando el uso del móvil **habría** menos problemas de dependencia de internet.

El condicional se usa para expresar cortesía.
- ¿**Podría** decirme dónde está la puerta de embarque?
- Me **encantaría** ir a tu fiesta, pero...

También se usa para proponer o recomendar.
- La tele **debería** ser más informativa.

Y para hablar de realidades hipotéticas.
- Yo **pondría** más películas y series.

ciento treinta y uno 131

Las unidades 4, 8 y 12 son **unidades de repaso**. Se llaman **Mirador** porque ofrecen una vista global sobre todos los conocimientos lingüísticos y culturales adquiridos. Además, permiten experimentar con las estrategias de aprendizaje y tratar los errores.

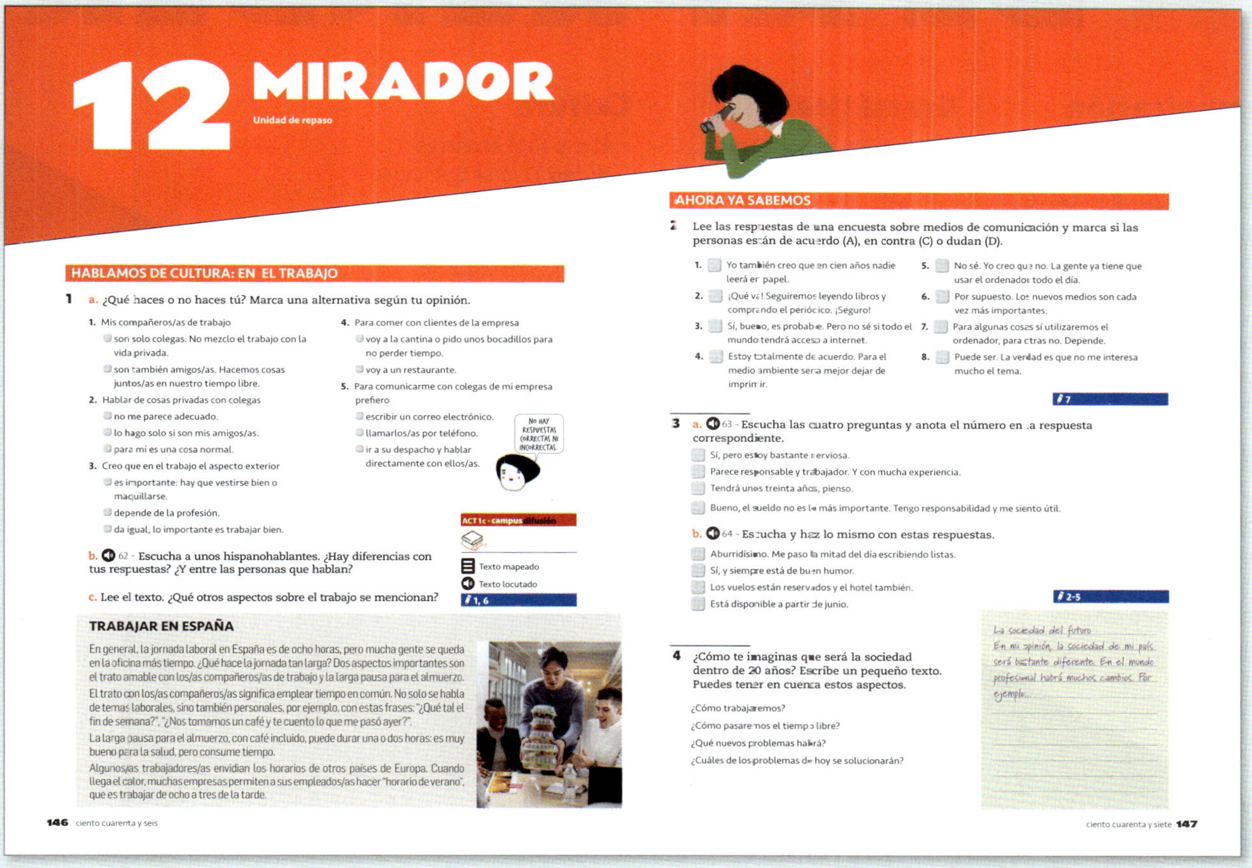

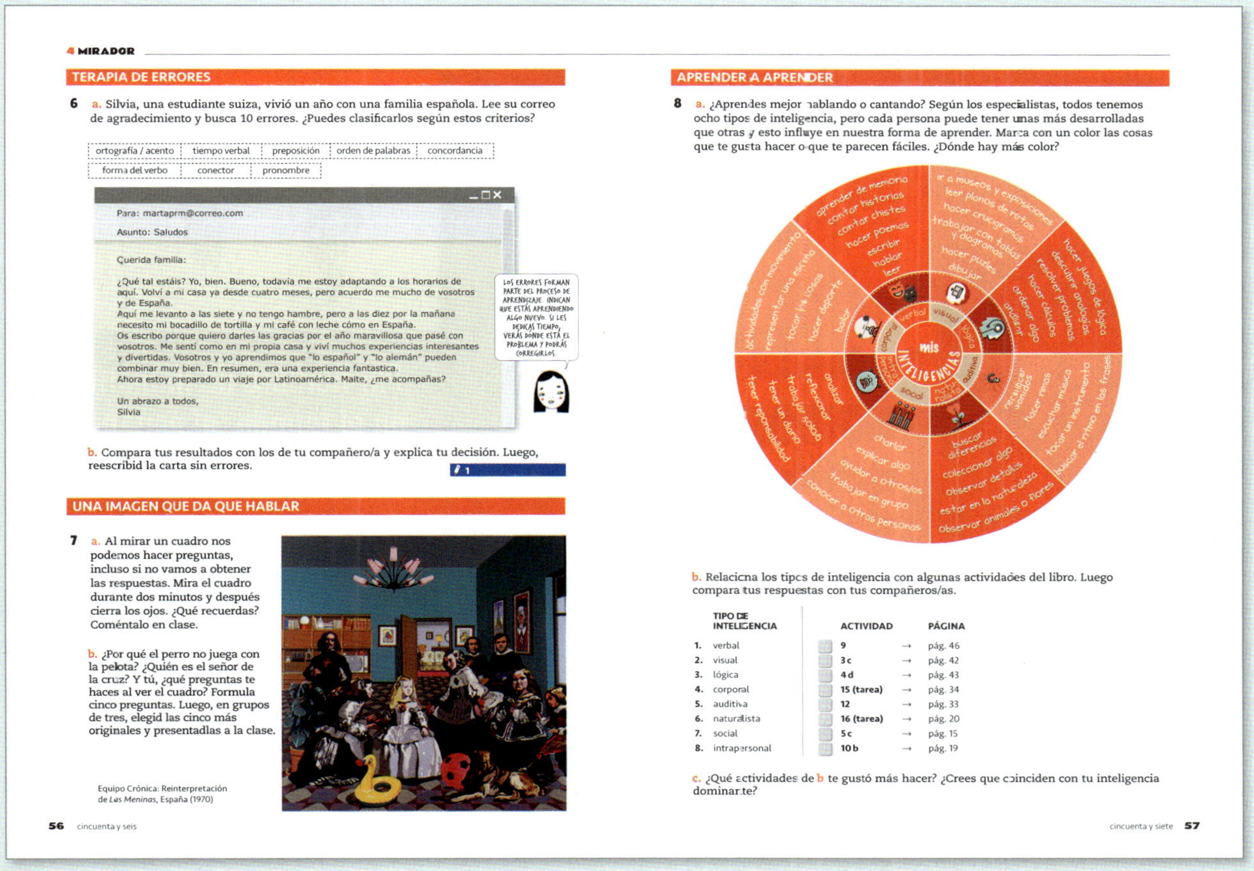

1 EL GUSTO DE APRENDER

Comunicación

- Expresar preferencia y facilidad / dificultad
- Hablar de las actividades en clase
- Indicar el grado
- Indicar la función y los materiales
- Hacer suposiciones
- Expresar deseos y sentimientos

Léxico

- Los objetos del escritorio
- Adjetivos de carácter
- Los sentimientos

Gramática

- Adjetivos en **-or** / **-ora**
- **Lo** (**que**)
- Construcciones con infinitivo y con gerundio
- El uso de **hace**, **desde**, **desde hace**
- Formas irregulares del indefinido

Cultura

- El español en cifras
- **Vídeo 1** No sé qué curso hacer
- **DE FIESTA** Las posadas y los Reyes Magos

1. En España...

- el español es la única lengua oficial.
- hay dos lenguas oficiales: el español y el catalán.
- el español, el catalán, el gallego y el vasco son lenguas oficiales.

2. México es el país con la mayor cantidad de hablantes en español con...

- 80 millones.
- 120 millones.
- 160 millones.

3. El español es lengua oficial en...

- 11 países.
- 21 países.
- 31 países.

4. Por número de hablantes en el mundo, el español ocupa el...

- primer lugar.
- segundo lugar.
- tercer lugar.

5. El español es la lengua materna de más de...

- 480 millones de personas.
- 700 millones de personas.
- 1000 millones de personas.

6. En el mundo, estudian español...

- 22 millones de personas.
- 28 millones de personas.
- 40 millones de personas.

7. Además del castellano, en América Latina se hablan...

- 120 lenguas.
- 289 lenguas.
- 420 lenguas.

EL ESPAÑOL EN CIFRAS

1 a. En parejas, jugad al concurso de preguntas sobre el mundo hispano que plantea en su web un programa de radio.

b. 1 - Ahora, escuchad las soluciones.

c. Comenta con tus compañeros/as.

1. ¿Qué países hispanohablantes recuerdas?
2. ¿Cuántas lenguas oficiales se hablan en tu país? ¿Se hablan otras lenguas o dialectos en tu país o región?
3. ¿Hablas otras lenguas o algún dialecto? ¿Con quién? ¿En qué situación?
4. ¿Qué lugar ocupa tu lengua en el mundo por número de hablantes?

1

¿SEGUIMOS ESTUDIANDO?

2 a. Una profesora de español recibe estos mensajes al terminar las vacaciones. Relaciónalos con las fotos de la derecha.

Mensaje nuevo

¡Hola, profe!

Tengo que dejar de estudiar español en tu escuela... Tengo un nuevo puesto en Londres y empiezo a trabajar el próximo mes. Estoy contento, pero también triste...

Peter 1

Mensaje nuevo

Querida profesora:

Estoy en Perú (te mando una foto de la catedral de Cusco) y me quedo tres meses más. En el siguiente curso me vuelvo a inscribir. ¡Muchos saludos a la clase!

Martha 2

Mensaje nuevo

Estimada Inés:

Acabo de comprar una casa y la estoy renovando. Uf, no puedo más... ¡pero sigo asistiendo al curso!, ¿eh? ;)

¡Nos vemos pronto!

Un abrazo,

Beth 3

b. ¿Quién no vuelve al próximo curso?

c. Escribe ejemplos para completar la tabla con ayuda de los mensajes de a.

PERÍFRASIS VERBALES	
empezar a + infinitivo	....
dejar de + infinitivo	....
volver a + infinitivo	....
acabar de + infinitivo	....
seguir + gerundio	....

ACT 2a - campusdifusión

Texto mapeado

Texto locutado

2, 3, 22

3 Reescribe estas frases usando las perífrasis verbales de la tabla.

1. Olga siempre ha jugado al tenis. Después de una pausa de dos años juega otra vez.
2. Julia se ha inscrito en un curso de francés. Ya ha tenido su primera clase.
3. Tom tiene su propia tienda desde hace tres semanas.
4. Josh no come carne desde hace dos meses.
5. Mariana ganó muchos concursos de baile de joven y ahora también.

4 Habla con tus compañeros/as. ¿Quién encuentra primero a una persona que...?

- ... sigue encontrándose con compañeros/as del colegio?
- ... acaba de hacer un viaje a un país de habla hispana?
- ... sigue viviendo en la ciudad donde nació?
- ... ha vuelto a hacer deporte?
- ... ha dejado de comer algún alimento?
- ... ha empezado a hacer yoga?

5 a. Esta academia de idiomas quiere conocer el perfil de sus estudiantes. Completa el cuestionario con tu perfil.

TU ACADEMIA DE IDIOMAS EN TOLEDO

Mi lengua materna: ....

Otros idiomas que hablo: ....

Estudio español desde ....

Marca las actividades que te gustan (+) y las que te cuestan (–).

☐ escribir textos	☐ ver vídeos en clase	☐ hacer deberes	☐ leer textos
☐ trabajar en grupo	☐ los ejercicios de gramática	☐ escuchar audios	☐ los juegos
☐ la pronunciación	☐ recordar el vocabulario	☐ trabajar en parejas	☐ hablar

Me cuesta, pero me parece importante ....

No me gusta y no quiero ....

b. En grupos de tres, comentad vuestras preferencias con las expresiones del cuadro.

EXPRESAR PREFERENCIA Y FACILIDAD / DIFICULTAD	
Me gusta...	Me gusta trabajar en grupos.
Me cuesta...	Me cuesta la pronunciación.
Me parece fácil / difícil...	Me parece fácil hablar inglés.
Lo que (no) me gusta es...	Lo que más me gusta es hablar.

- *Me parece fácil leer textos, pero me cuesta hablar.*
- *A mí también me cuesta hablar, pero me gustan los juegos.*

4, 18, 21

Recuerda

› Me gusta...
› A mí también.
› ¡Pues) A mí no.

› No me gusta...
› A mí tampoco.
› (Pues) A mí sí.

c. Con las expresiones anteriores, escribe en tu cuaderno tu opinión o tu relación con cuatro de estas actividades. Luego, compártelo con el resto de la clase.

tocar un instrumento	jugar al fútbol	conducir	cocinar	bailar
jugar al ajedrez	dibujar	esquiar	nadar	

- *A mí, tocar un instrumento me parece superdifícil. Yo empecé a tocar la trompeta hace dos años, pero me cuesta mucho progresar.*

ASÍ SOY Y ASÍ ESTUDIO

6 a. ¿Dónde estudias normalmente español (en tu casa, en el bus, en el trabajo...)? Coméntalo con tus compañeros/as.

b. 2 - Marta habla de su escritorio. ¿Qué objetos de la lista menciona?

- bolígrafo
- lápiz
- goma de borrar
- (ordenador) portátil
- ratón
- auriculares
- marcador
- clips
- notas adhesivas
- cuaderno
- tijeras
- libros
- (hojas de) papel
- memoria USB
- carpeta
- llaves con llavero

c. Completa la tabla con ejemplos de la lista de b.

ES...	SIRVE PARA...	
de papel	escribir	guardar papeles ....
de metal	cortar	guardar datos ....
de plástico	borrar	marcar textos ....
de madera	dibujar	tomar notas ....

5, 15, 16

d. En cadena. Describe un objeto de b y tu compañero/a lo adivina.

7 a. 3-5 - Escucha a tres personas. ¿Qué objetos llevan siempre en el bolso?

1. .... 2. .... 3. ....

b. 3-5 - Escucha otra vez. ¿Cómo son las personas de a?

perfeccionista	comunicativo/a	desordenado/a	espontáneo/a	
disciplinado/a	sistemático/a	trabajador/a	creativo/a	reservado/a
ordenado/a	tranquilo/a	vanidoso/a	hablador/a	paciente

c. Y tú, ¿qué objeto llevas siempre en el bolso? Muéstralo y di algo sobre él. ¿Tiene algo que ver con tu carácter?

Adjetivos terminados en -or / -ora

Los adjetivos que terminan en **-or** forman el femenino con **-ora**.

- trabajador, trabajadora
- hablador, habladora

6, 7, 23

LO APRENDÍ HACE POCO TIEMPO

8 a. 6-8 – Escucha las experiencias de aprendizaje de tres personas y relaciónalas con las fotos. Luego, escucha otra vez y completa la tabla.

	¿QUÉ APRENDIÓ?	¿CUÁNDO LO APRENDIÓ?	¿CON QUIÉN?	¿DÓNDE?
Ana				
Eric				
Eva				

b. Con ayuda de la tabla, resume en una frase la experiencia de cada persona.

c. Marca las informaciones correctas y corrige las falsas. Luego, subraya las expresiones de tiempo y reescribe las frases en tu lengua.

1. Ana practica su deporte favorito desde hace cinco años.
→
2. Ana juega campeonatos de tenis desde el año pasado.
→
3. Eric toca la guitarra desde 2016.
→
4. Hace seis meses Eva decidió aprender a utilizar el ordenador.
→

d. Momentos del pasado. Completa las frases con tu información personal.

1. Llevo gafas desde hace cinco años.
2. Estudio español en este grupo desde hace ....
3. Tengo carné de conducir desde ....
4. Compré mi primer .... hace ....
5. Trabajo / Estudio en el mismo lugar desde ....
6. Terminé mis estudios de primaria hace ....
7. Vivo en mi casa actual desde ....
8. Empecé a aprender .... hace ....

e. Compara y comenta tus respuestas con tus compañeros/as.

Expresar tiempo

Hace + cantidad de tiempo

Con **hace** expresamos el tiempo que ha transcurrido con respecto a una acción en el pasado.

- Aprendí a tocar la guitarra hace dos años.

Desde + punto en el tiempo

Con **desde** nos referimos a un momento concreto en el pasado que presentamos como punto de partida de una acción o un estado.

- Toco la guitarra desde abril de 2019.

Desde hace + cantidad de tiempo

Desde hace expresa la cantidad de tiempo transcurrida desde el punto de partida.

- Toco la guitarra desde hace dos años.

ACT 8 d - campusdifusión

> **Cápsulas de fonética** › La eñe

8, 9, 17, 19, 20

NUNCA ES TARDE PARA APRENDER

9 **a.** ¿Cuál crees que es el mejor momento para aprender a hacer un deporte y destacar en él?

De pequeño/a.	De adolescente.	De mayor.	Entre los... y los... años.

b. Ahora, lee la entrevista y comenta algún aspecto sobre la relación de José Mujika con la natación.

Hacer suposiciones
- › Creo que...
- › Pienso que...
- › Me imagino que...

"Aprendí a nadar a los 30 años y hoy gano medallas.

Imagen cedida por El Diario Vasco

José Mujika Eizagirre es bombero en San Sebastián y además un gran deportista. En los campeonatos mundiales de bomberos del año 2008 en Liverpool ganó tres medallas de oro en natación.

José, todos sabemos que los bomberos están muy en forma, pero ganar medallas ya es algo especial, ¿no?
Bueno, yo siempre he practicado mucho deporte, pero curiosamente aprendí a nadar muy tarde. La mayoría de la gente lo aprende en la infancia, pero yo lo hice a los 30 años cuando entré en los bomberos en 1993.

¡No me digas! ¿Cómo fue la experiencia?
Fue un poco difícil: tuve que superar el miedo al agua y, claro, la vergüenza. Pero encontré un profesor excelente que me ayudó mucho. Con su ayuda aprendí muy rápido. Me sentí muy orgulloso porque muchas veces se piensa que los adultos no pueden aprender estas cosas, pero nunca es demasiado tarde. Ahora me encanta nadar y nado tres horas todos los días para entrenarme.

¿El campeonato en Liverpool fue tu primer campeonato?
No, el primero fue en 2006 en Australia y el segundo en 2007 en Canadá.

Tienes una anécdota simpática. ¿Nos la cuentas?
Sí. Como mi apellido suena un poco extraño, cuando gané una de las medallas escribieron como nacionalidad Afganistán.

Texto adaptado de El Diario Vasco

c. Vuelve a leer la entrevista. Marca las frases correctas y corrige las incorrectas.

1. Para José Mujika fue muy difícil al principio superar el miedo al agua.
2. Hizo su primer curso de natación cuando entró en los bomberos.
3. En 2006 estuvo en Afganistán, donde ganó su primer campeonato.
4. Los mundiales de natación en Liverpool fueron su tercer campeonato.
5. En Liverpool ganó tres medallas de oro y sigue entrenándose para el futuro.
6. Cuando dejó de trabajar en los bomberos, pudo participar en campeonatos.

d. Tienes un/a amigo/a español/a de 40 años que quiere aprender a nadar. Para motivarlo/a, escríbele un correo explicándole la experiencia de José.

ACT 9 - campusdifusión

Texto mapeado

Texto locutado

› **Cortos** › El cuento de la lechera

10 a. Subraya en el texto de 9b y en las frases de 9c los verbos en indefinido. Luego, completa la tabla con las formas que faltan y con los infinitivos de estos verbos irregulares.

	GANAR	APRENDER	TENER	INFINITIVO	RAÍZ	TERMINACIÓN
yo	....	....	....	estar	**estuv-**	e
tú	gan**aste**	aprend**iste**	tuv**iste**	....	**pud-**	iste
él, ella, usted	....	aprend**ió**	tuv**o**	....	**pus-**	o
nosotros/as	gan**amos**	aprend**imos**	tuv**imos**	....	**hic-**	imos
vosotros/as	gan**asteis**	aprend**isteis**	tuv**isteis**	....	**quis-**	isteis
ellos, ellas, ustedes	gan**aron**	aprend**ieron**	tuv**ieron**	....	**vin-**	ieron

b. Gimnasia verbal de indefinidos irregulares. En cadena. Una persona dice una de estas expresiones en infinitivo más un pronombre. La persona siguiente la dice en indefinido y luego elige otra expresión, y así sucesivamente.

no poder dormir	hacer la maleta	poner la mesa	dar un paseo	venir a clase
ir de vacaciones	decir la verdad	estar cansado/a	tener miedo	ver la tele

- *Tener miedo, vosotros.*
- *Tuvisteis miedo. Decir la verdad, tú.*
- *Dijiste la verdad.*

Verbos irregulares en pretérito indefinido

- decir: di**j**e, di**j**iste, di**j**o...
- dar: di, diste, dio...
- ver: vi, viste, vio...
- ser / ir: **fui**, **fuiste**, **fue**...
- hacer: hice, hiciste, hizo...

Estos verbos irregulares en indefinido tienen raíces diferentes, pero las terminaciones son iguales para todos.

11 a. Completa estas preguntas con las formas del indefinido.

1. Y tú, ¿cuándo .... (APRENDER) a nadar?
2. ¿Quién te .... (ENSEÑAR) a nadar?
3. ¿Qué película .... (VER, TÚ) en el cine ayer?
4. ¿Qué .... (HACER, TÚ) el domingo pasado?
5. ¿Adónde .... (IR, TÚ) en tu último viaje?
6. ¿Dónde .... (ESTAR, TÚ) en las vacaciones del año pasado?

10-12

b. Ahora haz las preguntas de a a dos compañeros/as. Luego, presenta dos o tres aspectos interesantes al grupo.

12 a. Piensa en dos experiencias de aprendizaje. Después, coméntalo con el resto de la clase.

- Algo que aprendí muy joven.
- Algo que aprendí muy tarde.
- Algo que aprendí muy rápido.
- Algo que me costó mucho aprender.

b. ¿Hay algo que quieres aprender?

- *Me gustaría aprender a pintar.*

Expresar deseos

› Me gustaría...
› Me encantaría...

13, 14, 25, 26

MÁS QUE PALABRAS

13 a. Palabras en compañía. ¿Con qué verbo se pueden combinar las palabras de cada grupo?

....	un mensaje	una postal	un resumen	con un bolígrafo	un libro
....	el pan	con tijeras	una manzana	con un cuchillo	papel
....	un premio	poco dinero	un concurso	un campeonato	medallas

b. Escribe los nombres de objetos...

- de papel: ....
- de metal: ....
- de cuero: ....
- de plástico: ....
- de madera: ....

14 Familias de palabras. En parejas, buscad para cada una de estas palabras otras de la misma familia. Luego, comparad vuestras respuestas con las del resto de la clase.

creatividad	reservado/a	orden	paciencia	comunicar	trabajador/a	perfección	hablante

Creatividad: creativo/a, crear...

15 ¿Con qué sentimientos se combinan estos verbos?

superar	tener
sentirse	
estar	sentir

(el) miedo	optimismo	bien	orgulloso/a	tranquilo/a
(la) tristeza	alegre	nervioso/a	(la) vergüenza	triste
mal	furioso/a	(el) orgullo	cansado/a	optimista

Superar el miedo, la tristeza, la vergüenza.

27

TAREA FINAL: EXPERIENCIAS DE APRENDIZAJE

16 Piensa en algo que aprendiste en el pasado y toma notas de tus respuestas a estas preguntas. Luego comenta en clase tus experiencias.

1. ¿Quién te lo enseñó? ¿Lo aprendiste rápidamente? ¿Puedes decir algo más?
2. ¿Empezaste a aprender algo en el pasado que luego dejaste? ¿Qué fue? ¿Por qué lo dejaste?
3. ¿Has aprendido algo solo/a? ¿Qué fue? ¿Cómo lo hiciste?
4. ¿Has enseñado algo a alguien alguna vez? ¿Qué le enseñaste? ¿A quién? ¿Aprendió?

Aquí tienes temas para inspirarte:

- Nadar
- Ir en bicicleta
- Bailar tango / salsa
- Cocinar
- Usar el ordenador o internet
- Esquiar
- Tocar un instrumento
- Dibujar
- Jugar al ajedrez
- Sacarse el carné de conducir

1 – NO SÉ QUÉ CURSO HACER

Antes de ver el vídeo

1 Marca las frases que se corresponden con tu realidad o tu experiencia. Coméntalo con tus compañeros/as.

- **a.** Me gusta hacer cursos para aprender cosas nuevas. ☐
- **b.** Nunca he hecho un curso de cocina. ☐
- **c.** Una vez empecé un curso, pero lo dejé a la mitad porque no me gustó. ☐ ☐
- **d.** Nunca he hecho un curso a distancia. ☐

Vemos el vídeo

2 Ve el vídeo y responde a las preguntas.

- **a.** ¿Qué está haciendo el chico en el vídeo? ¿Por qué?
- **b.** ¿Cuántos idiomas habla el chico?
- **c.** ¿Qué lengua estudia Clara y cuánto tiempo lleva estudiándola?
- **d.** ¿Su experiencia estudiando esa lengua es positiva o negativa? ¿Por qué?
- **e.** Marca qué cursos se está planteando estudiar el protagonista.

☐ idiomas	☐ diseño web
☐ bricolaje	☐ escultura
☐ cocina	☐ cerámica

Después de ver el vídeo

3 ¿Cuál es el mejor curso que has hecho nunca o qué curso te gustaría hacer? ¿Por qué? Habla con tus compañeros/as.

DE FIESTA

LAS POSADAS Y LOS REYES MAGOS

Me llamo Virginia y soy mexicana. Estoy aquí para hablar sobre una tradición navideña en mi país.

Hola, soy Javier. Soy español y quiero hablaros sobre la fiesta de los Reyes Magos, un día mágico.

La Navidad tiene en todos los países hispanohablantes un carácter festivo y alegre. Se decora la casa con el árbol de Navidad y el belén, se comen dulces típicos y hay mucha alegría. Pero en cada país hay algo especial.

Virginia es de Ciudad de México y nos habla de una tradición navideña mexicana: "Las posadas se celebran entre el 16 y el 24 de diciembre. Durante esos días en cada casa se prepara comida para la gente que pide 'posada', es decir, comida y casa. Esta tradición simboliza el viaje de San José y la Virgen María a Belén. En realidad, la fecha de las posadas coincide con una celebración prehispánica azteca en honor al sol, que después se cristianizó.

"Las personas que piden posada (pueden ser familiares, amigos/as o vecinos/as) cantan canciones tradicionales y los/as anfitriones/as invitan a comer. Para mí son recuerdos hermosos de mi infancia y creo que también muestra la hospitalidad que nos caracteriza en México".

Javier nos cuenta cómo es la fiesta de los Reyes Magos en España: "Quizás es la más bonita para los niños y las niñas. Tradicionalmente, los Reyes Magos —Melchor, Gaspar y Baltasar— llevan los regalos a las casas. El día de Reyes es el 6 de enero, pero la fiesta empieza ya el día 5 con la cabalgata, que es el desfile de los Reyes por la ciudad.

"Semanas antes de este día, los niños y las niñas escriben cartas a los Reyes para decirles qué regalos quieren. Para sus padres es una manera estupenda de saber qué regalos comprar.

"Antes de irse a la cama, dejan comida para los Reyes y agua para los camellos. Cuando se acuestan, intentan no dormirse para poder ver a los Reyes, pero nunca lo consiguen, y así conservan la ilusión un año más. La mañana del 6 de enero es el momento más emocionante: se madruga mucho, se come roscón de Reyes y se abren los regalos".

1 ¿Verdadero (V) o falso (F)? Corrige las frases falsas.

	V	F
1. Las posadas es una tradición navideña española.	☐	☐
2. La tradición de las posadas consiste en repartir comida por las casas.	☐	☐
3. Los/as anfitriones/as conocen a las personas que piden posada.	☐	☐
4. En España, los/as niños/as reciben regalos la noche del 5 de enero.	☐	☐
5. Los/as niños/as escriben cartas a los Reyes Magos con la lista de regalos que quieren.	☐	☐
6. En México, la mañana del 6 de enero se reciben regalos y se come un dulce típico, el roscón de Reyes.	☐	☐

2 ¿Hay alguna tradición navideña típica de tu país? ¿En qué consiste? ¿Cuándo se celebra?

DE FIESTA - campusdifusión

Texto mapeado

Texto locutado

24

COMUNICACIÓN

EXPRESAR PREFERENCIA Y FACILIDAD / DIFICULTAD	
Me gusta(n)...	• Me gusta trabajar en parejas.
No me gusta(n) mucho...	• No me gusta mucho escribir textos.
Me cuesta(n)...	• Me cuesta la pronunciación.
Me parece(n) fácil(es) / difícil(es)...	• Me parece difícil hablar alemán.
Lo que más me cuesta es / son...	• Lo que más me cuesta son los pronombres.
Lo que (no) me gusta es / son...	• Lo que no me gusta son los audios muy largos.
Lo que menos me interesa es / son...	• Lo que menos me interesa es la gramática.
Lo que me gustaría es...	• Lo que me gustaría es aprender a bailar.

ACTIVIDADES EN CLASE
Leer, escribir textos, jugar...
Buscar una regla de gramática.
Escuchar textos, ver vídeos...
Hacer ejercicios.
Trabajar en parejas / en grupos.

INDICAR EL GRADO		
Soy	demasiado / muy / bastante / poco	paciente.
No soy (nada) creativo/a		

INDICAR LA FUNCIÓN
El bolígrafo sirve para escribir.
Las tijeras sirven para cortar.
La goma sirve para borrar.
El lápiz sirve para dibujar.

INDICAR EL MATERIAL	
Es	de papel. / de metal. / de plástico. / de madera.

DESCRIBIR EL CARÁCTER			
ordenado/a	→ desordenado/a	perfeccionista	→ descuidado/a
sistemático/a	→ caótico/a	impulsivo/a	→ racional
paciente	→ impaciente	trabajador/a	→ vago/a
comunicativo/a	→ reservado/a		

HACER SUPOSICIONES
Creo que...
Pienso que...
Me imagino que...

EXPRESAR DESEOS
Me gustaría...
Me encantaría...

EXPRESAR SENTIMIENTOS
Tengo miedo.
Me siento orgulloso/a.
Tengo vergüenza.
He superado el miedo.

GRAMÁTICA

ADJETIVOS EN -OR / -ORA	LO + ADJETIVO, LO QUE
un chico trabajador	**Lo** malo de este curso es el precio.
alumnos trabajador**es**	**Lo** mejor de la clase es la pausa.
una chica trabajador**a**	No entiendo **lo que** dice el profesor.
alumnas trabajador**as**	**Lo que** más / menos me gusta es leer.

El artículo neutro **lo** se usa para referirse a algo de manera indeterminada.

CONSTRUCCIONES	
CON INFINITIVO	
Empezar a	• He empezado a aprender chino.
Volver a	• He vuelto a hacer yoga.
Acabar de	• Josh acaba de terminar su curso de español.
Dejar de	• Marcus ha dejado de tocar el piano.
Seguir sin	• Adele sigue sin hacer sus tareas.
CON GERUNDIO	
Seguir	• Jan y yo seguimos viviendo en la misma casa.

EL USO DE HACE, DESDE, DESDE HACE		
HACE + CANTIDAD DE TIEMPO (+ QUE)		
hace	algunos días dos semanas un mes tres años	• Mi sobrina nació hace tres años. • Hace dos semanas que volví de vacaciones. • Hace dos días que no hago deporte. • Hace mucho tiempo que no nos vemos.
DESDE + PUNTO EN EL TIEMPO		
desde	ayer el lunes el 3 de abril 2008	• Tengo dolor de cabeza desde ayer. • Estoy en casa de mi hermana desde el lunes. • Trabajo en esta tienda desde el 1 de octubre. • No vivo en Madrid desde 2020.
DESDE HACE + CANTIDAD DE TIEMPO		
desde hace	varios días dos semanas tres meses un año	• Duermo mal desde hace varios días. • Comparto piso desde hace dos semanas. • Estudio chino desde hace tres meses. • No vivo en Madrid desde hace algunos años.

Con **hace** expresamos el tiempo que ha transcurrido con respecto a una acción en el pasado.

Con **desde** señalamos un momento en el pasado como punto de partida de una acción o un estado.

Con **desde hace** expresamos la cantidad de tiempo transcurrida y la señalamos como punto de partida de una acción o un estado.

FORMAS IRREGULARES DEL INDEFINIDO

	TENER	INFINITIVO	RAÍZ	TERMINACIÓN	DECIR	SER / IR	VER
yo	tuv**e**	estar	**estuv-**	e	dije	fui	vi
tú	tuv**iste**	poder	**pud-**	iste	dijiste	fuiste	viste
él, ella, usted	tuv**o**	poner	**pus-**	o	dijo	fue	vio
nosotros, nosotras	tuv**imos**	hacer	**hic-**	imos	dijimos	fuimos	vimos
vosotros, vosotras	tuv**isteis**	querer	**quis-**	isteis	dijisteis	fuisteis	visteis
ellos, ellas, ustedes	tuv**ieron**	venir	**vin-**	ieron	**dijeron**	fueron	vieron

La raíz de los verbos irregulares es diferente, pero las terminaciones son iguales para todos.
En algunas formas verbales hay cambios ortográficos para mantener la pronunciación original, como ocurre con el verbo **hacer**: **hice**, **hiciste**, **hizo**... Pasa lo mismo con algunas formas de verbos regulares (**buscar**: **busqué**, **buscaste**...; **empezar**: **empecé**, **empezaste**...).
Los verbos **decir**, **traer** y los que terminan en **-ducir** pierden la **i** en la tercera persona del plural: **dijeron** (**dijieron**).

2 TE LO COMPRO

Comunicación
- Tipos de tiendas (pros y contras)
- Describir la ropa
- Preguntas y expresiones en una tienda
- Hábitos de compra
- Expresar la opinión

Gramática
- El uso de **qué**, **cuál** / **cuáles**
- Los indefinidos variables e invariables
- Los pronombres de objeto directo e indirecto y su combinación

Cultura
- El Rastro de Madrid
- **Vídeo 2** Haciendo limpieza
- **DE FIESTA** El carnaval

Léxico
- Materiales
- Objetos cotidianos
- Regalos

Dime cómo compras la ropa...

No todas las maneras de comprar son iguales. Vemos pros y contras a la hora de comprar ropa.

A medida.

La ropa es más exclusiva y está hecha para tu cuerpo.

Es más caro y menos inmediato.

Por internet.

- 👍 Es muy cómodo: puedes hacerlo desde cualquier lugar y en cualquier momento.
- 👎 No puedes probarte la ropa.

En mercadillos o tiendas de segunda mano.

- 👍 Reciclas y puedes encontrar buenos precios.
- 👎 La ropa está usada.

En tiendas pequeñas y exclusivas.

- 👍 Vistes diferente y ayudas al comercio local.
- 👎 El precio es un poco más elevado.

En cadenas de tiendas de moda.

- 👍 Vas a la moda.
- 👎 Vistes igual que la mayoría de la gente.

1 **a.** ¿Cómo sueles comprar ropa? Comenta con la clase si lo haces de alguna de las maneras que presenta el reportaje.

b. En parejas, comentad si estáis de acuerdo con los pros y los contras de cada manera de comprar. Luego, pensad otros pros y comentadlos con la clase. ¿Coincidís?

ACT 1 - campusdifusión

Texto mapeado

Texto locutado

1

TIENDAS Y PRODUCTOS

2 a. Contesta a estas preguntas de una encuesta anónima sobre hábitos de compra. Después, compara tus respuestas con las del resto de la clase.

HÁBITOS DE COMPRA

COMIDA

➤ **¿Dónde compras comida?**
- ☐ Supermercado
- ☐ Tienda de barrio
- ☐ Mercado

➤ **¿Qué compras en ese / esos lugares?**

➤ **¿Qué alimentos consideras básicos?**

1/6 **continuar**

ELECTRÓNICA

➤ **¿Qué aparatos prefieres comprar en tiendas físicas? ¿Cuáles compras por internet?**

➤ **¿Tienes una marca preferida? ¿Cuál?**

➤ **¿Cuál es el electrodoméstico que más utilizas?**

➤ **¿Qué consumes más: aparatos a pilas / batería o aparatos que se enchufan?**

b. Lee otra vez las preguntas del cuestionario. ¿Cuándo se usa qué y cuándo se usa cuál/cuáles? Completa la regla.

QUÉ	CUÁL/ES
¿**Qué** compras en cada uno de los lugares...? ¿**Qué** aparatos prefieres comprar en tiendas físicas?	¿**Cuáles** compras por internet? ¿**Cuál** es tu marca preferida de ropa?

c. ¿Te gusta ir de compras? Completa las preguntas con qué, cuál o cuáles. Luego, pregunta a tu compañero/a y al revés.

1. ¿ .... marcas de ropa te gustan?
2. ¿Hay muchas tiendas cerca de tu casa? ¿ .... ?
3. ¿ .... han sido tus últimas compras por internet?
4. ¿ .... tipo de zapatos usas más?
5. ¿ .... son tus motivos para elegir un supermercado (precio, horario...)?
6. ¿ .... transporte usas para ir al trabajo?

Qué, cuál / cuáles

Usamos .... + verbo cuando preguntamos por algo (cosas, actividades, etc.) y no hacemos referencia a un nombre o son diferentes tipos de cosas.

Usamos .... + nombre o .... + **ser** cuando preguntamos por cosas, personas, etc., dentro de un grupo que especificamos.

Usamos .... + verbo para preguntar por cosas, personas, etc., dentro de un grupo cuando ya sabemos a qué grupo nos referimos y no lo especificamos.

ACT 2 - campusdifusión

› **Gramaclips** › La interrogación

3 El precio de las cosas. Expresa tu opinión sobre estos temas y luego compártela con el resto de la clase.

Pagar por los productos biológicos el doble que por los normales	(no) me parece...	normal. bien. abusivo. poco. lógico.
Pagar 120 € por la entrada de un concierto de mi artista favorito/a		
Ir a tres supermercados para comprar los productos más baratos		
Recibir vales de 10 € por responder a una encuesta		

2, 14, 15, 20, 21, 25

Texto mapeado

Texto locutado

DE COMPRAS EN EL RASTRO

4 a. El Rastro de Madrid. Lee el texto y marca las cosas que se pueden comprar allí. ¿Hay mercadillos parecidos en tu ciudad?

EL RASTRO, MÁS QUE UN MERCADILLO

¿Estás en Madrid un domingo y no sabes qué hacer? ¿Quieres sentirte "madrileño/a"? Tenemos el plan perfecto: ir al Rastro. Es el mercadillo más típico de Madrid (y casi de España). El Rastro está en Embajadores, un barrio del centro con mucha tradición, y se puede decir que todos los madrileños y todas las madrileñas han comprado alguna vez algo allí.

En el Rastro se puede encontrar de todo. Si alguien busca libros, algún mueble, ropa de segunda mano, alguna revista antigua, arte, algo para decorar el salón..., tiene que ir al Rastro o a alguna de las tiendas de decoración o de ropa que hay alrededor de él. Nadie se va con las manos vacías.

La mejor hora para ir es a partir de las 11 h, pero algunas personas van antes porque el ambiente está más tranquilo y se puede regatear mejor.

¿Cansado/a de la visita al Rastro? Es el momento de ir a tomar unas tapas con una copa de vino o una cerveza fría en alguno de los bares típicos de la Plaza de Cascorro, ¡un placer!

b. Lee la tabla de los pronombres indefinidos. ¿Cuáles se refieren a personas (P), cuáles a cosas (C) y cuáles a las dos (D)?

INDEFINIDOS INVARIABLES		INDEFINIDOS VARIABLES
☐ todo	☐ nada	☐ todo/a/os/as
☐ alguien	☐ nadie	☐ alguno/a/os/as
		☐ ninguno/a/os/as

c. Mira las fotos de las páginas 26 y 27, y decide si estas frases son verdaderas o falsas. Luego, corrige las falsas.

- ☐ **Todos los** objetos son para mujeres.
- ☐ **Alguien** se prueba un sombrero.
- ☐ Hay **algunos** bolsos negros.
- ☐ No hay **ningún** niño.
- ☐ No hay **nada** de cristal.
- ☐ **Ninguno** de los pantalones es verde.
- ☐ **Nadie** lleva gafas.
- ☐ En **todas las** fotos hay algo rojo.
- ☐ No hay **ninguna** gorra.
- ☐ No hay **ningún** móvil.

d. Formula una frase como la de c. Tus compañeros/as dicen si es verdadera o falsa.

Pronombres indefinidos

Alguno y **ninguno** se transforman en **algún** / **ningún** cuando van delante de un sustantivo.

- **Algún** mueble para la casa.

Cuando **nada**, **nadie** y **ningún**, **ninguno/a** van después del verbo, hay que usar **no** antes.

- **No** compro **nada.**

3-5

VAMOS DE TIENDAS

5 **a.** 9 - **Unos amigos van de compras. Lee y escucha. ¿Cuál es el problema?**

● ¿Les puedo ayudar en algo?
■ Pues solo queríamos mirar...
♦ Andrés, mira qué pantalones más bonitos. Perdone, ¿me los puedo probar?
● Claro. Allí están los probadores.
■ ¿Qué tal te quedan, Jacobo?
♦ Muy bien, muy bien.
■ A ver... ¿No te quedan estrechos? ¿Seguro que no necesitas una talla más grande?
♦ No, no. La talla 42 es mi talla.
■ Vale, vale.
● ¿Y? ¿Qué tal? ¿Qué le parecen los pantalones?
♦ Muy bien, pero me quedan un poco cortos.
■ Sí, sí, cortos...

ACT 5 a - campus difusión

Texto mapeado

› **Los Lex**› La ropa A2

Me queda...
› ancho/a ≠ estrecho/a
› largo/a ≠ corto/a

b. 10-11 - **Escucha estos diálogos en otras tiendas y marca la opción correcta en cada caso. ¿Qué tiendas son?**

1.

Los zapatos	tienen un 40 % de descuento.	no están rebajados.
La mujer	no se prueba los zapatos.	calza el número 39.
Quiere pagar	con tarjeta de crédito.	en efectivo.

2.

El cliente	quiere comprar un jersey.	ha comprado un jersey.
Quiere	probarse el jersey.	cambiar el jersey.
Él	no tiene el ticket de compra.	necesita el ticket.

c. **Marca lo que dice un/a vendedor/a (V) o un/a cliente/a (C).**

COMPRAR EN UNA TIENDA

- Solo quería mirar.
- Está rebajado/a.
- ¿Lo / La / Los / Las tiene en una talla más?
- ¿Lo / La / Los / Las tiene en otro color?
- ¿Qué número calza?
- ¿Paga con tarjeta?
- ¿Cuánto cuesta(n)?
- ¿En efectivo o con tarjeta?
- ¿Lo / La / Los / Las puedo cambiar?
- ¿Me lo / la / los / las puedo probar?
- ¿Lo / La / Los / Las tiene de manga larga?
- ¿Qué tal le queda(n)?

d. **Escribe en tu cuaderno una posible pregunta de un/a cliente/a para cada una de estas respuestas de un/a vendedor/a. Luego, en parejas, comparad vuestras propuestas.**

- *La tenemos en la 38 y en la 42.*
- *Lo siento, solamente los tenemos en negro.*
- *¿La prefiere de manga corta o de manga larga?*
- *Por supuesto, ahí están los probadores.*
- *Sí, en las próximas dos semanas, pero necesita el ticket de compra.*
- *85 €, porque ahora lo tenemos con un 20 % de descuento.*
- *Sí, ¿qué número calza?*

Materiales
› de lana
› de algodón
› de cuero
› de seda

6, 7, 16, 17

TE LO REGALO

6 **En cadena. Di algo de estos objetos utilizando los pronombres. Tus compañeros/as adivinan qué es.**

el reloj | la crema solar | la botella de agua | el monedero | el coche
la agenda | las llaves | la mochila | el televisor | el bolso
los zapatos | las gafas de sol | el cuaderno | el móvil

- *La llevo siempre en la mochila. La uso cuando tengo sed.*

Recuerda

Lo / La / Los / Las — llevo en el bolso.

Me / Te / Le / Nos / Os / Les — gusta mucho.

---

7 **a. ¿Sabes cómo se llaman estos objetos? Puedes utilizar el diccionario. Luego, compara tus respuestas en clase.**

b. 12-15 – **Escucha a estas personas y relaciona los diálogos con los objetos de a.**

c. Escucha otra vez. ¿Para quién son los objetos que han comprado?

- para la persona que habla
- para su pareja
- para sus padres
- para su hermana
- para su hijo
- para su amiga Malena

d. Lee los fragmentos de los diálogos y observa los pronombres. ¿A qué objeto se refiere cada comentario?

1. • ***Se los*** *voy a regalar a mi hermana porque* ***los*** *va a usar más que yo.*
2. • ***La*** *he comprado yo, pero voy a regalár****sela*** *a Malena para su comedor.*
3. • *Son para ti,* ***te las*** *regalo.*
4. • ***Me lo*** *he comprado esta mañana en el Rastro. Quería uno así, de madera, un modelo antiguo.*

- tocadiscos
- lámpara
- pendientes
- jarras

e. Lee de nuevo los fragmentos 1 y 2 de d y observa los pronombres. ¿Qué significa se? Coméntalo en clase.

ACT 7d - campus difusión

› Clase de gramática ›
Pronombres personales (1): verbos y pronombres

8-11, 22

8 ¿Qué pasa si los pronombres directos e indirectos aparecen juntos? Completa la regla.

	OBJETO INDIRECTO	OBJETO DIRECTO	
	Me		
¿El tocadiscos?	Te	lo	
¿La lámpara?	~~Le~~ Se	la	he comprado
¿Los pendientes?	Nos	los	en el Rastro.
¿Las jarras?	Os	las	
	~~Les~~ Se		

Pronombres de OD y OI

El pronombre indirecto siempre va .... del directo.
Los pronombres **le / les** se convierten en .... cuando se combinan con **lo**, **la**, **los**, **las**.

- **Le** doy la copa a Eva.
- **Se la** doy.

Verbos como **comprar**, **dar**, **regalar** o **pedir** aparecen a menudo con dos pronombres.

- ¿El tocadiscos? **Me lo** regaló una amiga.

9 Hoy es el último día de ofertas en una tienda en línea y María y su madre quieren aprovecharlas. Completa la conversación con los pronombres de objeto directo e indirecto necesarios.

- Mira ese bolso, María. ¿Te gusta?
- Sí, ... gusta mucho.
- Vale, si te gusta, ... compro. ¿Y a Luis, qué .... puedo comprar?
- A él .... encantan las zapatillas de deporte, ... puedes regalar unas. ¡Mira qué bonitas son estas! Yo también necesito unas.
- Entonces .... regalo zapatillas a los dos. Y a ver, busca ahí, en las corbatas. A tu padre, ¿.......... compro una corbata?
- ¿Una corbata? Bueno... ¡Ah! Pues recuerda que Luis también necesita una para su fiesta. Mira, ... puedes regalar iguales.
- Sí, tienes razón... Mira, a mí estas .... gustan.
- Vale, pues ya está. Mira, mamá, no hay gastos de envío, ¡qué bien!

10 **a.** Malena ha ordenado el trastero de casa y escribe este correo a su compañero de piso, que está de viaje. Lee el texto y reescribe en tu cuaderno las frases con los pronombres adecuados.

ACT 10 a - campus difusión

Texto mapeado
Texto locutado

Hola, Jaime:
Ayer empecé a ordenar el trastero y vi que tenemos demasiadas cosas. Por ejemplo, está todavía tu ordenador viejo. ¿Puedo tirar tu ordenador viejo? También encontré una caja con libros de ciencia ficción que le gustan mucho a Pablo. Va a venir esta noche a buscar los libros de ciencia ficción.
¿Recuerdas que compré una maleta en el Rastro? Ahora veo que tenemos tres; en realidad yo no necesito la maleta. Creo que Amelia necesita una, ¿qué tal si le doy a Amelia la maleta? ¿Y sabes que tengo todavía las sillas que Fran y Marisa nos prestaron? Me han dicho que necesitan las sillas hoy para su fiesta.
Sin todo esto, volvemos a tener espacio para otras cosas. ¿Te parece bien? ¡Dime algo pronto!
Malena

b. Imagina que te vas a vivir a otro país. ¿Qué vas a hacer con...?

la comida que sobra	los libros que ya has leído	tu perro o tu gato
tu mueble favorito	la ropa que ya no usas	las lámparas antiguas

- *La ropa que ya no uso, se la voy a dar a mis hermanas.*

ESTO ES PARA TI

11 **En parejas. Por turnos, una persona elige un objeto de la lista para regalar. La otra reacciona como en el ejemplo.**

estos platos de cerámica	estas copas de cava	esta corbata	estas flores
esta lámpara antigua	estas camisetas	este anorak	este libro
esta botella de vino	estos cómics	este cuadro	este reloj

- *Daniel, este libro es para ti.*
- *¡Qué bien! ¿**Me lo** regalas? Muchas gracias.*

12 **Imagina que tienes estos objetos y no los quieres. ¿A qué compañero/a le regalas cada cosa? Escríbelo y, luego, pregúntale a esa persona qué hace con el regalo.**

El sombrero, se lo doy a Martina.

Recuerda

En la lengua oral, lo más frecuente es usar el pronombre de objeto indirecto aunque este aparezca en la misma frase.

- **Se** lo doy **a Martina**.

12, 13, 18, 19

13 **Piensa en un regalo que has recibido alguna vez (el más original, el que más te gusta, el más inútil o el más feo...). ¿Quién te lo regaló? Explícalo en clase.**

- *El más original fue un bolígrafo con luz. Me lo regaló mi amiga Patricia.*

MÁS QUE PALABRAS

14 **a.** **¿Quién anota en diez minutos más objetos...?**

- Cortos: ....
- Anchos: ....
- Antiguos: ....
- Elegantes: ....
- De segunda mano: ....

b. **Piensa en un objeto con tres características de la siguiente lista y dilas en clase. ¿Quién lo adivina antes? La persona que acierta toma el turno, y así sucesivamente.**

<table>
<tr><td>largo/a</td><td>blanco/a</td><td colspan="2">de segunda mano</td><td>de verano</td><td>elegante</td></tr>
<tr><td>unisex</td><td>cómodo/a</td><td colspan="2">de estilo antiguo</td><td>barato/a</td><td>de hombre</td></tr>
<tr><td>de mujer</td><td>corto/a</td><td colspan="2">de estilo vintage</td><td>rebajado/a</td><td>a cuadros</td></tr>
<tr><td>estrecho/a</td><td>incómodo/a</td><td>negro/a</td><td>caro/a</td><td>de seda</td><td>de oferta</td></tr>
</table>

- *Es larga, estrecha, elegante.*
- *¿Una blusa?*

TAREA FINAL: EL RASTRO DE LA CLASE

15 **a.** **Vendemos y compramos. En tres papeles describe tres objetos que quieres vender o cambiar. También puedes dibujarlos. Escribe tu nombre en los papeles.**

b. **Cuelga tus anuncios en las paredes de la clase y mira los objetos de los demás. Tienes que comprar por lo menos dos cosas. ¡Se puede regatear!**

- *Thomas, ¿vendes estas sillas?*
- *Sí, ¿te gustan?*
- *Sí, me gusta mucho el estilo* vintage*. ¿Cuánto cuestan?*
- *100 €, pero puedes hacerme una oferta.*
- *¿Te parece bien 80 €?*
- *Bueno, acepto.*

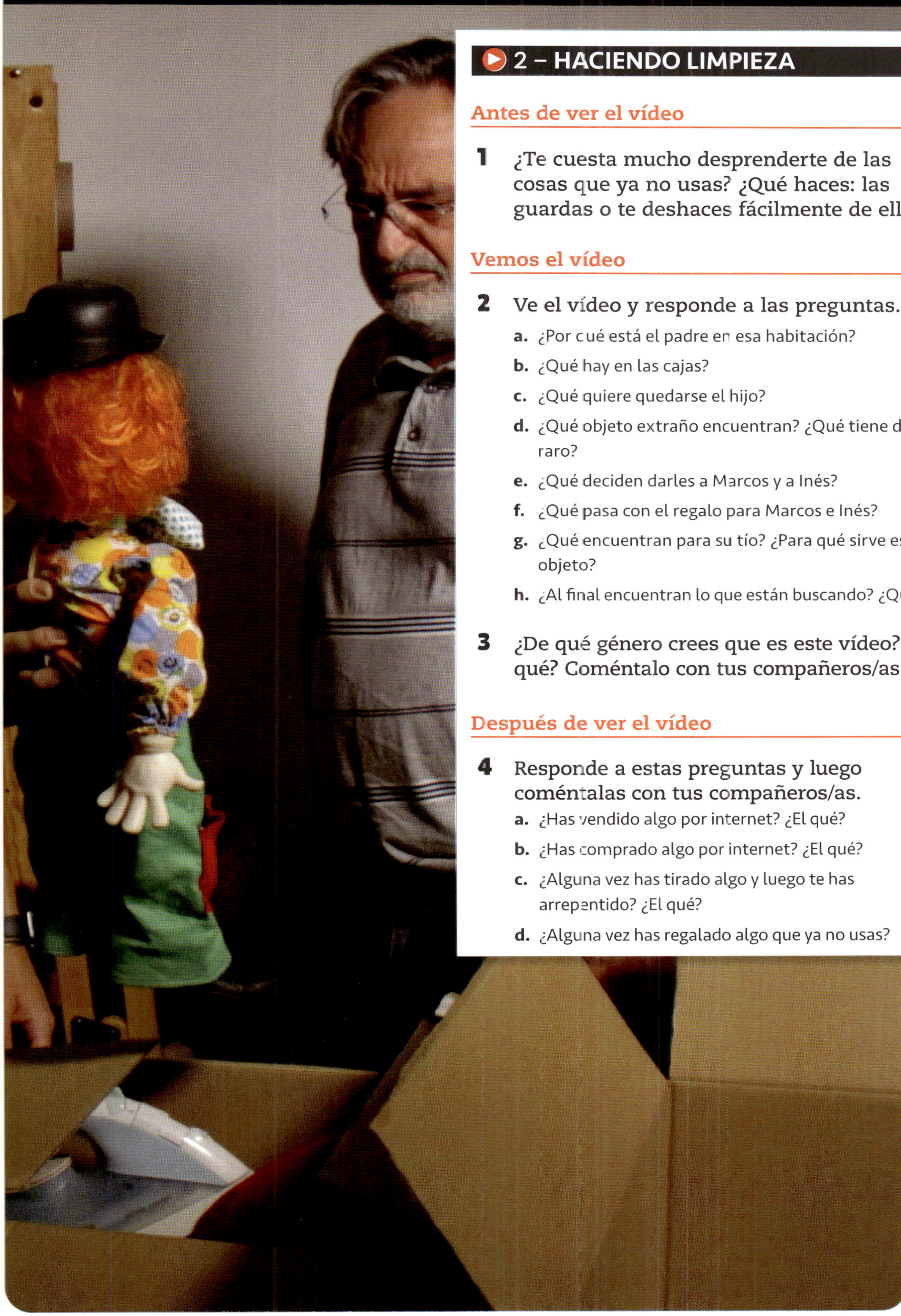

2 – HACIENDO LIMPIEZA

Antes de ver el vídeo

1 ¿Te cuesta mucho desprenderte de las cosas que ya no usas? ¿Qué haces: las guardas o te deshaces fácilmente de ellas?

Vemos el vídeo

2 Ve el vídeo y responde a las preguntas.

a. ¿Por qué está el padre en esa habitación?

b. ¿Qué hay en las cajas?

c. ¿Qué quiere quedarse el hijo?

d. ¿Qué objeto extraño encuentran? ¿Qué tiene de raro?

e. ¿Qué deciden darles a Marcos y a Inés?

f. ¿Qué pasa con el regalo para Marcos e Inés?

g. ¿Qué encuentran para su tío? ¿Para qué sirve ese objeto?

h. ¿Al final encuentran lo que están buscando? ¿Qué es?

3 ¿De qué género crees que es este vídeo? ¿Por qué? Coméntalo con tus compañeros/as.

Después de ver el vídeo

4 Responde a estas preguntas y luego coméntalas con tus compañeros/as.

a. ¿Has vendido algo por internet? ¿El qué?

b. ¿Has comprado algo por internet? ¿El qué?

c. ¿Alguna vez has tirado algo y luego te has arrepentido? ¿El qué?

d. ¿Alguna vez has regalado algo que ya no usas?

DE FIESTA

EL CARNAVAL

Hola, me llamo Pilar y soy boliviana. Hoy les voy a hablar de Oruro y de su carnaval.

Yo soy Carmen y soy española. También quiero hablar del carnaval en mi ciudad, Cádiz.

Oruro es una ciudad pequeña que tiene unos 340 000 habitantes, pero en las fiestas del carnaval pueden llegar a casi un millón. Es una de las fiestas más espectaculares de América Latina y cuenta con el título de Patrimonio de la Humanidad por la UNESCO. Con sus bailes y sus máscaras, el carnaval representa una fusión de creencias prehispánicas y cristianas. En su origen la fiesta simbolizaba los peligros del trabajo en las minas.

Siete meses antes del carnaval los participantes empiezan a preparar los disfraces y las coreografías. El festejo principal es un desfile de cuatro kilómetros. Los bailes son importantísimos en esta fiesta. Mi baile favorito es “la Diablada”, que representa la lucha del bien y del mal. Participan más de 400 bailarines vestidos de rojo y con máscaras. También hay otros grupos con otros temas. Todos me gustan, pero “la Diablada” tiene algo, no sé... No lo puedo describir. Hay que verlo y vivirlo.

Cádiz es una ciudad andaluza muy bonita. Está en la puntita de la península. En Cádiz hay muchas cosas atractivas, pero quizás la más espectacular es el carnaval. Aquí vivimos medio año preparando la próxima fiesta y medio año recordando la fiesta anterior. ¿Por qué es especial? Por su ambiente y su música.

En el carnaval participan varios grupos. Los más típicos son "los coros", que cantan canciones serias, y "las chirigotas", que cantan canciones críticas y satíricas. Los grupos escriben los textos, componen la música de las canciones y compiten entre ellos en concursos. También se hacen los disfraces que llevan esos días. En carnaval todos nos disfrazamos y salimos a la calle.

1 Responde a estas preguntas sobre el texto.

1. ¿Dónde está Oruro?
2. ¿Cuál es el origen del carnaval de Oruro y qué celebraba antiguamente?
3. ¿Qué es la "Diablada"?
4. ¿Dónde está Cádiz?
5. ¿Qué son "las chirigotas" y "los coros"? ¿Qué diferencia hay entre ellas?

2 ¿En tu país también se celebran los carnavales? ¿Existe alguna ciudad famosa por ello?

3 ¿Hay celebraciones en tu país con elementos comunes a lo que has leído sobre los carnavales de Oruro y Cádiz?

4 ¿Te gusta disfrazarte? Nombra dos de tus disfraces favoritos y explica por qué te gustan.

DE FIESTA- campus difusión

23

Texto mapeado

Texto locutado

COMUNICACIÓN

TIENDAS

pequeñas y exclusivas
de segunda mano o mercadillos
cadenas de tiendas de moda
de ropa a medida
tienda virtual / tienda *online*
centro comercial
grandes almacenes
con servicio a domicilio

EXPRESAR LOS PROS Y LOS CONTRAS DE LOS TIPOS DE TIENDAS

Es muy cómodo: puedes hacerlo desde cualquier lugar y en cualquier momento.
Reciclas y puedes encontrar precios baratos.
La ropa es más exclusiva y está hecha para tu cuerpo.
La puedes devolver si no te convence una vez comprada.
Vistes diferente.
Vas a la moda.
Es ropa (más) sofisticada y de mejor calidad.
Es (más) barata.
Ayudas al comercio local.
No puedes probarte ni devolver la ropa.
Es (mucho) más caro y menos inmediato.
Vistes igual que la mayoría de la gente.

LA ROPA Y EL CUERPO

Me queda	ancho/a
	estrecho/a
	corto/a
	largo/a

HABLAR DE LOS MATERIALES

una chaqueta	de seda
	de lana
	de cuero
	de algodón

DESENVOLVERSE EN UNA TIENDA

¿Lo / La / Los / Las tiene(n) en otra talla?
¿Lo / La / Los / Las tiene(n) en otro color?
¿Me lo / la / los / las puedo probar?
¿Dónde están los probadores?
¿Qué tal me / te / le queda(n)?
¿Qué número calza?
Necesito un número / una talla más / menos.
Está rebajado/a. / Tiene un 10 % de descuento.
¿Va a pagar con tarjeta o en efectivo?
Solo quería mirar. / Solo estoy mirando.
¿Cuánto cuesta(n)?
¿Lo / La / Los / Las puedo cambiar?

EXPRESAR LA OPINIÓN

(No) me parece	normal.
	bien.
	abusivo.
	poco.
	lógico.

GRAMÁTICA

EL USO DE QUÉ Y CUÁL / CUÁLES

¿**Qué** has comprado en el Rastro? ¿**Qué** prefieres, tiendas o mercadillos? Tenemos blusas y camisetas. ¿**Qué** quiere probarse?	¿**Cuál** es la tienda que está más cerca de tu casa? Tengo una camiseta roja y otra negra. ¿**Cuál** prefieres? ¿**Cuáles** son tus motivos para comprar por internet?

Usamos **qué** + verbo cuando preguntamos por algo (cosas, actividades, etc.) y no hacemos referencia a un nombre o son diferentes tipos de cosas.

Usamos **qué** + nombre o **cuál** + **ser** cuando preguntamos por cosas, personas, etc., dentro de un grupo que especificamos.

Usamos **cuál** / **cuáles** + verbo para preguntar por cosas, personas, etc., dentro de un grupo cuando ya sabemos a qué grupo nos referimos y no lo especificamos.

LOS INDEFINIDOS

INVARIABLES	VARIABLES
algo	
todo	todo/a/os/as
nada	alguno/a/os/as
alguien	ninguno/a/os/as
nadie	

Algo, **todo** y **nada** se refieren a cosas; **alguien** y **nadie**, a personas.

Alguno y **ninguno** se transforman en **algún** / **ningún** cuando van delante de un nombre.

- ¿Tienes **algún** día libre esta semana?

Cuando **nada**, **nadie** y **ningún**, **ninguno/a** van después del verbo, hay que usar **no** antes.

- De postre **no** quiero **nada**, gracias.

PRONOMBRES DE OBJETO INDIRECTO Y DIRECTO

INDIRECTO	DIRECTO	COMBINADOS	
me	me	me	lo / la / los / las
te	te	te	
le	lo / la	**se**	
nos	nos	nos	
os	os	os	
les	los / las	**se**	

Los pronombres directos e indirectos solo se diferencian en la 3.ª persona.

Cuando hay dos pronombres en la frase, el indirecto va delante del directo.

- **Me lo** compro.

Los pronombres **le** / **les** se convierten en **se** cuando se combinan con **lo**, **la**, **los**, **las**.

- ¿El reloj? **Se lo** voy a regalar a Marcos.

Los pronombres de objeto directo e indirecto se colocan delante del verbo, excepto con infinitivo y gerundio, que pueden ir detrás también.

- **Me lo** compré el año pasado.
- Quiero comprár**melo**. = **Me lo** quiero comprar.
- Estoy comprándo**melo**. = **Me lo** estoy comprando.

Normalmente, cuando el objeto indirecto está mencionado en la frase, también se utiliza el pronombre correspondiente.

- ¿Qué **le** gusta **a tu padre**?
- ¿Estos pantalones? **Se** los voy a dar **a Malena**.

3 ¡QUÉ DESCANSO!

Comunicación

- Preguntar por la salud
- Describir los síntomas de una enfermedad
- Desenvolverse en la farmacia
- Sugerir remedios para una enfermedad
- Indicar de qué modo se realiza una acción
- Hablar de estados y acciones habituales en el pasado
- Marcadores temporales de pasado

Léxico

- Tratamientos de salud y belleza
- Las partes del cuerpo
- Medicamentos
- Actividades saludables
- Actividades relacionadas con la playa

Gramática

- Adjetivos y adverbios
- Adverbios en **-mente**
- El pretérito imperfecto

Cultura

- La siesta
- El balneario de Mondariz
- El baño de temazcal y la sauna
- **Vídeo 3** Teletienda
- **DE FIESTA** Las Fallas de Valencia

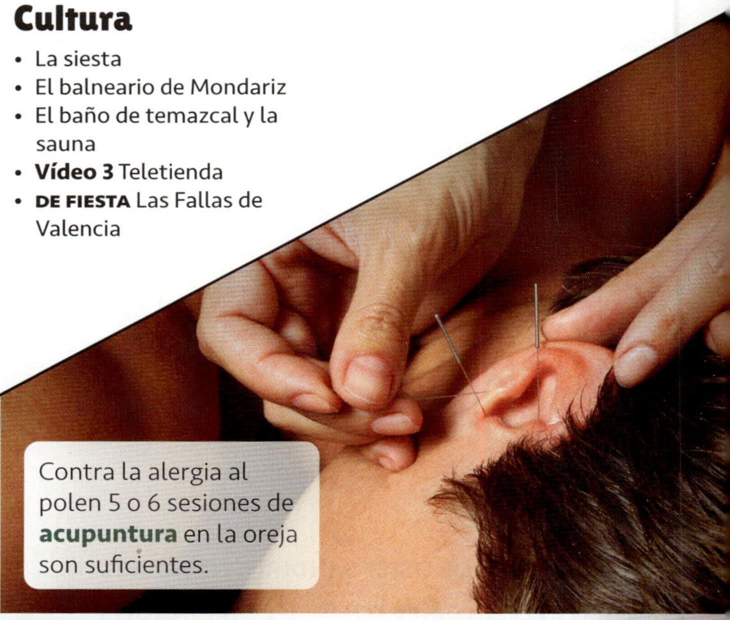

Contra la alergia al polen 5 o 6 sesiones de **acupuntura** en la oreja son suficientes.

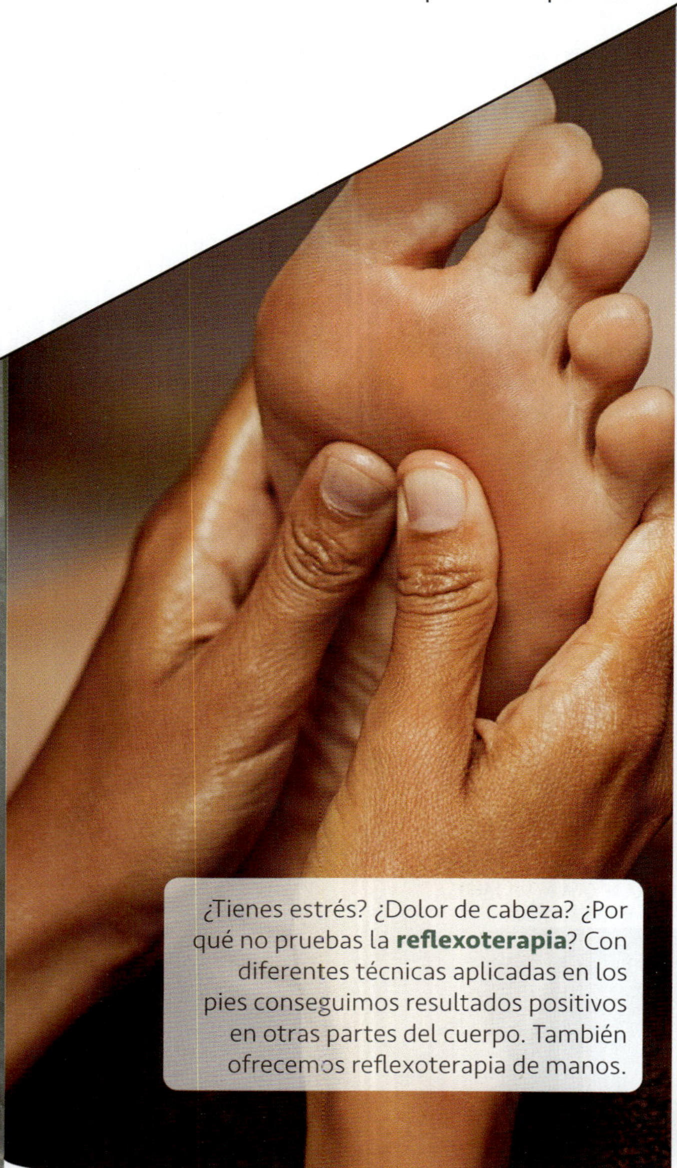

¿Tienes estrés? ¿Dolor de cabeza? ¿Por qué no pruebas la **reflexoterapia**? Con diferentes técnicas aplicadas en los pies conseguimos resultados positivos en otras partes del cuerpo. También ofrecemos reflexoterapia de manos.

El tratamiento con **piedras calientes** en la espalda ayuda a relajarse y a dormir mejor.

Si deseas cuidar la piel de la cara, te recomendamos un tratamiento facial y una **máscara** de productos naturales.

Lo mejor para relajarse es un buen **masaje**. Después de hacer deporte, recomendamos un masaje de piernas.

En buenas manos

tu centro de salud, descanso y belleza

1 a. Imagina que tienes un cheque regalo para uno de los tratamientos del anuncio. ¿Cuál eliges? ¿Por qué? Coméntalo con tu compañero/a.

b. ¿Has probado los otros tratamientos? ¿Te gustan?

c. Subraya las partes del cuerpo que se mencionan.

ACT 1 - campus difusión

Texto mapeado

Texto locutado

ME DUELE TODO

2 Relaciona los nombres de las partes del cuerpo con el número correspondiente.

☐ la boca	☐ el pecho	☐ la barriga	☐ las piernas
☐ las manos	☐ los brazos	☐ la espalda	☐ la nariz
☐ los pies	☐ los dientes	☐ las orejas	☐ la cabeza
☐ los ojos	☐ los dedos	☐ las rodillas	

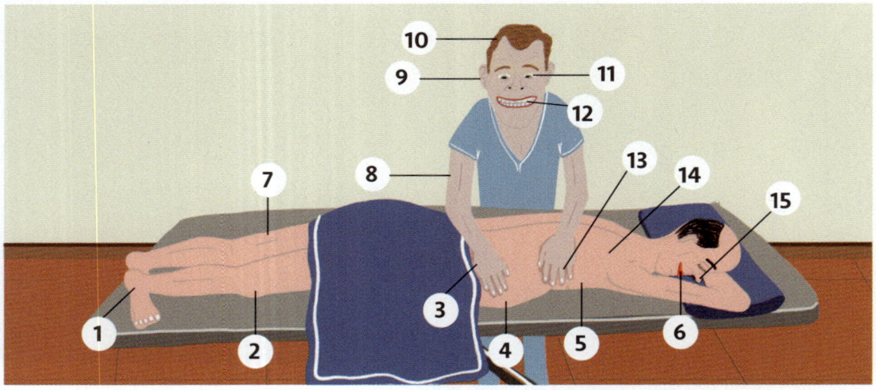

3 **a.** Lee el diario de Prudencio y subraya los síntomas de las enfermedades. Luego, compara con tu compañero/a.

Lunes
Querido diario: Estoy muy mal, tengo fiebre y me duele la cabeza. El médico dice que es solo un resfriado, pero yo sé que es algo grave. Ay, ay, ay.

Martes
Nadie me comprende. Me duele la garganta, tengo tos y ahora, además, me duele el estómago. El médico dice que es porque tomo demasiadas aspirinas, pero creo que es algo grave.

Miércoles
Hoy me duele la espalda. El médico dice que es porque trabajo todo el día en la oficina y me recomienda hacer deporte.

Jueves
Hoy no me puedo mover. Estoy fatal. Me duele todo el cuerpo, incluso me duelen los pies. El médico dice que he hecho demasiado deporte. ¡Quiero curarme!

Viernes
Hoy no me duele nada. Eso me preocupa. No sé qué piensa el médico. He llamado a la consulta del doctor para pedir hora, pero su asistente dice que no está, que se ha ido a un balneario para descansar porque tiene mucho estrés con algunos pacientes. ¡Qué extraño! El lunes voy a buscar otro médico.

b. Completa la siguiente tabla con ejemplos del texto.

HABLAR DE PROBLEMAS DE SALUD	
• ¿Qué te / le pasa? • ¿Qué te / le duele?	▪ Tengo .... ▪ Me duele .... ▪ Me duelen .... ▪ Estoy ....

c. Por turnos, cada uno/a hace gestos para representar alguno de los síntomas de Prudencio. ¿Quién dice antes qué le pasa?

1, 2

ACT 3a - campusdifusión

Texto mapeado

Texto locutado

Hablar de enfermedades

Estar
- enfermo/a
- resfriado/a
- nervioso/a
- bien / mal / fatal

Tener
- fiebre
- gripe / tos
- diarrea
- alergia a...
- dolor de...

Expresiones útiles
- ¡Que te mejores!
- ¡Que se mejore!

ACT 3b - campusdifusión

› **Los Lex** › La salud A2

3, 8, 10-12

QUE TE MEJORES

4 **a.** **¿Qué haces en estos casos? Compara con tus compañeros/as. ¿Puedes añadir más consejos?**

Si me duele la cabeza... Si tengo tos... Si estoy nervioso/a...
Si tengo fiebre... Si tengo gripe... Si me ha picado un mosquito...

beber zumo de limón caliente | quedarse en la cama | tomar una aspirina | hacer yoga | beber zumo de cebolla con azúcar | tomar una infusión | ponerse hielo | ponerse crema

- *Yo, si me duele la cabeza, tomo una aspirina o bebo agua.*

4

b. 16 - **Escucha un diálogo en una farmacia y marca lo que compra el cliente.**

c. **¿Qué medicamentos tienes en casa? ¿Te llevas alguno cuando vas de viaje?**

d. 16 - **Marca las expresiones que escuchas.**

EN LA FARMACIA

- ☐ Necesito algo para el dolor de cabeza.
- ☐ ¿Tienen algo para...?
- ☐ Me duele la garganta, ¿qué me recomienda?
- ☐ ¿No me puede dar algo más fuerte?
- ☐ Puede tomar...
- ☐ ¿Lo quiere en gotas o en pastillas?
- ☐ Para eso es bueno...
- ☐ Para eso se necesita receta.

e. **Por turnos, una persona dice qué le pasa y otra reacciona con una recomendación.**

dolor de espalda | gripe | picadura de mosquito | insolación | quemaduras | tos | diarrea

- *Me duele la espalda.*
- *Para eso es bueno...*

5-7, 9, 26

ACTIVIDADES SALUDABLES

5 **a.** Estas actividades pueden producir estrés. Ordénalas del 1 (menos) al 8 (más estrés). ¿Puedes añadir una más?

- Trabajar doce horas al día.
- Viajar en avión.
- Organizar una fiesta de cumpleaños para un/a amigo/a.
- Ir al dentista.
- Cocinar para diez personas.
- Hablar por teléfono en otro idioma.
- No tener conexión a internet.
- Hablar en público.

b. Comenta tus respuestas con tus compañeros/as. ¿Qué factor le produce más estrés a la clase?

- *Yo en el 1 tengo "Cocinar para diez personas": me encanta cocinar.*

6 **a.** En tu opinión, ¿cuáles de estas actividades son sanas (✓) y cuáles no (✗)? Márcalo y, luego, subraya las que haces tú.

- Hacer deporte regularmente.
- Tomar mucho café.
- Fumar.
- Dormir la siesta.
- Comer pescado frecuentemente.
- Pasear tranquilamente.
- Dormir pocas horas.
- Ir a la sauna regularmente.
- Escuchar música muy alta.
- Hacer todo con prisa.
- Tomar una copa de vino al día.
- Pensar solamente en el trabajo.
- Mirar el móvil antes de dormir.

b. Lee el texto y marca la opción adecuada en cada caso.

VOLVER A LA "SPANISH SIESTA"

Durante mucho tiempo la siesta, es decir, la costumbre española de dormir después de comer, tuvo muy mala fama: "Es perder el tiempo", "No es productiva"...

Pero ahora se ha demostrado **científico / científicamente** que la siesta es más que una costumbre **agradable / agradablemente**. Es también una costumbre **sana / sanamente**.

Según un estudio de la Universidad de Harvard, 40 minutos de siesta mejoran la productividad de una persona en el trabajo en un 34 %. Los expertos de esta universidad lo llaman *power nap*. En algunas empresas de los Estados Unidos hay habitaciones para dormir unos minutos. Pero no es necesario tener una cama **cómoda / cómodamente** para la siesta: dormir en un sillón basta para descansar y tener otra vez energía **suficiente / suficientemente**. ¿Hay alguna diferencia entre **siesta** y ***power nap***? No. Pero si lo dice Harvard, parece verdad, y si lo dice Pepe Martínez, no.

Adaptado de un texto de Fernando Trías de Bes para *El País*

ACT 5 a - campusdifusión

› **Micropelis** › El virus

Adverbios acabados en -mente y adjetivos que funcionan como adverbios

Los adverbios terminados en -**mente** se construyen a partir de la forma femenina del adjetivo.

- lenta → lentamente

Algunos adjetivos de uso frecuente se pueden emplear también como adverbios: **rápido** / **lento**, **alto** / **bajo**, **duro**, **claro**, etc.

- Ven rápido / rápidamente.
- Aquí trabajamos duro.

ACT 6 b - campusdifusión

Texto mapeado

Texto locutado

13-16

ANTES Y AHORA

7 a. ¿Conoces alguna ciudad famosa por su balneario? ¿Por qué va la gente? Lee el texto y marca la información que da sobre el público y los tratamientos.

ACT 7a - campus difusión

Texto mapeado

Texto locutado

EL BALNEARIO DE MONDARIZ

El balneario de Mondariz se encuentra en la provincia de Pontevedra, en un paisaje de bosques y montañas. Y muchas fuentes. El agua, muy rica en minerales, es la gran riqueza de esta zona y la razón de su fama.

Ya desde su fundación en 1874, la gente iba a Mondariz para disfrutar de las aguas medicinales. En esa época, los balnearios eran lugares exclusivos y los clientes eran personas ricas que podían pagar esos lujos. Las curas en el balneario eran muy variadas: los pacientes paseaban por los bosques y jardines, hacían ejercicio, se bañaban en aguas termales y, sobre todo, bebían las aguas medicinales. Muchos visitantes del balneario se alojaban en el Gran Hotel, un alojamiento de lujo que ofrecía un servicio exquisito.

En la actualidad, Mondariz combina su larga tradición de balneario con terapias actuales y las ofertas de tiempo libre que piden los clientes de hoy.

b. ¿Qué hacía la gente en Mondariz? Completa con la información del texto.

1. disfrutar de las aguas medicinales
2. .... por los bosques
3. .... ejercicio
4. .... en aguas termales
5. .... aguas medicinales
6. .... en el Gran Hotel

c. En el texto hay un tiempo nuevo: el imperfecto. Marca las formas en el texto de a.

VERBOS EN -AR	VERBOS EN -ER / -IR	IR	SER	VER
busc**aba**	hac**ía**	iba	era	veía
busc**abas**	hac**ías**	ibas	eras	veías
busc**aba**	hac**ía**	iba	era	veía
busc**ábamos**	hac**íamos**	íbamos	éramos	veíamos
busc**abais**	hac**íais**	ibais	erais	veíais
busc**aban**	hac**ían**	iban	eran	veían

Variantes del español

En Latinoamérica se usa **balneario** también para decir **playa**.

El pretérito imperfecto

El pretérito imperfecto se usa para describir estados y acciones habituales en el pasado.

Excepto **ir**, **ser** y **ver**, no hay verbos irregulares en imperfecto.

El imperfecto de **hay** es **había**.

17, 18

8 **a.** 17 - **Escucha una entrevista con el director del balneario de Mondariz y marca qué aspectos corresponden a antes, a hoy o a ambas épocas.**

	ANTES	HOY	AMBAS
Solo para gente con dinero			
Público más variado			
Aguas medicinales			
Oferta deportiva			
Pacientes con problemas de estómago			
Pacientes con dolores de espalda			
Pacientes con dolores de cabeza			

b. **Escribe un pequeño resumen de la entrevista y compara tu texto con el de un/a compañero/a.**

Antes el público era solo gente con dinero.

9 **Mira la ilustración de un día de playa en el siglo XIX y escribe frases para indicar lo que crees que es verdad y lo que crees que no se corresponde con esa época. Luego, compara con tus compañeros/as.**

llevar	escuchar	tener	jugar	hacer surf	existir	usar	comer	beber

Había barcos de vapor, pero creo que en esa época nadie hacía surf.

10 **a.** **La vida antes y hoy. Piensa en tus padres o abuelos/as cuando eran jóvenes y comenta con tu compañero/a lo que hacían o no.**

- ver la tele
- hablar por teléfono
- ir de vacaciones
- viajar al extranjero
- comprar comida biológica
- llevar vaqueros
- beber cócteles
- comer *sushi*
- ir al gimnasio
- bailar reguetón

• *Mis abuelos ya veían la tele, pero en blanco y negro.*

19-24

b. ¿Cómo era tu vida cuando tenías 18 años? Escribe un texto anónimo respondiendo a estas preguntas. Tu profesor/a recoge los textos, los redistribuye y se leen en voz alta. ¿De quién son?

¿Dónde vivías?
¿Qué ropa usabas?
¿Practicabas algún deporte?
¿Trabajabas o estudiabas?
¿Dónde quedabas con tus amigos/as?
¿Dónde pasabas las vacaciones?

Marcadores temporales

- A los 18 años...
- Cuando tenía x años...
- Cuando vivía con mis padres...
- Cuando iba al colegio...
- En los años 80 / 90...
- Antes...

UNA TRADICIÓN DE SIGLOS

11 **a.** ¿Con qué asocias la palabra sauna? Coméntalo en clase.

b. Lee este texto sobre una tradición mexicana muy antigua y busca las palabras en cursiva que corresponden con estas definiciones.

1. Agua a 100 °C transformada en gas: ....
2. Época anterior a la llegada de los españoles a América: ....
3. Mujer que está esperando un bebé: ....
4. Compensar el agua perdida: ....

EL BAÑO DE TEMAZCAL

El baño de temazcal es un baño de origen *prehispánico* que se practicaba como ritual y tenía un uso terapéutico, incluso estético. El tratamiento era un baño de *vapor* aromatizado con hierbas frescas, como en las saunas actuales, pero también se tomaban tés y sopas medicinales para *hidratar* el cuerpo.

La gente iba al baño de temazcal para tratar problemas diferentes, por ejemplo, dolores de espalda y dolores musculares. Las mujeres *embarazadas* lo usaban para relajarse antes del nacimiento del bebé. Una de las características del baño temazcal era que no había separación de hombres y mujeres: todos lo usaban juntos.

Hoy todavía se usa como tratamiento medicinal, pero mucha gente también va solo para relajarse.

ACT 11b - campus difusión

Texto mapeado
Texto locutado

c. La clase se divide en dos grupos. Cada grupo prepara cinco frases sobre el texto que pueden ser verdaderas o falsas. El otro grupo tiene que descubrir las falsas.

d. ¿Vas a la sauna? ¿Por qué (no)? Escribe dos ventajas y dos desventajas. Luego, coméntalo con el resto de la clase.

MÁS QUE PALABRAS

12 ¿Qué partes del cuerpo tenemos repetidas? Haz una lista en tu cuaderno y, luego, compárala con la de tu compañero/a.

- *Los ojos, las...*

13 Detecta el intruso en cada caso y escribe una opción correcta en la columna de la derecha.

tener dolor de	cabeza	estómago	tos	
una enfermedad	frecuente	sana	grave	
un masaje de	pies	garganta	espalda	
recomendar	una enfermedad	un tratamiento	un médico	
gotas	de agua	para los ojos	de madera	
ofrecer	un buen servicio	dolor	aguas termales	
dormir	la siesta	tres horas	descanso	

27

TAREA FINAL: REMEDIOS CASEROS

14 Vais a hacer una presentación sobre tratamientos tradicionales. En grupos de tres, seguid estos pasos.

1. ¿Qué tratamientos caseros para enfermedades conocéis? Tomad notas y haced una lista. Podéis usar el diccionario para buscar las palabras nuevas o preguntar al / a la profesor/a.

Para la tos, mi madre mezclaba zumo de cebolla con miel. Se tomaba caliente y muy despacio.

2. Después, cada persona del grupo busca información en internet sobre métodos y remedios naturales que se han usado en diferentes épocas y culturas.

3. De nuevo en grupo, preparad vuestra presentación. Divididla en dos partes: "Nuestra experiencia" y "La curación con productos naturales en diferentes épocas y culturas". Poned, como máximo, cinco ejemplos en cada parte.

TRATAMIENTOS TRADICIONALES

NUESTRA EXPERIENCIA

La cebolla

Cuando Hannah estaba resfriada, su madre usaba cebolla: la cortaba en trozos y la ponía al lado de la cama. En teoría, la cebolla ayuda a respirar mejor.

3 – TELETIENDA

Antes de ver el vídeo

1 ¿Sueles comprar cosas que no necesitas?

2 ¿Te gusta más comprar en persona o por internet? ¿Por qué?

Vemos el vídeo

3 Ve el vídeo y completa con la información que da el presentador.

a. Los zapatos Zapawings son buenos para...

b. El presentador utiliza el sistema de ejercicio Brazopower Supreme porque...

c. Desde que toma Glutecil Forte, el presentador ya...

4 ¿Qué se descubre al final del vídeo?

Después de ver el vídeo

5 ¿Conoces otros productos que no funcionan? Coméntalo con tus compañeros/as.

DE FIESTA

LAS FALLAS

Me llamo Eva y quiero presentaros una de las fiestas más espectaculares de España: las Fallas de Valencia.

Del 15 al 19 de marzo Valencia vive una fiesta llena de color, fuego y ruido para celebrar la primavera. El nombre viene de unas esculturas enormes de cartón que se llaman "fallas". Estas esculturas están formadas por muchas figuras y pueden tener hasta 20 metros de altura. Cada falla tiene un tema, generalmente relacionado con la actualidad y de carácter satírico.

Cada barrio de la ciudad tiene su propia falla. Los vecinos se reúnen en asociaciones durante todo el año para prepararla. Después, las fallas se ponen en una plaza o en una esquina del barrio y el día 19 de marzo se queman. Pero no se quema todo: una figura se guarda. Hay un concurso y la figura ganadora no se quema, sino que va al Museo de las Fallas.

La fiesta dura cinco días y es muy, muy ruidosa. No solo porque hay música, sino por el ruido de las explosiones de los petardos. Cada día a las dos de la tarde tiene lugar la "mascletá", un juego de petardos que tiene una "melodía". Para nosotros, los valencianos, es música, para los turistas, significa mucho ruido.

Durante el día se visitan las fallas y se come y se bebe por la calle en los numerosos puestos de comida y bebida. Por la noche, hay conciertos gratis de artistas conocidos y, a medianoche, un espectáculo de fuegos artificiales. Los valencianos somos famosos por los fuegos artificiales. Luego, vamos a bailar y a los bares. Y a las ocho de la mañana, la fiesta empieza de nuevo con mucho ruido de petardos para despertar a los vecinos y para recordar que la fiesta sigue.

La noche de San José se queman las fallas. Es un espectáculo de fuego sin igual. De las fallas casi no queda nada. Y entonces ya empezamos a pensar en la fiesta del próximo año. ¿Nos vemos en Valencia?

1 **Responde a estas preguntas sobre el texto.**

1. ¿Qué es una falla?
2. ¿Quién construye las fallas? ¿Dónde se hacen?
3. ¿Qué es la "mascletá"?
4. ¿Qué se hace durante la noche en estas fiestas?
5. ¿Qué pasa la noche de San José?

2 **¿Conoces celebraciones con aspectos en común con las fallas? Coméntalo en clase.**

DE FIESTA - campusdifusión

25

Texto mapeado

Texto locutado

COMUNICACIÓN

PARTES DEL CUERPO

la cabeza	los ojos	los dientes	el estómago	los brazos	las piernas
la cara	la nariz	la garganta	la barriga	las manos	las rodillas
la boca	las orejas	el pecho	la espalda	los dedos	los pies

PREGUNTAR POR LA SALUD

¿Qué te / le pasa?
¿Qué te / le duele?
¿Tiene(s) fiebre?
¿Tiene(s) tos?

SALUD, SÍNTOMAS Y ENFERMEDADES

Tengo	fiebre.	Me duele	el estómago.	Estoy	resfriado/a.
	diarrea.		la cabeza.		cansado/a.
	tos.		la espalda.		enfermo/a.
	gripe.	Me duele**n**	**los** pie**s**.		bien / mal / fatal.

EN LA FARMACIA

CLIENTE/A	FARMACÉUTICO/A
Necesito algo para el dolor de cabeza.	Puede tomar...
¿Tienen algo para...?	¿Por qué no toma...?
Me duele la garganta, ¿qué me recomienda?	Para eso se necesita receta.
¿Me puede dar algo más fuerte?	

SUGERIR REMEDIOS PARA UNA ENFERMEDAD

Si me duele la cabeza, tomo una aspirina.
Si tengo fiebre, me quedo en la cama.
Si estoy resfriado/a, bebo zumo de limón.

INDICAR DE QUÉ MODO SE REALIZA UNA ACCIÓN

Para evitar problemas de estómago conviene comer **lentamente**.
Pasé el fin de semana **tranquilamente** en casa.

HABLAR DE ESTADOS Y ACCIONES HABITUALES EN EL PASADO

Ya en el siglo XIX la gente iba a los balnearios para disfrutar de las aguas medicinales.
En esa época los balnearios eran lugares exclusivos.
Muchos clientes de Mondariz eran personas ricas que podían pagar esos lujos.
Se alojaban en el Gran Hotel, que ofrecía un servicio exquisito.

MARCADORES TEMPORALES DE PASADO

A los x años...
Cuando tenía x años...
Cuando iba al colegio...
En los años 2000...

GRAMÁTICA

ADJETIVOS Y ADVERBIOS	
ADJETIVO	**ADVERBIO**
Tengo un horario **regular**.	Hago deporte **regularmente**.
Aprender el indefinido es **fácil**.	Con esta regla se aprende **fácilmente**.
Vivimos en un barrio **tranquilo**.	Dormimos la siesta **tranquilamente**.
	Afortunadamente, no es nada grave.

Los adjetivos modifican al nombre o a elementos que funcionan como un nombre. Los adverbios pueden modificar a un verbo, a un adjetivo, a otros adverbios o a una frase completa.

ADVERBIOS EN -MENTE	
ADJETIVO	**ADVERBIO**
tranquilo/a	tranquila**mente**
lento/a	lenta**mente**
agradable	agradable**mente**
fácil	fácil**mente**

Para transformar un adjetivo en un adverbio hay que añadir la terminación -**mente** a la forma femenina del adjetivo. Los adjetivos que llevan acento gráfico lo mantienen en el adverbio.
Algunos adjetivos de uso frecuente se pueden emplear también como adverbios.

- Voy **rápido** / **rápidamente**.

EL PRETÉRITO IMPERFECTO					
	VERBOS EN -AR	**VERBOS EN -ER / -IR**	IR	SER	VER
yo	busc**aba**	hac**ía**	iba	era	veía
tú	busc**abas**	hac**ías**	ibas	eras	veías
él / ella, usted	busc**aba**	hac**ía**	iba	era	veía
nosotros/as	busc**ábamos**	hac**íamos**	íbamos	éramos	veíamos
vosotros/as	busc**abais**	hac**íais**	ibais	erais	veíais
ellos / ellas, ustedes	busc**aban**	hac**ían**	iban	eran	veían

En pretérito imperfecto solo hay tres verbos irregulares: **ir**, **ser** y **ver**.
El imperfecto de **hay** es **había** y es invariable.

- **Había** una persona en la playa.
- **Había** diez personas en la playa.

El imperfecto se usa para describir estados y acciones habituales en el pasado.

4 MIRADOR

Unidad de repaso

HABLAMOS DE CULTURA: LENGUAS EN EL MUNDO HISPANO

1 **a. ¿Qué sabes de este tema? Marca tus respuestas. Luego lee el texto. ¿A qué preguntas del cuestionario responde?**

1. El español
- es una de las cuatro lenguas más habladas.
- se llama también castellano.

2. El gallego es
- un dialecto.
- una lengua.

3. En gallego hay
- periódicos y libros.
- programas de radio.

4. El vasco
- es una lengua oficial en España.
- es una lengua románica.

5. La lengua oficial del Perú es
- el castellano.
- el quechua.

6. En Bolivia se aprende
- quechua o aymara en la escuela.
- quechua en todas las escuelas.

Las lenguas oficiales de España

¿Recuerdas a José Mujika Eizagirre, el bombero de la **Unidad 1**? ¿Y puedes imaginar por qué en un campeonato creían que era de Afganistán? Es porque tiene un nombre vasco.
El vasco es, con el gallego y el catalán, una de las lenguas oficiales que se hablan en España, además del español o castellano. El vasco se habla en el País Vasco y parte de Navarra, y es realmente una lengua muy distinta porque, a diferencia de las otras, no viene del latín. En realidad todavía hoy no se conoce su origen.
El gallego se habla en Galicia y es parecido al portugués. El catalán se habla en Cataluña, en la Comunidad Valenciana y en las Islas Baleares. ¿Es parecido a otras lenguas? Pues un poco al francés y al italiano. Es interesante ver cómo se transforman las lenguas según el lugar geográfico donde se hablan.
¿Quieres saber cómo se dice **buenos días** y **adiós** en cada lengua? Aquí lo tienes en orden geográfico: desde el océano Atlántico hasta el mar Mediterráneo. ¿Sabes cuál es cuál?

b. 18 – **Escucha a unos hispanohablantes y compara con tus respuestas en el cuestionario. ¿Y en tu país? ¿Qué lenguas se hablan? ¿Son todas oficiales? ¿Hay dialectos? ¿Dónde? ¿En qué ocasiones se usan?**

ACT 1a - campus difusión

Texto mapeado

Texto locutado

AHORA YA SABEMOS

2 **Lee estas frases y marca qué dice el/la médico/a (1) o el/la farmacéutico/a (2), y qué dice el/la paciente (3) o el/la cliente/a (4). Luego, compara con tu compañero/a.**

1. ☐ Para el problema de los ojos, puede tomar estas gotas dos veces al día.
2. ☐ ¡No sé qué me pasa, pero me duele mucho esta pierna!
3. ☐ No he dormido nada. Me siento mal. Hoy estoy fatal.
4. ☐ Vamos a ver, le voy a tocar la espalda. ¿Le duele aquí?
5. ☐ Tengo fiebre y mucha tos. Puede ser gripe, ¿verdad?
6. ☐ Necesito algo para el dolor de garganta. ¿Tiene algún jarabe sin receta?
7. ☐ ¿No tiene algo más fuerte para la diarrea?
8. ☐ Aquí tiene las pastillas. ¡Que se mejore!
9. ☐ ¿Necesito receta para estas gotas?
10. ☐ ¿Sabe usted si es alérgico a algún medicamento?

3 **a.** 19 – **Escucha las cuatro preguntas y anota el número en la respuesta correspondiente.**

☐ Sí, con los tiempos del pasado. Es lo que más me cuesta.
☐ Trabajar en parejas es lo que más me gusta. Así hablo más.
☐ Yo, los ejercicios, así puedo controlar si lo he hecho bien.
☐ Bueno, la erre y la jota me cuestan todavía.

b. 20 – **Escucha y haz lo mismo con estas respuestas.**

☐ Sí, pero es un desorden con sistema.
☐ El piano me encanta. Me gustaría aprender a tocarlo.
☐ No, estoy bastante tranquila, es que me he preparado bien.
☐ Comparo mis frases con las reglas, eso me ayuda mucho.

2

4 **En parejas, uno/a describe la mesa donde estudias: ¿qué cosas hay sobre la mesa y dónde están? El/La compañero/a la dibuja. Luego al revés.**

5 **Escribe una carta al/a la director/a de la escuela donde aprendes español. Comenta los siguientes aspectos.**

¿Qué curso hiciste antes que este y qué aprendiste?
¿Qué te gustó del curso y qué no?
¿Quién fue tu profesor/a, cómo era y qué sabes de él / ella?

3, 4

TERAPIA DE ERRORES

6 **a.** Silvia, una estudiante suiza, vivió un año con una familia española. Lee su correo de agradecimiento y busca 10 errores. ¿Puedes clasificarlos según estos criterios?

ortografía / acento | tiempo verbal | preposición | orden de palabras | concordancia | forma del verbo | conector | pronombre

Para: martaprm@correo.com

Asunto: Saludos

Querida familia:

¿Qué tal estáis? Yo, bien. Bueno, todavía me estoy adaptando a los horarios de aquí. Volví a mi casa ya desde cuatro meses, pero acuerdo me mucho de vosotros y de España.
Aquí me levanto a las siete y no tengo hambre, pero a las diez por la mañana necesito mi bocadillo de tortilla y mi café con leche cómo en España.
Os escribo porque quiero darles las gracias por el año maravillosa que pasé con vosotros. Me sentí como en mi propia casa y viví muchos experiencias interesantes y divertidas. Vosotros y yo aprendimos que "lo español" y "lo alemán" pueden combinar muy bien. En resumen, era una experiencia fantastica.
Ahora estoy preparado un viaje por Latinoamérica. Maite, ¿me acompañas?

Un abrazo a todos,
Silvia

b. Compara tus resultados con los de tu compañero/a y explica tu decisión. Luego, reescribid la carta sin errores.

1

UNA IMAGEN QUE DA QUE HABLAR

7 **a.** Al mirar un cuadro nos podemos hacer preguntas, incluso si no vamos a obtener las respuestas. Mira el cuadro durante dos minutos y después cierra los ojos. ¿Qué recuerdas? Coméntalo en clase.

b. ¿Por qué el perro no juega con la pelota? ¿Quién es el señor de la cruz? Y tú, ¿qué preguntas te haces al ver el cuadro? Formula cinco preguntas. Luego, en grupos de tres, elegid las cinco más originales y presentadlas a la clase.

Equipo Crónica: Reinterpretación de *Las Meninas*, España (1970)

APRENDER A APRENDER

8 a. ¿Aprendes mejor hablando o cantando? Según los especialistas, todos tenemos ocho tipos de inteligencia, pero cada persona puede tener unas más desarrolladas que otras y esto influye en nuestra forma de aprender. Marca con un color las cosas que te gusta hacer o que te parecen fáciles. ¿Dónde hay más color?

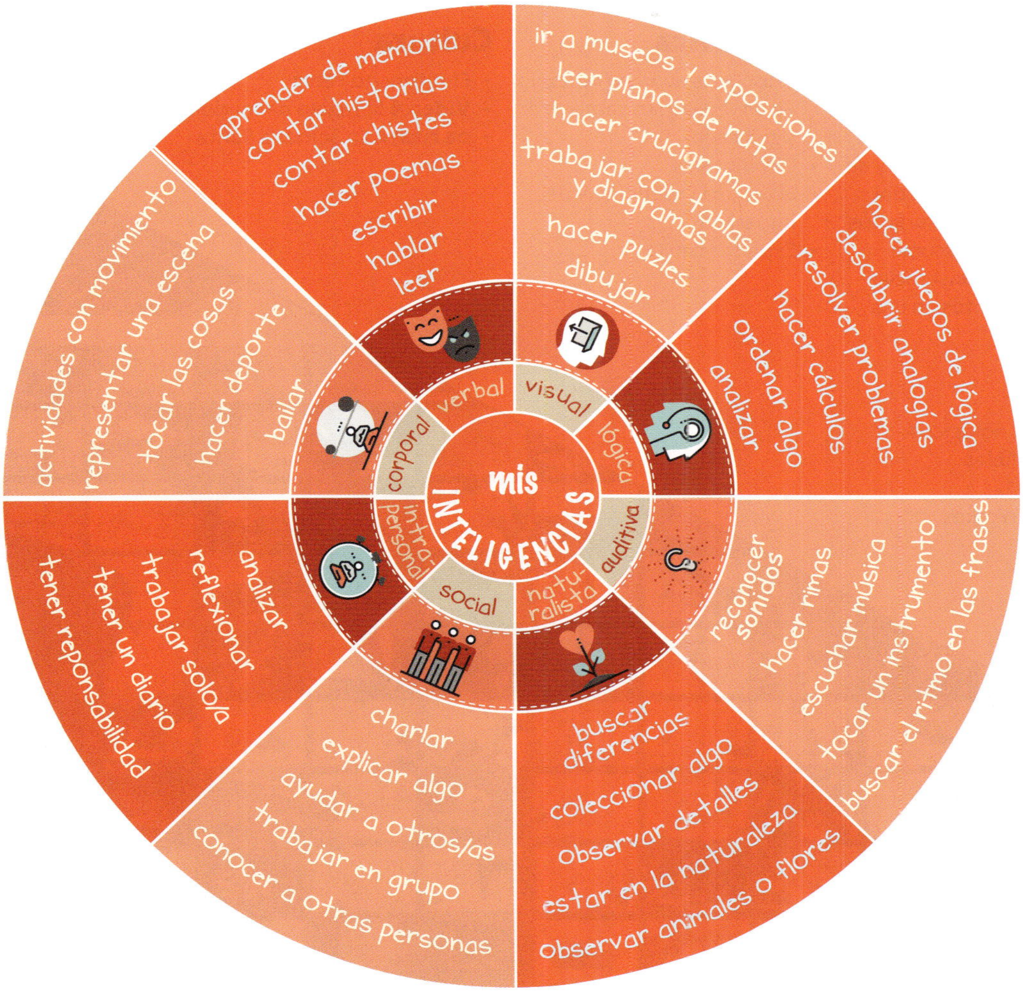

b. Relaciona los tipos de inteligencia con algunas actividades del libro. Luego compara tus respuestas con tus compañeros/as.

	TIPO DE INTELIGENCIA		ACTIVIDAD		PÁGINA
1.	verbal	☐	**9**	→	pág. 46
2.	visual	☐	**3 c**	→	pág. 42
3.	lógica	☐	**4 d**	→	pág. 43
4.	corporal	☐	**15 (tarea)**	→	pág. 34
5.	auditiva	☐	**12**	→	pág. 33
6.	naturalista	☐	**16 (tarea)**	→	pág. 20
7.	social	☐	**5 c**	→	pág. 15
8.	intrapersonal	☐	**10 b**	→	pág. 19

c. ¿Qué actividades de b te gustó más hacer? ¿Crees que coinciden con tu inteligencia dominante?

5 ¿TE ACUERDAS?

Comunicación

- Hablar de recuerdos
- Expresar emociones
- Hablar de acciones habituales en el pasado y de acontecimientos pasados
- Estructurar una historia: los conectores del discurso
- Diferenciar circunstancias y acontecimientos en una narración

Léxico

- Objetos tecnológicos imprescindibles
- Animales
- Juguetes y regalos

Gramática

- El uso reflexivo y no reflexivo de un verbo y sus cambios de significado
- Diminutivos
- El uso del indefinido y del imperfecto
- Expresar causa

Cultura

- El ratoncito Pérez
- **Vídeo 4** El regalo de mi vida
- **DE FIESTA** La Semana Santa

1

4

CINCO COSAS IMPRESCINDIBLES PARA VIVIR HOY QUE NO EXISTÍAN HACE POCO

Hoy en día es difícil imaginar una vida sin tecnología. Sin embargo, todos estos avances, que se han convertido en una parte esencial de nuestra rutina, eran impensables hace pocos años.

1. Servicios de mensajería con fotos, vídeos, emoticonos...
2. Música en *streaming*
3. Buscadores superavanzados
4. Internet en la televisión
5. Teléfonos inteligentes y tabletas

2

3

5

1 **a.** En parejas, buscad desde cuándo tenemos estas cosas. Luego, comentadlo en clase.

- *El primer teléfono inteligente apareció en el año...*

b. ¿Te acuerdas de qué se hacía antes de tener estas cosas? Comenta algunas ideas relacionadas con cada tema y vivencias personales.

- *Antes de la música en* streaming, *la gente escuchaba más música en la radio y compraba más discos. Yo recuerdo que en mi ciudad había muchas más tiendas de discos, pero la mayoría cerraron hace años.*

ACT 1 - campusdifusión

Texto mapeado

Texto locutado

UN CUENTO ANTES DE DORMIR

ACT 2b - campus**difusión**

Texto mapeado

Texto locutado

11

2 **a.** ¿En tu cultura se hace algo especial cuando los/as niños/as pierden los dientes de leche? ¿Existe la figura del ratoncito Pérez?

b. Lee el cuento del ratoncito Pérez. ¿Hay alguna historia parecida en tu cultura?

El ratoncito Pérez

Había una vez una ostra que estaba muy triste.

—¿Qué te pasa? —le preguntó su amigo el pulpo, que vivía en el fondo del mar.

—He perdido mi perla —respondió la ostra.

—¿Cómo era la perla? —preguntó el pulpo.

—Blanca, dura, pequeña y brillante —contestó la ostra.

El pulpo le prometió su ayuda y se marchó. Se encontró con una tortuga que estaba en la playa y le explicó el problema de la ostra. La tortuga le prometió su ayuda y se marchó. Se encontró con un ratón que paseaba por la playa. El ratón se llamaba Pérez.

—La ostra ha perdido su perla. Tenemos que buscar algo blanco, pequeño, duro y brillante —dijo la tortuga al ratón.

El ratón empezó a buscar un objeto con estas características. Primero encontró un botón que era blanco, brillante y pequeño, pero no era duro. Después encontró una piedra blanca, pequeña y dura, pero no era brillante. Al final encontró una moneda de plata que era blanca, dura y brillante, pero no era pequeña.

El ratón volvió a su casa triste y frustrado. La casa del ratón estaba en la habitación de un niño, detrás del armario. En la mesilla de noche encontró un diente del niño; el ratón lo tocó: era blanco, pequeño, duro y brillante.

Entonces tomó el diente y lo cambió por la moneda de plata. Luego, corrió a la playa y le dio el diente a la tortuga, la tortuga al pulpo y el pulpo a la ostra, que se puso muy contenta porque el diente era muy parecido a la perla perdida. Lo puso en el sitio de la perla y nadie pudo notar la diferencia.

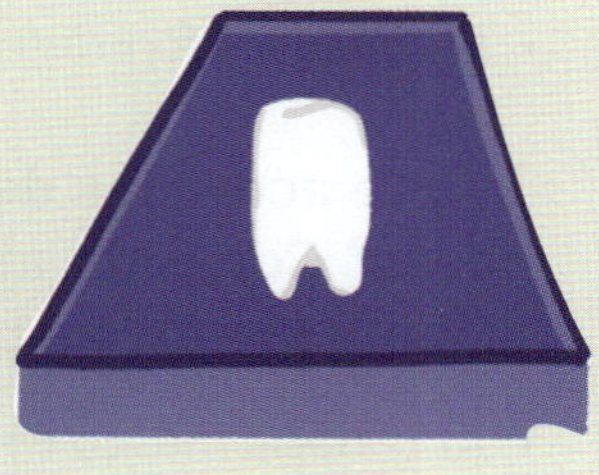

Por eso, desde entonces, cuando un niño pierde un diente de leche, lo pone debajo de la almohada y por la noche el ratoncito Pérez viene a buscarlo y lo cambia por dinero.

3 **a.** ¿Cuáles de estas frases son verdaderas (V) y cuáles falsas (F)? Corrige las frases falsas.

	V	F
1. La ostra perdió un diente y el pulpo prometió ayudarla.		
2. La tortuga encontró una perla y la cambió por dinero.		
3. Un pulpo, una tortuga y un ratón decidieron ayudar a su amiga la ostra.		
4. El ratoncito Pérez vivía en la mesilla de noche de un niño.		
5. El ratoncito Pérez cambió el diente del niño por una moneda de plata.		
6. A la ostra no le gustó el diente y lo tiró.		

b. Lee de nuevo el cuento de 2b y marca en azul los verbos en pretérito indefinido (pregunté) y en rojo los verbos en imperfecto (había); luego, escribe en tu cuaderno los infinitivos.

c. Ahora, con ayuda de las formas que has marcado, completa las frases de la tabla y la regla del cuadro lateral.

PRETÉRITO INDEFINIDO Y PRETÉRITO IMPERFECTO

1. El pulpo se encontró con una tortuga que .... en la playa.
2. La tortuga se encontró con un ratón que .... por la playa.
3. Primero el ratón .... un botón que era blanco, brillante y pequeño.
4. Al final .... a su casa, que estaba en la habitación de un niño.
5. El ratón tomó el diente porque .... parecido a la perla.

d. Relaciona cada pregunta con la respuesta adecuada.

1. ¿Por qué razón estaba triste la ostra?
2. ¿Qué le prometió el pulpo a la ostra?
3. ¿Qué problema tenía el botón que encontró el ratoncito?
4. ¿Qué problema tenía la piedra?
5. ¿Cómo se sentía el ratoncito cuando volvió a su casa?
6. ¿Cómo era el diente del niño?

a. Era parecido a la perla perdida.
b. No era duro.
c. Le prometió su ayuda.
d. Estaba triste y frustrado.
e. Porque no tenía su perla.
f. No era brillante.

Diminutivos

› ratón/ona → ratoncito/a

› casa → casita

› pequeño/a → pequeñito/a

Las palabras con estas terminaciones se usan a menudo para expresar una relación emocional, por ejemplo, **abuelito/a**.

Recuerda

Los pronombres reflexivos (**me**, **te**, **se**...) se colocan delante del verbo conjugado, pero detrás del infinitivo.

- El pulpo **se** marchó.
- El pulpo tuvo que marchar**se**.

Los tiempos del pasado

Los verbos que hacen avanzar la acción de la historia se expresan en pretérito
....

Las circunstancias y las descripciones, en pretérito
....

ACT 3 - campus difusión

› **Gramaclips** › Imperfecto e indefinido

› **Clase de gramática** › Los tiempos del pasado (2): imperfecto e indefinido (I)

› **Clase de gramática** › Pronombres personales (3): Se rompe

1-5, 24

4 **a.** Valentina nos cuenta cómo descubrió quién era de verdad el ratoncito Pérez. Lee el texto. ¿Por qué no dijo nada?

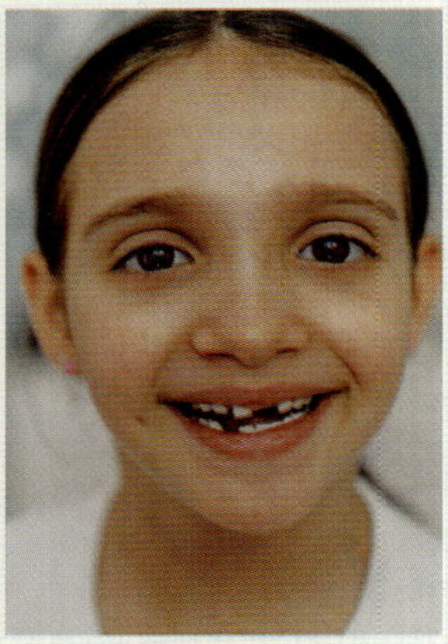

Yo tenía seis años y todavía tenía los dientes de leche. Un domingo, ☐ perdí un diente. Mis padres y mis tíos me dijeron: "El ratoncito Pérez va a venir a buscar el diente y te va a dejar dinero a cambio". Primero lo creí y me puse muy contenta ☐.

Por la noche me fui a la cama. ☐ De repente, escuché un ruido, pero no abrí los ojos. Mis padres entraron en la habitación y, para mi sorpresa, pusieron una moneda debajo de la almohada.

Al día siguiente, yo no dije nada ☐. Total, que en los meses siguientes recibí mucho dinero.

ACT 4 a - campus difusión

Texto mapeado

Texto locutado

Decir	
dije	dijimos
dijiste	dijisteis
dijo	dijeron

Creer	
creí	creímos
creíste	creísteis
creyó	creyeron

b. Ahora, completa el texto con estas frases poniendo el número en la casilla correspondiente.

1. mientras comía con mi familia,
2. Estaba muy cansada, pero no me podía dormir.
3. porque era la primera vez que me pasaba algo tan emocionante.
4. porque todavía me quedaban muchos dientes de leche.

c. En parejas, una persona lee el texto en voz alta y la otra interviene con las frases de **b**. Comparad la historia completa con la de **a**. ¿Qué diferencia hay? Comentad la respuesta con el resto de la clase.

5 Relaciona las dos partes de las frases y completa con la forma del verbo que falta.

1. Una vez mi madre me dio 20 euros para la peluquería, ☐
2. El día de mi cumpleaños comí una caja de bombones entera ☐
3. A los catorce años me regalaron un vestido muy feo ☐
4. Ayer vi una ardilla ☐
5. Unas vacaciones comí solo pasta ☐

a. mientras .... (PASEAR) por el parque.
b. porque el menú del hotel .... (SER) muy malo.
c. pero yo me .... (GASTAR) el dinero en chucherías.
d. y lo .... (VENDER) por internet.
e. y .... (PONERSE) enferma.

JUGUETES DE LA INFANCIA

6 **a.** ¿Conservas todavía algún regalo de la infancia? ¿Qué es?

b. 21-24 – Escucha a cuatro personas que hablan de un regalo especial. ¿Qué es?

☐ un monopatín

☐ unos patines en línea

☐ una caja de Lego

☐ una muñeca

☐ un coche de bomberos

☐ un oso de peluche

☐ una bicicleta

☐ un tren eléctrico

c. 21-24 – Escucha otra vez y marca en la tabla las expresiones que usan las personas.

EXPRESAR EMOCIONES	
☐ Me puse muy contento/a.	☐ Me puse muy triste.
☐ Me encantó.	☐ Me decepcionó mucho.
☐ Me dio mucha alegría.	☐ Me pareció horrible.
☐ Fue un éxito / una gran sorpresa.	☐ Fue un fracaso.

ACT 6c - campus difusión

› Cápsulas de fonética › La pronunciación de la **t** y de la **d**

d. 21-24 – Escucha otra vez y marca todas las frases correctas.

1. ☐ De niño pasaba casi todos los días por una tienda de juguetes.
☐ Una vez pasó por una tienda de juguetes.

2. ☐ La niña jugó muy poco con el coche de bomberos.
☐ La niña jugaba todos los días con el coche de bomberos.

3. ☐ La niña no quería esa bicicleta.
☐ Al final usó mucho la bicicleta que le regalaron.

4. ☐ El niño siempre tenía miedo a Papá Noel.
☐ Al recibir una caja de Lego, se olvidó de su miedo.

7 ¿Recuerdas algún regalo especial que recibiste en la infancia?

¿QUÉ FUE?	¿QUIÉN TE LO / LA REGALÓ?	¿CUÁNTOS AÑOS TENÍAS?	¿QUÉ EMOCIÓN TE PRODUJO?
un gato	mis padres	Tenía 12 años.	Me dio mucha alegría.

- *Un regalo que recuerdo fue el gato que me regalaron mis padres cuando tenía 12 años. Estábamos en casa con mis abuelos. Me dio mucha alegría.*

6, 12

SIEMPRE HAY HISTORIAS QUE CONTAR

8 a. ¿Recuerdas cómo fue? Combina una circunstancia y un acontecimiento para contar algo de tu vida.

CIRCUNSTANCIA	ACONTECIMIENTO
tener 24 años	aprender a cocinar
estar en la universidad	decidir mudarse
vivir todavía en casa de mis padres	conocer a mi pareja
compartir piso	terminar la escuela
ser joven	encontrar el primer trabajo
estar en una fiesta	enamorarse por primera vez

- *Cuando tenía 24 años, conocí a mi marido.*

b. ¿Qué le pasó a Patricia? Cuenta su historia. Luego, compárala con la de tus compañeros/as.

1 Era un viernes por la tarde y yo ______ (ESTAR) en casa. Vi en el periódico

2 que ______ (HABER) una nueva película de Penélope Cruz a las 20:30 h.

3 Entonces ______ (DECIDIR) ir al cine.

4 Ya ______ (SER) las 20:15 h y por eso ______ (TOMAR) un taxi.

5 La conductora me ______ (SALUDAR) al entrar.

6 Le ______ (DAR) la dirección del cine.

7 Entonces ella me ______ (PREGUNTAR): "¿Vas a ver la última de Penélope Cruz?".

8 Le ______ (CONTESTAR) que sí y entonces ______ (NOSOTRAS, EMPEZAR) a hablar de películas.

9 ______ (HABER) mucho tráfico, así que ______ (LLEGAR) demasiado tarde. "Lo siento mucho", me ______ (DECIR) ella.

10 "No importa", ______ (YO, CONTESTAR) y ______ le (PREGUNTAR): "¿Te apetece tomar un café y hablamos un poco más de películas?".

11 Entonces ______ (NOSOTRAS, ENTRAR) en un bar que ______ (ESTAR) enfrente del cine.

12 Total, que a las 22:30 h ______ (IR) juntas al cine a ver la película en la siguiente sesión. Y así ______ (CONOCER) a mi mejor amiga.

ACT 8 b - campus difusión

Texto mapeado

7, 17-19

9 **a.** Estas expresiones sirven para estructurar una historia. ¿Cómo se dicen en tu lengua?

primero	de repente	cuando ....
luego	al día siguiente	mientras ....
después	entonces	así que ....
al final	total, que	por eso ....

b. Elige en cada caso el conector correcto. Luego, compara con tu compañero/a.

El sábado pasado no fue un buen día: **primero / entonces** me desperté a las seis de la mañana **total, que / porque** los vecinos hacían mucho ruido. **Luego / Por eso** fui al baño y vi que no había agua caliente, **así que / mientras** no pude ducharme. Y la calefacción tampoco funcionaba... Esperé hasta las ocho y **entonces / cuando** llamé al técnico, que me dijo: "Puedo ir a las 19 h". Y, claro, como hacía mucho frío en casa, me resfrié. **Total, que / Cuando** pasé todo el domingo enfermo en la cama.

Conectores del discurso

Los conectores sirven para estructurar la narración y que resulte fluida y sin cortes.

ACT 9b - campus difusión

Texto mapeado

Texto locutado

› **Cápsulas de fonética** › La entonación de las partículas narrativas

8-10

10 **a.** ¿Has olvidado o perdido alguna vez las llaves de casa? ¿Qué pasó? ¿Conseguiste solucionarlo fácilmente?

b. Mira la historia de Irene en estas viñetas. ¿Cómo crees que termina su noche? Completa las frases y no te olvides de utilizar más conectores si los necesitas.

Expresar causa

- **Como** ya era tarde, decidió no salir.
- Al final no salió **porque** ya era tarde.

El viernes por la noche Irene *fue al cine con unas amigas, Sandra y Noemí*.

Después, Sandra y Noemí propusieron ir a cenar, pero Irene, como ....

Cuando llegó a su casa ....

Entonces ....

Pero justo en ese momento, Irene ....

Total, que al final ....

c. Compara tu historia con la de tus compañeros/as. ¿Se parecen? ¿Cuál es la más divertida o la más original? ¿Alguna coincide con una experiencia personal que has tenido?

13, 14, 22

MÁS QUE PALABRAS

11 **¿Con qué palabras relacionas estos diminutivos? Escríbelas en tu cuaderno.**

ratoncito | problemita | amorcito | besito | cosita | momentito | ahorita | jovencito
casita | manita | cochecito | gordito | regalito | gustito | mesita | facilito

2, 3, 25

12 **Palabras en compañía. ¿Con cuáles de estos verbos se pueden combinar los elementos de cada grupo?**

encontrar | encontrarse | llamar | llamarse | poner | ponerse

....	la mesa · las llaves en el bolso · música · la calefacción
....	triste · contento/a · nervioso/a · el abrigo · zapatos cómodos
....	un trabajo interesante · la perla perdida · un piso barato
....	bien · delante del cine · a las ocho · con amigos/as
....	a la policía · la atención · a un/a amigo/a · por teléfono
....	como su padre · de apellido Gómez Moreno

15, 16, 20, 21

13 **Comenta con dos compañeros/as algunas experiencias de tu vida. Puedes añadir otras fórmulas para expresar tus emociones.**

mi primer amor
el día de mi boda
mi examen de...
mi primer día de colegio
mi último cumpleaños
mi primer día de trabajo
mis últimas vacaciones
mi primer viaje sin padres
la última fiesta que organicé

Fue una situación difícil. | Fue una experiencia increíble. | Fue muy emocionante. | Fue un fracaso.
¡No quiero ni recordarlo! | Tuve mucho miedo. | Fue un éxito. | Lo pasé fenomenal. | Fue maravilloso.

TAREA FINAL: UNA HISTORIA COLECTIVA

14 **Vamos a escribir historias colectivas. Para ello, debes seguir las instrucciones y dejar volar tu imaginación.**

1. Cada persona escribe una frase en una hoja. Después, le pasa la hoja a su compañero/a de la derecha, que la lee y escribe una o dos frases más. Vuelve a pasar la hoja y así sucesivamente.
2. Cuando la hoja llega a la persona que comenzó a escribir, esta decide cómo termina la historia. Al final se leen todas las historias en el aula.

Era un día feo, llovía y hacía frío.

Pero yo estaba contenta porque era mi primer día de trabajo.

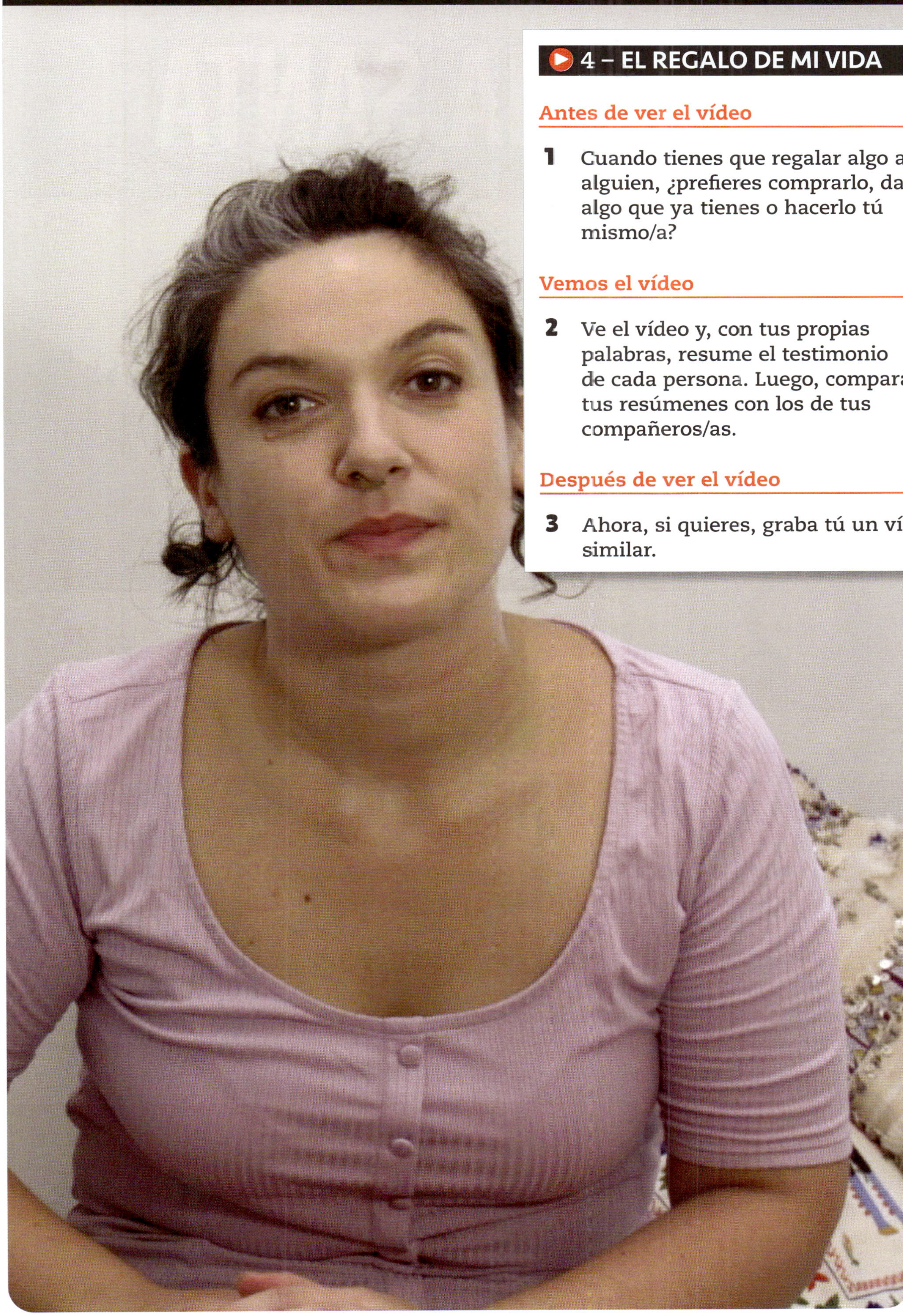

4 – EL REGALO DE MI VIDA

Antes de ver el vídeo

1 Cuando tienes que regalar algo a alguien, ¿prefieres comprarlo, dar algo que ya tienes o hacerlo tú mismo/a?

Vemos el vídeo

2 Ve el vídeo y, con tus propias palabras, resume el testimonio de cada persona. Luego, compara tus resúmenes con los de tus compañeros/as.

Después de ver el vídeo

3 Ahora, si quieres, graba tú un vídeo similar.

DE FIESTA

LA SEMANA SANTA

¡Hola! Me llamo Charo y soy sevillana. ¿Una fiesta importante de mi ciudad? La Semana Santa, sin duda.

La Semana Santa es una fiesta cristiana que se celebra en toda España y Latinoamérica en la semana que termina en domingo de Pascua.

En Sevilla la Semana Santa se vive con una intensidad especial. En mi familia todos somos miembros de la “cofradía” de la Virgen de la Macarena, una de las casi 60 asociaciones que organizan las procesiones y cuidan todo el año los “pasos”. Los pasos son unas figuras enormes que representan diferentes escenas (o pasos) de la pasión de Cristo o una imagen de la Virgen María. Mi preferida es la Macarena, una figura del siglo XVII que sale el Viernes Santo en la procesión.

Cada día de la Semana Santa hay procesiones de diferentes cofradías que recorren con sus pasos las calles llenas de gente. Los “costaleros” llevan el paso a hombros (un paso puede pesar hasta seis toneladas). Por eso tienen que parar después de algunos metros para descansar y recuperar las fuerzas. Mientras, todo el mundo espera en silencio. Uno de los momentos más emocionantes es cuando los costaleros vuelven a levantar el paso después de una pausa. Entonces se rompe el silencio y se escuchan aplausos y gritos.

Algo especialmente fascinante y misterioso de la Semana Santa andaluza son las “saetas”. Así se llaman unos

cantos improvisados que se entonan espontáneamente frente a las imágenes de los pasos. Cuando una persona empieza a cantar, toda la procesión se para. Las saetas tienen una melodía muy especial y recuerdan la tradición musical del flamenco y la música árabe. Son muy difíciles de cantar. Pero quizás lo más famoso de nuestras procesiones son los "nazarenos", los miembros de la cofradía que acompañan el paso. Llevan una capucha muy alta, que cubre toda la cara menos los ojos, y una capa muy larga con los colores de la cofradía. Algunos van descalzos.

1 ¿Verdadero (V) o falso (F)? Corrige las frases falsas.

	V	F
1. La Semana Santa se celebra después del domingo de Pascua.	▢	▢
2. Las cofradías son asociaciones que organizan las procesiones.	▢	▢
3. Los pasos representan a la Virgen de la Macarena.	▢	▢
4. Cada costalero se encarga de llevar un paso.	▢	▢
5. Las saetas son cantos espontáneos que entona el público de las procesiones.	▢	▢
6. Los nazarenos llevan la cara tapada.	▢	▢

2 ¿Existe alguna tradición religiosa parecida en tu país? ¿En qué consiste?

DE FIESTA - campus difusión

23

Texto mapeado

Texto locutado

COMUNICACIÓN

HABLAR DE RECUERDOS

¿Te acuerdas de tu primer viaje en avión?
¿Recuerdas las cámaras Polaroid?
Me acuerdo de los cuentos que me contaba mi abuela.
Recuerdo que me encantó el coche de bomberos.

EXPRESAR EMOCIONES

Me puse contento/a.	Me puse triste.
Me encantó.	Me decepcionó.
Me dio mucha alegría.	Me pareció horrible.
Fue un éxito / una sorpresa.	Fue un fracaso.

HABLAR DE ACCIONES HABITUALES EN EL PASADO

Siempre quería saberlo todo.
Me gustaba mucho jugar con mis Lego.

HABLAR DE ACONTECIMIENTOS PASADOS

Un domingo perdí un diente.
Escuché un ruido, pero no abrí los ojos.
Una vez me regalaron un Lego de 500 piezas.

ESTRUCTURAR UNA HISTORIA

primero	un día	cuando
luego	al día siguiente	mientras
después	entonces	porque
al final	así que	como
de repente	total, que	por eso

DIFERENCIAR ENTRE LAS CIRCUNSTANCIAS Y LOS ACONTECIMIENTOS DE UNA NARRACIÓN

Estaba en casa y vi en el periódico que había una nueva película con Penélope Cruz.
Ya eran las 20:15 h, por eso tomé un taxi.
La conductora me saludó al entrar.
Había mucho tráfico, así que llegamos demasiado tarde.
Entramos en un bar que estaba enfrente del cine.

GRAMÁTICA

EL USO REFLEXIVO Y NO REFLEXIVO DE UN VERBO Y SUS CAMBIOS DE SIGNIFICADO

llamar	• Tengo que llamar a la oficina antes de las 10 h.
llamarse	• Hola, me llamo Clara, ¿y tú?
dormir	• En verano duermo muy mal.
dormirse	• Ayer me dormí en el cine. La película era muy aburrida.
quedar	• No queda fruta, tengo que ir a comprar.
quedarse	• ¿Te quedas a cenar?
poner	• Pon un poco de sal en el arroz, por favor.
ponerse + adjetivo	• Me he puesto muy nervioso antes del examen.
ponerse + nombre	• ¿Me pongo estos pantalones o esta falda?
encontrar	• No encuentro las llaves. ¿Las has visto?
encontrarse	• Me encuentro mal, creo que tengo fiebre.
encontrarse con	• Ayer me encontré con Marta en el metro.

DIMINUTIVOS

cosa → cos**ita**	pequeño/a → pequeñ**ito/a**
libro → libr**ito**	gordo/a → gord**ito/a**
pulpo → pulp**ito**	fácil → facil**ito/a**
café → cafe**cito**	viejo/a → viej**ito/a**, viej**ecito/a**

Las terminaciones -**ito** / -**ita** o -**cito** / -**cita** se pueden añadir a nombres o adjetivos para expresar tamaño menor o para expresar afecto y cariño.
Hay otras terminaciones (como -**ín** / -**ina**, -**uco** / -**uca**...) que varían según la zona geográfica.

EL USO DEL INDEFINIDO Y DEL IMPERFECTO

ACCIÓN PRINCIPAL: INDEFINIDO	SITUACIÓN, CIRCUNSTANCIAS: IMPERFECTO
El pulpo **se encontró** con una tortuga	que **estaba** en la playa.
La tortuga **se encontró** con un ratón	que **paseaba** por la playa.
El ratón **encontró** un botón	que **era** blanco, pequeño y brillante.
Al final **volvió** a su casa,	que **estaba** en la habitación de un niño.
El ratón **tomó** el diente del niño	porque **era** parecido a la perla.

En una narración en pasado, el pretérito indefinido presenta los acontecimientos que hacen avanzar la acción (**¿Qué pasó?**), mientras que el imperfecto describe las circunstancias y las situaciones que enmarcan la acción (**¿Cómo era?**).

Algunos marcadores de tiempo y de frecuencia aparecen a menudo con el pretérito imperfecto, como **siempre** o **mientras**, y otros con el indefinido (**un día**, **de repente**, **al final**). Sin embargo, no son esos marcadores los que determinan si usamos indefinido o imperfecto.

- Un día el ratoncito **caminaba** por la playa y de repente **vio** una tortuga.
- Un día el ratoncito **fue** a la playa. Como no **veía** ninguna tortuga, pensó que pasaba algo raro. Entonces **escuchó** un ruido y una luz muy fuerte le **hizo** cerrar los ojos. De repente, la playa **estaba** llena de tortugas.

EXPRESAR CAUSA

COMO	PORQUE
Se utiliza al inicio de la frase. • Como tenía tiempo de sobra, me tomé un café antes del examen.	Se usa en la frase. • Me tomé un café antes del examen porque tenía tiempo de sobra.

6 ¡QUÉ AMABLE!

Comunicación

- Felicitar las fiestas y momentos especiales
- Reaccionar a la narración de un suceso
- Invitar, aceptar y rechazar invitaciones
- Empezar una conversación
- Dar un regalo y reaccionar
- Ofrecer algo y reaccionar
- Pedir permiso y reaccionar
- Hablar de normas y convenciones sociales

Léxico

- Celebraciones
- Fiestas

Gramática

- El uso de **ir** / **venir** y **llevar** / **traer**
- El superlativo absoluto (-**ísimo**/**a**/**os**/**as**)
- La apócope de algunos adjetivos: **grande**, **bueno**/**a**, **malo**/**a**
- El imperativo afirmativo

Cultura

- Convenciones sociales
- **Vídeo 5** La fiesta
- **DE FIESTA** El Velorio de Cruz de Mayo

Un libro y una rosa son los regalos tradicionales en Cataluña el 23 de abril con motivo de Sant Jordi, que coincide con el Día Internacional del Libro.

Querido abuelos:

Muchísimas gracias por el regalo de cumpleaños. Os envío una foto de mi fiesta con la piñata.

Muchos besos,
Marcela

DELTA
CONSTRUCCIONES
cumple

100
AÑOS

Le invitamos cordialmente
a nuestra fiesta de aniversario
el próximo sábado a las 19:00 h
en el Hotel Ritz,
Avda. de Mayo, 111

1 **a.** 25-27 - **Escucha y relaciona las conversaciones con las fotos.**

b. 25-27 - **Escucha otra vez y marca las expresiones que se mencionan. ¿Cuándo se usan las otras?**

- ☐ Feliz Navidad
- ☐ Feliz cumpleaños
- ☐ Bienvenidos/as
- ☐ Feliz año nuevo
- ☐ Gracias, igualmente
- ☐ Enhorabuena
- ☐ Felicidades
- ☐ ¡Que lo pases bien!
- ☐ ¡A tu / su salud!
- ☐ ¡Qué sorpresa!
- ☐ ¡Mucho éxito!
- ☐ Felicitaciones

c. **¿Qué fiestas se celebran en tu país? Y tú, ¿cuáles celebras?**

aniversario de boda | cumpleaños | día del santo | Navidad | Año Nuevo | despedida de soltero/a | ...

ACT 1 - campus difusión

Texto mapeado

Texto locutado

› **Cápsulas de fonética**
› La entonación de las exclamativas

2

TE INVITO A MI FIESTA

2 **a.** ¿Te gusta organizar fiestas? ¿En qué ocasiones lo haces? ¿Dónde? ¿Se baila? ¿Cuál fue la última fiesta que organizaste?

b. Lee los mensajes. ¿Cuándo, dónde y por qué se hace la fiesta?

c. 28-30 – Algunas amigas llaman a Adriana. Escucha y marca verdadero (V) o falso (F). Corrige las frases falsas.

- ☐ Cristina va a la fiesta.
- ☐ María no sabe si puede ir a la fiesta.
- ☐ Adriana tiene un altavoz grande.
- ☐ Cristina lleva el postre.
- ☐ María va a llevar un pastel.
- ☐ María va a ir con un amigo.

d. María habla por teléfono con Adriana. Marca la opción correcta.

- *¿Vas a* ***ir / venir*** *el sábado?*
- *Por supuesto que* ***voy / vengo****.*
- *¿Puedes* ***traer / llevar*** *tu altavoz?*
- *Claro. ¿Hay que* ***traer / llevar*** *algo más?*

3 **a.** Vas a celebrar una fiesta en las próximas semanas. Escribe en un papel una invitación explicando el motivo, cuándo y dónde es, etc. La información de la tabla te puede ayudar.

INVITAR

¿Qué haces el sábado? Es que doy una fiesta.
El sábado doy una fiesta en mi casa, estás invitado/a.
El sábado celebro mi cumple, ¿te apetece venir?
Te escribo para invitarte a...

b. Ahora pasa tu invitación a otra persona. Cada estudiante decide si va a la fiesta o no, y escribe una respuesta. Después pasa la invitación a otra persona, que también contesta por escrito, y así hasta cinco personas. ¿Quién va a tu fiesta?

Ir / venir, llevar / traer

La elección del verbo depende del lugar en el que se encuentra el hablante y de la dirección del movimiento.

ir y **llevar**: de aquí hacia allí

traer y **venir**: de ahí hacia aquí

3, 4

Contestar a una invitación

- › (Muchas) Gracias por la invitación.
- › ¡Qué buen plan!
- › Claro, me apunto.
- › Me encantaría, pero...
- › Lo siento, pero es que...

1, 27

¡PASA, PASA!

4 **a.** 31 - Cierra los ojos y escucha este poema. ¿Qué palabras recuerdas?

Ven a mi fiesta.
Pasa, pasa.
Mi casa es tu casa.
Entra, entra,
aquí están tus amigos.
Ponte, ponte,
¿no quieres más comida?
Come, come,
todo esto es para ti.
¿Qué tal la fiesta?
Pasa, pasa.
Pasa, pasa.
Mi casa es tu casa.
Bebe, bebe
y brinda con nosotros.
Dime, dime,
¿te gusta esta música?
Baila, baila
hasta el amanecer.
Se acabó la fiesta.
Vuelve pronto.
Mi casa es tu casa.

b. Ahora lee e intenta memorizar por lo menos dos líneas. Después, cierra el libro y escríbelas. Entre toda la clase, intentad reconstruir el poema con los versos que habéis apuntado. Luego, abrid el libro y comprobadlo.

5 **a.** Busca en 4a las formas del imperativo y completa la tabla. Después, reescribe el poema utilizando las formas de usted.

	PASAR	BEBER	ABRIR	PONER	VENIR	DECIR
tú	....	....	abre	pon	ven	di
usted	pase	beba	abra	ponga	venga	diga
ustedes	pasen	beban	abran	pongan	vengan	digan

b. Elige cinco actividades de las etiquetas y escribe los imperativos en la forma tú. Da las órdenes a tu compañero/a, que tiene que hacer lo que le dices. Luego al revés.

cerrar el libro | cruzar las piernas | aplaudir | cerrar los ojos | pasarme un lápiz | tocarse la nariz | levantarse | poner el bolígrafo debajo del libro | abrir el libro

6 Estás en una fiesta. Pide permiso teniendo en cuenta la situación dada. Tu compañero/a reacciona. Luego al revés.

- Tienes calor y quieres abrir la ventana.
- Quieres sentarte en la única silla libre.
- No tienes cuchillo.
- Tienes sed.
- Tienes frío.
- Hay servilletas en la mesa y necesitas una.
- Quieres otro trozo de tortilla.

- *¿Puedo abrir la ventana?*
- *Claro, ábrela, ábrela.*

Usos del imperativo

Uno de los usos del imperativo es dar permiso. En estos casos, en español es frecuente repetir el verbo.

ACT 5a - campusdifusión

› **Cápsulas de fonética** › La sílaba tónica

El imperativo

En el imperativo de vosotros la **-r** del infinitivo se cambia por una **-d**: pasa**d**, bebe**d**, veni**d**.

Los verbos con cambio vocálico en presente lo mantienen en imperativo: v**ue**lva, c**ie**rren.

Los pronombres se colocan detrás del verbo: ábre**la**, bája**lo**, pónga**se**.

5, 6, 9, 12, 28, 29

Pedir permiso

› ¿Puedo ponerme un poco más de vino?

› ¿Te importa si abro la ventana?

Reaccionar

› Por supuesto, ponte, ponte.

› Claro, claro. Ábrela, ábrela.

7, 8, 24

¡QUÉ BUEN AMBIENTE!

ACT 7 a - campus**difusión**

Texto mapeado

7 **a.** 32 - Lee y escucha lo que pasa en la fiesta de cumpleaños de Adriana.

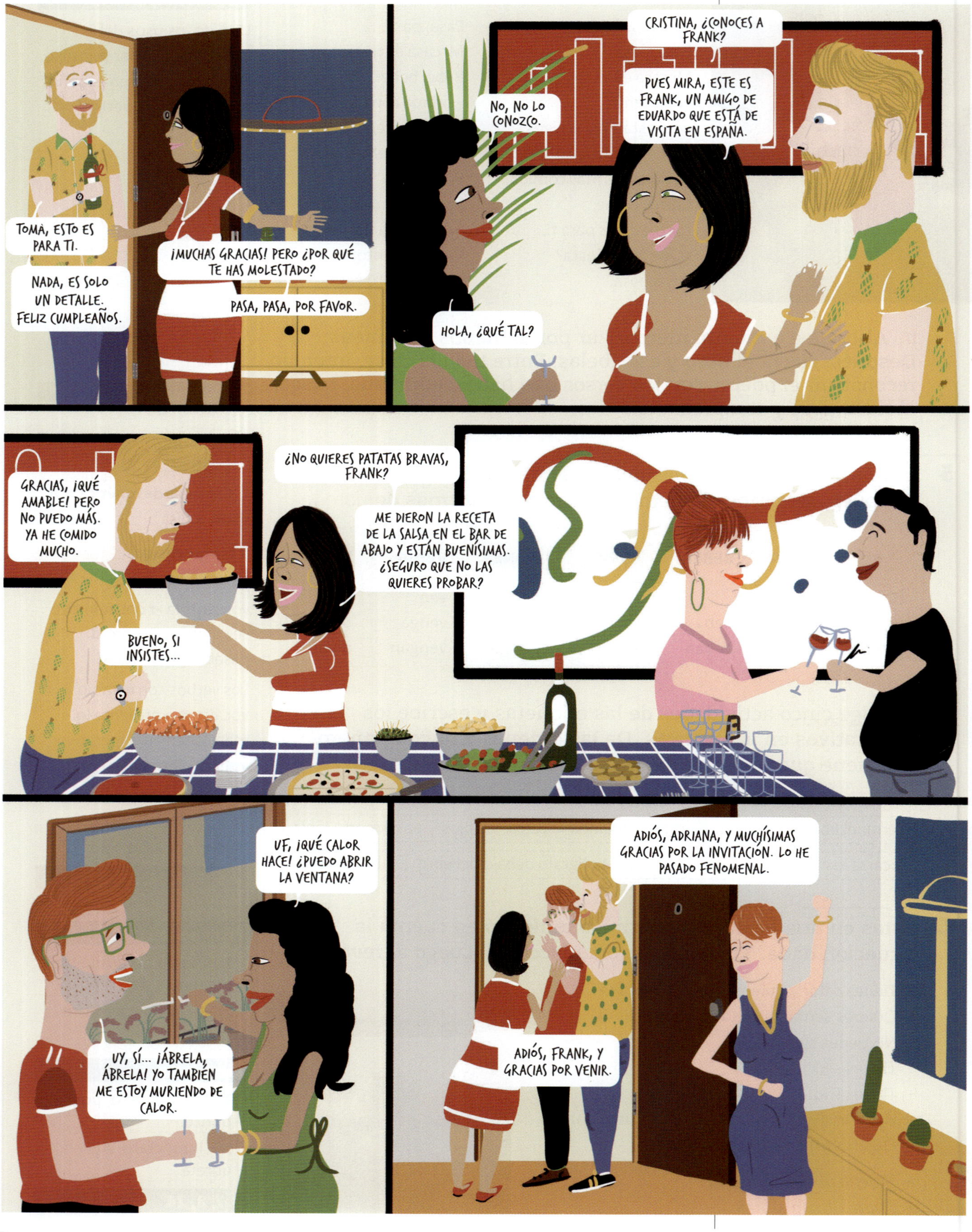

b. Completa la tabla con las expresiones de **a**.

	¿QUÉ DICEN?	¿CÓMO REACCIONAN?
Entregar un regalo.		
Presentar a alguien.		
Ofrecer algo.		
Pedir permiso.		
Despedirse.		

8 **a.** En parejas, escribid un diálogo entre Adriana (la anfitriona) y un/a invitado/a siguiendo este guion. Después, representadlo.

INVITADO/A	ANFITRIONA
1. saluda y felicita **3.** entrega un regalo **5.** reacciona **7.** reacciona (acepta / rechaza) **8.** quiere bailar con la anfitriona **10.** tiene que irse	**2.** reacciona **4.** reacciona y presenta al / a la invitado/a a otro/a invitado/a **6.** ofrece algo para beber y comer **9.** reacciona (acepta / rechaza) **11.** reacciona

b. El gran juego de la conversación social. Se juega en grupos de tres o cuatro personas con una moneda: cara significa avanzar una casilla y cruz, tres. Está permitido consultar el libro antes de responder. Si se cae en la misma casilla que un/a compañero/a, no se puede repetir la respuesta.

1 No conoces a casi nadie en la fiesta. ¿Qué dices para empezar una conversación?	**2** Tu compañero/a de la derecha y de la izquierda no se conocen. Preséntalos.	**3** Dibuja un regalo en un papel y dáselo a tu compañero/a de la derecha. Él / Ella reacciona.	**4** Tu invitado/a no quiere postre, pero tú insistes. ¿Qué dice cada uno/a?
5 ¿Qué dices para ofrecer algo de comida a otra persona? Tu compañero/a de la izquierda reacciona.	**6** La fiesta te gusta mucho. Coméntalo con los/as demás invitados/as. ¿Qué decís?	**7** Recibes este mensaje: "Esta noche hay fiesta en mi casa, ¿vienes?" ¿Qué contestas?	**8** ¿Qué dices para ofrecer más bebida? Tu compañero/a de la derecha rechaza y da una explicación.
9 Tu compañero/a de la izquierda te invita a una fiesta, pero tú no puedes ir. ¿Qué decís cada uno/a?	**10** Es tu cumpleaños y un/a invitado/a de la fiesta te felicita. ¿Qué decís cada uno/a?	**11** Te gusta mucho la comida de la fiesta. ¿Qué le dices al / a la anfitrión/ona?	**12** Es tarde y tienes que irte ya. ¿Cómo te despides del / de la anfitrión/ona?

ACT 8a - campus difusión

› **Micropelis** › Dolores y Lola

› **Cortos** › Satisfecho

Iniciar una conversación

En una fiesta

› ¡Qué fiesta más divertida!

En el tren / autobús

› ¿Sabe(s) si falta mucho para llegar a...?

En cualquier ocasión

› ¡Qué frío / calor hace!

10, 11, 18, 19, 22, 23

FUE UNA GRAN FIESTA

9 a. **Eduardo y Frank hablan sobre la fiesta desde una perspectiva cultural diferente. ¿Qué tema se trata en cada párrafo?**

¿QUÉ TAL LA FIESTA, EDUARDO?

Muy bien. Fue divertidísima. Fui con mi amigo Frank, que está de visita aquí en España. Frank lo pasó muy bien, pero ¡cómo come este chico! Adriana preparó muchas cosas riquísimas y le sirvió un plato lleno. Frank se lo comió todo. Y después otro y otro. ¡Nunca he visto a nadie comer tanto en una noche!

Frank le regaló una botella de vino a Adriana y se extrañó muchísimo porque ella lo abrió y se lo ofreció a los invitados. Era un buen vino. Frank sabe muchísimo de vinos. Estaba riquísimo.

No sé qué le pasó a Frank en la despedida. Dijo "adiós" y se fue. Así, sin más. Nosotros pensamos que estaba enfadado o que tenía prisa. Es un buen amigo, pero a veces no entiendo su manera de actuar.

¿QUÉ TAL LA FIESTA, FRANK?

Me gustó mucho. Eduardo tiene unos amigos simpatiquísimos. Pero creo que piensan que no como suficiente porque Adriana, la anfitriona, siempre me ponía más comida y decía "Come, come". Y yo comía, por educación, claro. Después otra vez. "Ponte, ponte más". Yo le decía que no, pero ella me ponía más y más comida. Al final ya no podía más.

Adriana debe ser una chica muy generosa. Le regalé un vino —un gran vino, buenísimo y bastante caro—, pero ella lo abrió y lo compartió con todo el mundo. No lo guardó para una ocasión especial.

Algunas personas no querían irse nunca. Estaban despidiéndose, decían "Es tardísimo, nos vamos" y empezaban otra vez a hablar. Lo dijeron por lo menos tres veces. No lo entiendo... Yo, cuando me quise ir, me despedí y me fui.

b. **Marca en el texto las palabras clave de cada malentendido.**

c. **¿Qué pasó en la fiesta? Elige una opción.**

1. ¿Por qué comió tanto Frank?
   - ☐ Porque tenía hambre.
   - ☐ Porque Adriana insistía mucho.
2. ¿Por qué Frank se sorprendió cuando Adriana abrió la botella de vino?
   - ☐ Porque era un vino muy malo.
   - ☐ Porque era un regalo para ella y no para tomar en la fiesta.
3. ¿Por qué crees que Frank se despidió tan rápido?
   - ☐ Porque estaba enfadado.
   - ☐ Porque en su país es normal despedirse así.

d. 33 – **Frank y Eduardo hablan de la fiesta. Escucha y comprueba tus respuestas. Luego explica las reacciones de Frank.**

ACT 9 a - campusdifusión

Texto mapeado
Texto locutado

El verbo ser

El lugar de un evento se expresa con **ser**.
¿Dónde ~~está~~ es la fiesta?

El superlativo en -ísimo/a

much**o** → much**ísimo**
divertid**a** → divertid**ísima**
tard**e** → tard**ísimo**
ri**ca** → ri**qu**ísima

14, 16

Hablar de normas

es normal / es usual / tienes que / no puedes + infinitivo

10 a. Cuando estás invitado/a a una fiesta, a una cena... en casa de alguien, ¿llevas algo? ¿Llegas puntual? ¿Ayudas en la cocina? Coméntalo con el resto de la clase. ¿Coincidís?

b. En parejas. ¿Recuerdas la última fiesta en la que estuviste? Cuéntasela a tu compañero/a. Después, algunos/as voluntarios/as cuentan la fiesta de su compañero/a a toda la clase.

motivo de la fiesta | tipo de invitación (desayuno / cena...) | lugar de la fiesta

regalo | personas invitadas | actividades (bailar...) | pasarlo bien | aburrirse

- *La última fiesta de Rachel fue el cumpleaños de una amiga. Fue en la casa de su amiga y había mucha gente...*

20, 21

11 Completa la tabla y luego el diálogo con la forma adecuada de los adjetivos.

ADJETIVO	-ÍSIMO/A
	interesantísimo/a
grande	
pocos/as	
fácil	
rico/a	
	cansadísimo/a
	buenísimo/a

- ¡La película de ayer fue .... !
- Bueno, estuvo bien, pero nada especial.
- ¿Y la sala del cine? ¡Era .... !
- ¿Tú crees? A mí me pareció normal.
- ¿Y el bocadillo que comimos después? ¿No estaba .... ?
- Sí, estaba .... , pero el pan estaba duro.
- Carmen, ¿estás .... o de mal humor?

12 a. Marca en los textos de 9 a los ejemplos con buen y gran, y completa la tabla.

	GRANDE	BUENO/A	MALO/A
MASCULINO	un .... vino	un **buen** amigo	hace **mal** tiempo
FEMENINO	una **gran** sorpresa	una .... idea	no es .... idea

b. Piensa en un ejemplo para cada caso y completa con buen, gran o mal en la forma adecuada. Luego, coméntalo con tu compañero/a, que reacciona a tus frases, y viceversa.

una *gran* actriz: *Penélope Cruz*
un .... libro: ....
una .... película: ....
un .... amigo: ....
un .... trabajo: ....
un .... día: ....
un .... consejo: ....

- *Penélope Cruz es realmente una gran actriz, me gusta mucho.*
- *¿De verdad? Pues, no sé...*

Adjetivos apocopados

Las formas abreviadas de estos adjetivos se usan cuando están delante del nombre. En estos casos, el significado también cambia.

- un gran libro (calidad)
- un libro grande (tamaño)

13, 15, 17, 25

Reaccionar

- ¿De verdad?
- ¿Tú crees?
- ¡No me digas!
- Sí, es verdad.

MÁS QUE PALABRAS

13 a. **Expresiones útiles. Piensa en posibles reacciones a estas expresiones. Luego, pasea por la clase y dirígete con estas expresiones a diferentes compañeros/as, que reaccionan a tus comentarios, y viceversa.**

TOMA, ESTO ES PARA TI.

MUCHAS GRACIAS POR LA INVITACIÓN.

¡QUÉ CALOR HACE!

¡EL PASTEL ESTÁ RIQUÍSIMO!

¡A TU SALUD!

¡FELICIDADES! ¿CUÁNTOS CUMPLES?

QUE LO PASES BIEN.

BIENVENIDO/A A MI CASA / FIESTA / CIUDAD.

TE PRESENTO A EVA, UNA COMPAÑERA DE TRABAJO.

¡QUE TE MEJORES!

¡QUÉ JERSEY MÁS BONITO LLEVAS!

¡FELIZ AÑO NUEVO!

¡QUE APROVECHE!

b. **En una fiesta. En parejas, buscad ejemplos de lo que...**

hacen los/as anfitriones/as: ofrecer comida
dicen los/as anfitriones/as: ......
hacen los/as invitados/as: ......
dicen los/as invitados/as: ......
hacen todos/as: ......

TAREA FINAL: GUÍA DE CORTESÍA

14 **Vais a escribir consejos a hispanohablantes para que puedan desenvolverse con éxito en tu país si van a una fiesta en casa de alguien.**

1. **En grupos, comentad qué conviene hacer o no hacer en tu país cuando se recibe una invitación. Aquí tenéis algunos aspectos que podéis tener en cuenta.**

ser puntual | llevar un regalo | llevar flores | abrir el regalo | comer todo lo que ofrecen | hablar de la familia | vestirse bien | hablar del sueldo | hablar del trabajo | ayudar en la cocina | quitarse los zapatos | cuánto tiempo quedarse | cómo despedirse | ...

2. **Escribid ahora la guía con algunos consejos.**

3. **Finalmente, se exponen los textos en clase. ¿Son parecidos o hay muchas diferencias?**

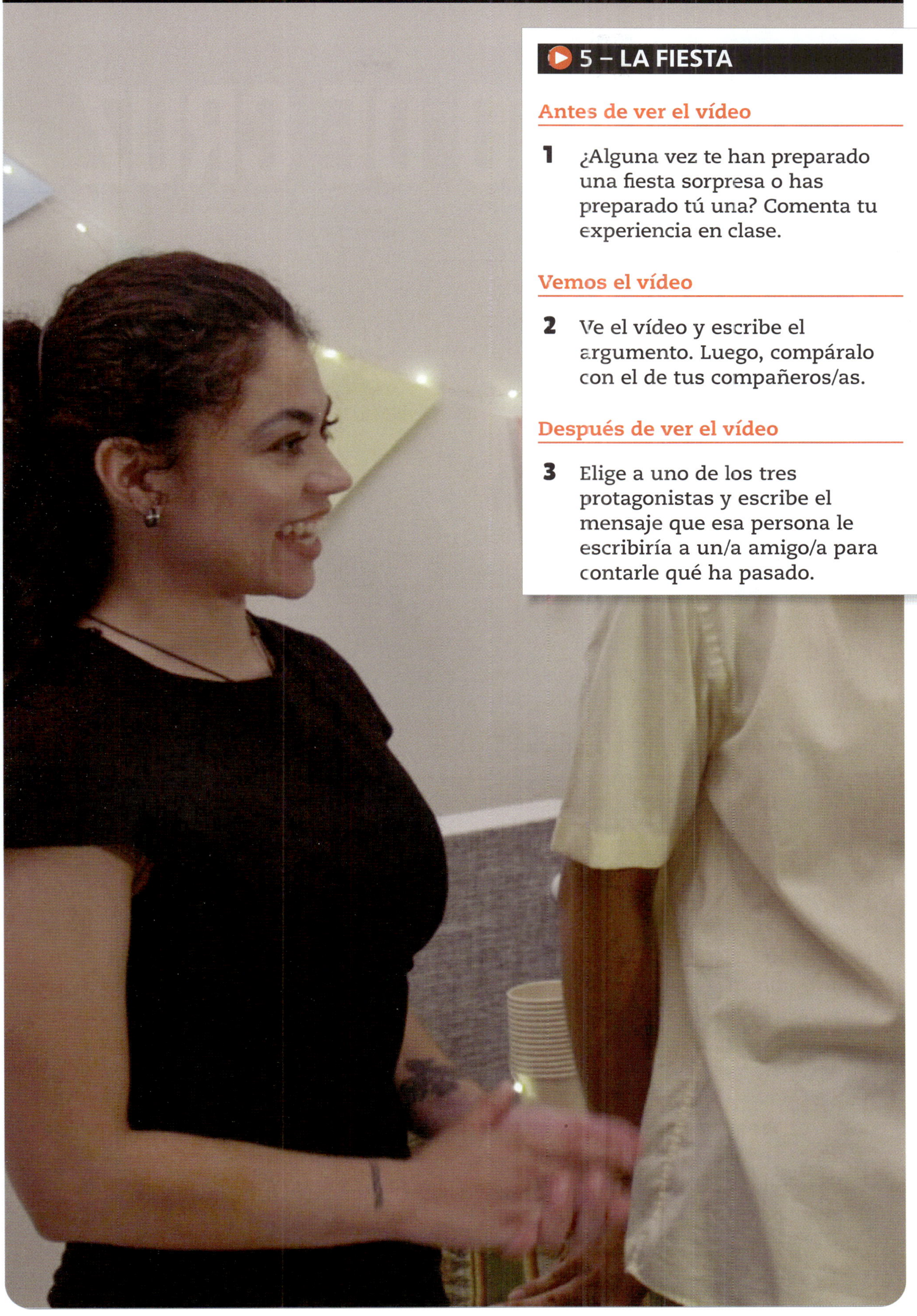

5 – LA FIESTA

Antes de ver el vídeo

1 ¿Alguna vez te han preparado una fiesta sorpresa o has preparado tú una? Comenta tu experiencia en clase.

Vemos el vídeo

2 Ve el vídeo y escribe el argumento. Luego, compáralo con el de tus compañeros/as.

Después de ver el vídeo

3 Elige a uno de los tres protagonistas y escribe el mensaje que esa persona le escribiría a un/a amigo/a para contarle qué ha pasado.

DE FIESTA

EL VELORIO DE CRUZ DE MAYO

¡Hola! Me llamo Silvia y soy venezolana, de Santa Teresa del Tuy. Quiero contaros cómo se celebra en mi país esta fiesta.

El 3 de mayo se festeja en muchos países hispanohablantes la Cruz de Mayo, llamada también la Fiesta de las Cruces. En cada país y región esta fiesta tiene sus particularidades.

Como en muchas otras fiestas de Latinoamérica, en el Velorio de Cruz de Mayo se unen elementos cristianos con antiguas tradiciones prehispánicas. Según la leyenda, la cruz de Cristo se encontró el día 3 de mayo del año 324. Esta fecha coincide con una fiesta indígena para celebrar la primavera y la época de lluvias: es el culto a la Madre Tierra y al dios maya Xipetotec. En las culturas prehispánicas la cruz simbolizaba la vida, por eso una fiesta con este símbolo no extrañó y ambas tradiciones se asimilaron fácilmente.

Cuando se celebra el Velorio de Cruz de Mayo, se decoran cruces con papel de seda y se ponen en un altar decorado con sábanas blancas o azules, que simbolizan el cielo. Además, también se ponen muchas flores, plantas y velas. Las cruces se colocan en lugares públicos o en la calle, donde todo el mundo pueda verlas.

Llevamos ofrendas de flores y frutas, y cantamos canciones religiosas o profanas delante del altar. En una fiesta no puede faltar la comida y la bebida, así que cada uno trae un plato tradicional y cerca de la cruz comemos y bebemos. Lo más típico es caldo de gallina, bollitos de maíz, queso blanco y dulces. Para beber no puede faltar el café y también bebidas alcohólicas, como ron y cerveza.

El Velorio de Cruz de Mayo es una fiesta religiosa, pero después llega la música y el baile, y el velorio se convierte en "el bailorio". En mi ciudad, Santa Teresa del Tuy, se baila "el tambor". Los ritmos y los instrumentos musicales son diferentes en cada región, pero todos compartimos las ganas de disfrutar y pasarlo bien.

1 ¿Verdadero (V) o falso (F)? Corrige las frases falsas.

	V	F
1. La Cruz de Mayo solo se celebra en Venezuela.	☐	☐
2. Esta celebración contiene elementos de diferentes tradiciones.	☐	☐
3. Todo el mundo decora una cruz y la coloca dentro de su casa.	☐	☐
4. La gente realiza ofrendas y aporta comida y bebida.	☐	☐
5. La música típica de la celebración de la Cruz de Mayo es igual en todo el país.	☐	☐

2 Busca en el texto los siguientes datos.

1. El nombre de un dios o diosa indígena.
2. Un símbolo presente tanto en las culturas prehispánicas como en la religión cristiana.
3. El nombre de una ciudad venezolana.

3 ¿En tu país se celebra alguna fiesta tradicional en primavera? ¿En qué consiste?

DE FIESTA - campusdifusión

Texto mapeado

Texto locutado

26

COMUNICACIÓN

FELICITAR LAS FIESTAS Y OCASIONES ESPECIALES

¡Feliz Navidad!	¡Feliz santo!	¡Felices fiestas!
¡Feliz año nuevo!	¡Felicidades!	¡Mucho éxito!
¡Feliz cumpleaños!	¡Enhorabuena!	¡(A tu / su) Salud!

REACCIONAR A UNA NARRACIÓN O A UNA OPINIÓN

¿De verdad?	¿Tú crees?
¡No me digas!	Sí, es verdad.

INVITAR

El sábado celebro mi cumpleaños, ¿te apetece venir?
El sábado doy una fiesta, estás invitado/a.
Te escribo / llamo para invitarte a...

ACEPTAR Y RECHAZAR INVITACIONES

(Muchas) Gracias por la invitación.
Me apetece mucho.
¡Qué buen plan!
Claro, me apunto.
Vale, perfecto. ¿Llevo algo para comer o beber?
Me encantaría ir, pero...
Lo siento, pero es que...

DAR UN REGALO

Toma, esto es para ti. / Tome, esto es para usted.
Mira, te he traído una cosita.

REACCIONAR

¡Muchas gracias! ¡Qué detalle!
Pero ¿por qué te has molestado? Si no hacía falta.

OFRECER ALGO

¿Te / Le pongo un poco más?
¿Por qué no pruebas...?
Toma un poquito más.

REACCIONAR

Bueno, un poquito más, ¡está todo muy rico!
Gracias, pero ya no puedo más.
Muchas gracias, es que he comido mucho.

PRESENTAR A ALGUIEN

Cristina, te presento a Frank, un amigo de Eduardo.
Mira, Cristina, este es Frank.

REACCIONAR

Encantada, mucho gusto.
Hola, Frank, ¿qué tal?

PEDIR PERMISO

¿Te importa si bajo un poco el volumen?
¿Puedo ponerme un poco más de tarta?

REACCIONAR

Claro que no. Bájalo, bájalo.
Por supuesto, ponte, ponte.

HABLAR DE NORMAS Y CONVENCIONES SOCIALES

Es normal	+ infinitivo	• Es normal llevar algo para beber o algo de postre.
(No) Es (muy) frecuente		• No es muy frecuente llevar un regalo.
Tienes que		• Tienes que despedirte antes de marcharte.
Está bien		• Está bien ayudar a recoger.
No es necesario		• No es necesario quitarte los zapatos al llegar. Solo si te lo piden.
Es (muy / bastante) usual		• Es bastante usual llegar puntual o un poco más tarde, pero no antes.

GRAMÁTICA

EL USO DE IR / VENIR Y LLEVAR / TRAER

- ¿Puedes venir un momento? Necesito ayuda.
- ¿Puedes traer un poco de pan? Se me ha olvidado comprarlo.
- ¿Vas a ir al cumpleaños de Tomás?
- Yo voy a llevar unas velas para la tarta, ¿y tú?

Para indicar un movimiento hacia el espacio de la persona que habla, se usa **venir** y **traer**.

Para indicar un movimiento hacia un lugar diferente de donde se encuentra la persona que habla, se usa **ir** y **llevar**.

EL SUPERLATIVO ABSOLUTO (-ÍSIMO/A/OS/AS)

bueno/a	→	buenísimo/a
divertido/a	→	divertidísimo/a
grande	→	grandísimo/a
tarde	→	tardísimo
fácil	→	facilísimo/a

El sufijo -**ísimo** expresa un grado muy alto de un adjetivo. Cuando los adjetivos acaban en vocal, esta se cambia por -**ísimo**/-**a**/-**os**/-**as**, y cuando acaban en consonante, se añade después.
A veces es necesario realizar cambios ortográficos (ri**c**o → ri**qu**ísimo, lar**g**o → lar**gu**ísimo).

LA APÓCOPE DE ALGUNOS ADJETIVOS

	GRANDE	BUENO/A	MALO/A
MASCULINO	un **gran** vino	un **buen** amigo	hace **mal** tiempo
FEMENINO	una **gran** sorpresa	una **buena** idea	no es **mala** idea

Las formas abreviadas de estos adjetivos se usan cuando van delante del nombre. En estos casos, el significado puede cambiar.

- un gran libro (calidad)
- un libro grande (tamaño)

EL IMPERATIVO

	VERBOS REGULARES			VERBOS IRREGULARES					
	PASAR	BEBER	ABRIR	CERRAR	PROBAR	PEDIR	PONER	VENIR	DECIR
tú	pas**a**	beb**e**	abr**e**	**cie**rra	pr**ue**ba	p**i**de	pon	ven	di
vosotros/as	pasa**d**	bebe**d**	abri**d**	cerra**d**	proba**d**	pedi**d**	pone**d**	veni**d**	deci**d**
usted	pas**e**	beb**a**	abr**a**	**cie**rre	pr**ue**be	p**i**da	ponga	venga	diga
ustedes	pas**en**	beb**an**	abr**an**	**cie**rren	pr**ue**ben	p**i**dan	pongan	vengan	digan

El imperativo de **vosotros** se forma cambiando la -**r** del infinitivo por una -**d**.
Los pronombres se colocan detrás de la forma del imperativo (pon**te**, ábre**la**). Si la antepenúltima sílaba está acentuada, lleva acento gráfico.
A veces es necesario realizar cambios ortográficos para conservar el sonido de la raíz (empe**z**ar → empie**c**e; to**c**ar → to**qu**e).

7 VAMOS AL PARQUE

Comunicación

- Organizar una excursión
- Mantener una conversación telefónica
- Expresar alegría y tristeza
- Expresar prohibición y obligación

Léxico

- Animales
- Paisajes
- Parques y jardines

Gramática

- El imperativo negativo
- Los demostrativos
- Los pronombres posesivos tónicos

Cultura

- Parque nacional de Doñana (Andalucía, España)
- Cañón del Sumidero (Chiapas, México)
- Los huertos urbanos
- **Vídeo 6** No nos mires, únete
- **DE FIESTA** La noche de San Juan

1 **a.** Mira esta campaña. ¿Cuál es su objetivo?

b. Responde a estas preguntas sobre los animales que aparecen en la campaña. Luego, comenta tus respuestas con tus compañeros/as.

- ¿Qué animales son domésticos?
- ¿Qué animales son peligrosos?
- ¿Qué animales están en peligro de extinción?
- ¿Cuáles vuelan? ¿Cuáles nadan?
- ¿Qué animales has visto en vivo? ¿Has tocado alguno?

ACT 1 - campusdifusión

Texto mapeado

Texto locutado

1, 2

PARAÍSOS NATURALES

ACT 2 - campus difusión

Texto mapeado

Texto locutado

2 A partir de la información del artículo, escribe seis razones para visitar el parque de Doñana. Luego compara con lo que ha escrito otra persona. ¿Coincidís?

El parque nacional de Doñana: un paraíso natural

En todoterreno o en barco, descubre con nosotros uno de los parques naturales más impresionantes de Europa: **Doñana**.

EL PARQUE

En Andalucía se encuentra la mayor reserva ecológica de Europa. Es el parque nacional de Doñana, en las provincias de Huelva, Sevilla y Cádiz, que desde el año 1994 es **Patrimonio de la Humanidad**.

SUS PAISAJES

En Doñana encontramos una gran variedad de paisajes y plantas: playas, bosques de pinos de un verde intenso y dunas de arena como en el desierto. Y también agua. Agua salada del mar en las marismas y agua dulce en los lagos y ríos. **Un paraíso para la vida**.

SUS PÁJAROS

Doñana es un lugar ideal para muchísimas especies de animales: pájaros, reptiles, peces... ¿Sabes cuántos pájaros pasan por Doñana en su emigración de Europa a África? ¡Trescientos mil! De todos los colores, grandes y pequeños. Imagina el cielo cubierto de flamencos de color rosa. ¡Un espectáculo único!

EL LINCE

El lince ibérico es el símbolo del parque de Doñana. Se llama así porque solo se encuentra en la península ibérica. Por desgracia, está en peligro de extinción, quedan pocos ejemplares. Por eso hay programas en España y Portugal para protegerlo.

Visitar Doñana es conocer uno de los paisajes más bellos de Europa. Un patrimonio que debemos cuidar y conservar.

Tel. +34 959 430 432
www.donanavisitas.es

3, 4, 6

3 ¿Eres amante de la naturaleza? Marca tus respuestas en el cuestionario. Luego compara con dos compañeros/as.

	SÍ	NO
1. ¿Tienes plantas o flores en casa?		
2. ¿Puedes identificar tres árboles por sus hojas?		
3. ¿Tienes un animal de compañía?		
4. ¿Tienes un acuario?		
5. ¿Ves programas o documentales sobre animales?		
6. ¿Conoces la diferencia entre el elefante africano y el indio?		
7. ¿Has ido a un jardín botánico este año?		
8. ¿Conoces algún parque natural en tu país?		
9. ¿Te gusta hacer excursiones a la montaña o viajes para estar en contacto con la naturaleza?		

4 **a.** 34 – Rafael Piedra quiere hacer una excursión a Doñana. Escucha la reserva telefónica y completa el formulario.

PARQUE NACIONAL DE DOÑANA

Reserva de visitas

Fecha: .... Precio: ....

Número de personas: ....

Duración del recorrido: ....

Medio de transporte: ....

b. Quieres hacer una excursión al Cañón del Sumidero en Chiapas, México. Escribe un correo para informarte y reservar las plazas.

CAÑÓN DEL SUMIDERO EN CHIAPAS (MÉXICO)

¿Te gusta la aventura? ¿Quieres disfrutar de un paisaje fascinante? ¿Quieres ver cocodrilos, monos y pájaros exóticos en libertad? Ven al Cañón del Sumidero. Una aventura inolvidable. Salidas diarias a las 10 h, 13 h y 16 h.

Reservas por teléfono (+52 442 212 28999) o en **www.andalemexico.com**

c. Intercambia tu correo con un/a compañero/a y responde a su mensaje como encargado/a del cañon.

Hacer una reserva

- Quiero / Quería hacer una reserva para...
- ¿Quedan plazas libres el 2 de agosto?
- ¿Cuánto tiempo dura el recorrido?
- ¿De dónde sale el autobús / barco...?
- ¿Cuánto cuesta la excursión?
- ¿Es posible ir con niños?

ACT 4c - campusdifusión

- **Los Lex** › De viaje A2
- **Micropelis** › El viaje

¿DIGA?

5 **a.** 35-37 - **Rafael llama a sus amigos para decirles que ya ha hecho la reserva. Escucha y marca cómo reaccionan.**

	CON ALEGRÍA	CON TRISTEZA	¿CÓMO LO DICE?
Isabel	☐	☐	
Mariluz	☐	☐	
Enrique	☐	☐	

b. **Lee estos recursos para hablar por teléfono y tradúcelos a tu lengua. ¿Se parecen las estructuras y las palabras usadas?**

HABLAR POR TELÉFONO

- ☐ ¿Puedo hablar con...?
- ☐ Sí, soy yo.
- ☐ Lo siento, te has / se ha equivocado de número.
- ☐ ¿De parte de quién?
- ☐ Ahora mismo te / le paso.
- ☐ En este momento no está.
- ☐ Lo siento, pero ahora no puedo hablar.
- ☐ ¿Quiere(s) dejar algún recado?

c. **Piensa en situaciones en las que se pueden usar los recursos anteriores.**

- *Si llamo a mi pareja al trabajo, puedo decir "Hola, buenos días. ¿Puedo hablar con Daniel?*

Reaccionar

Expresar alegría
- ¡Estupendo!
- ¡Qué bien!
- ¡Qué alegría!
- ¡Cuánto me alegro!
- ¡Me hace mucha ilusión!

Expresar tristeza
- ¡Qué pena!
- ¡Qué lástima!
- ¡Qué mala suerte!

Recuerda

En los países de habla hispana no se dice el nombre al contestar al teléfono.

Sin embargo, esto sí sucede en ciertos contextos profesionales en los que alguien que presta un servicio se identifica.

5, 7, 8, 17, 19, 25, 26

6 **¿Cuáles son tus costumbres relacionadas con el teléfono? Responde a estas preguntas y coméntalo con tus compañeros/as. ¿Tenéis muchas cosas en común?**

- ¿Hablas mucho por teléfono? ¿Con quién hablas normalmente?
- ¿Eres capaz de salir de casa sin el móvil?
- ¿Tienes todavía teléfono fijo en casa? ¿Lo usas?
- ¿Qué números de teléfono sabes de memoria?
- ¿Hasta qué hora llamas a otra persona por la noche? ¿Hasta qué hora contestas a las llamadas?
- ¿Tienes internet en el móvil?
- ¿Cuántos correos electrónicos y mensajes recibes al día?
- ¿Te consideras adicto/a al móvil?

NO BUSQUES EXCUSAS

7 a. Lee estos anuncios de una campaña ecológica. ¿Tienen la misma intención? ¿Cuál te parece más efectivo?

NO BUSQUES SIEMPRE EXCUSAS

Solo tienes que cambiar un poco tus costumbres.

- No te bañes. Dúchate y ahorra agua.
- No enciendas todas las lámparas de tu casa.
- Separa los diferentes tipos de basura.
- No uses la calefacción y el aire acondicionado en exceso.
- No uses bolsas de plástico en tus compras.

¿Ves qué fácil?

Ministerio de Medio Ambiente

¿EL FUTURO? ¡NO ES TU PROBLEMA!

- No ahorres agua. Hay suficiente.
- No separes la basura. Es mucho trabajo.
- No tomes el autobús. ¿Para qué tienes coche?
- En invierno pon la calefacción muy alta, no eres un pingüino.
- En verano usa siempre el aire acondicionado.
- Gasta, tira, consume, contamina. Sé egoísta.
- Recuerda: tú eres el centro del universo.

Asociación Pro-Natura

b. Según los anuncios, ¿qué hay que hacer para cuidar el medio ambiente?

Ahorrar agua (ducharse en lugar de bañarse),...

c. Y tú, ¿qué haces o no haces para cuidar el medio ambiente?

- *Cuando voy a comprar, yo no uso bolsas de plástico. Uso de tela.*

8 a. Subraya en los anuncios todas las formas del imperativo. ¿Hay alguna diferencia entre las formas afirmativas y las negativas?

	-AR	-ER / -IR	CAMBIO VOCÁLICO	IRREGULAR
tú	no tom**es**	no beb**as**	no enc**ie**nd**as**	decir → no digas...
vosotros/as	no tom**éis**	no beb**áis**	no encend**áis**	hacer → no hagas...
usted(es)	no tom**e(n)**	no beb**a(n)**	no enc**ie**nd**a(n)**	ir → no vayas...

b. En parejas. Una persona dice el imperativo afirmativo de estos verbos en la forma tú. Tu compañero/a dice el imperativo negativo correspondiente. Después, al revés.

mirar | comer | tocar | pasar | beber | abrir | poner | venir | ir | hacer | entrar

c. Escribe las instrucciones para visitar el parque de Doñana. Luego compara con el resto de la clase. ¿Coincidís?

- hacer ruido
- seguir las instrucciones del / de la guía
- dar de comer a los pájaros
- tocar los animales
- coger flores o plantas
- hacer fuego
- tirar basura
- llevar perro

INSTRUCCIONES PARA EL PARQUE

No haga ruido.

ACT 7a - campus difusión

Texto mapeado

Texto locutado

ACT 7c - campus difusión

> **Cortos** › Estrella

El imperativo negativo

Para formar el imperativo negativo tomamos como base la 1.ª persona del presente. Los verbos en -**ar** llevan terminaciones con -**e** (**no tomes**) y los verbos en -**er** e -**ir**, terminaciones con -**a** (**no bebas**).

Los pronombres están entre **no** y el verbo.

- No **lo** olvides.

9-12, 20, 21, 23

LOS PULMONES DE LA CIUDAD

ACT 9b - campusdifusión

Texto mapeado

Texto locutado

9 a. ¿Qué es un huerto urbano? ¿Qué ventajas tiene?

b. Lee el texto. ¿Hay algo parecido en tu ciudad?

HUERTOS URBANOS, LA NATURALEZA ENTRA EN LA CIUDAD

En España hay más de 15 000 huertos urbanos en 216 ciudades y la tendencia va en aumento. **Elvira Flores** nos cuenta: "Yo amo la naturaleza y siempre quise tener un pequeño huerto. Me registré hace dos años para participar en el huerto comunitario de nuestro barrio que nos ofreció el ayuntamiento. Fue algo magnífico: nos dieron un terreno que antes pertenecía a un parque en este barrio y no tenía ningún uso especial. Desde el principio los vecinos mostraron mucho interés. Tenemos parcelas con gran variedad de verduras, tenemos también árboles frutales y pronto llegan ¡las gallinas! Es una experiencia muy buena, hasta los niños aprovechan este gran huerto, ya que aprenden a cultivar lo que luego comen. ¿Qué más podemos pedir?".

c. ¿Quién de la clase...

- ... ha plantado verduras en su jardín o balcón?
- ... vive en una casa con jardín?
- ... va al parque para pasar el rato y tomar el aire libre?
- ... riega las plantas con frecuencia?
- ... cruza un parque para ir al trabajo?

10 a. En tres minutos, escribe cosas que se hacen normalmente en un parque.

b. Ahora, observa este parque durante un minuto y luego cierra el libro. Intenta recordar el máximo de información. ¿Qué están haciendo las personas?

13, 18

11 **a.** 38-41 - Escucha unas conversaciones en el parque. ¿Quién habla?

b. Ahora, lee los diálogos y marca las palabras que indican posesión.

1.
- Oye, ¿aquel niño es tu nieto?
- No, el mío es el rubio.
- ¿Aquel al lado del árbol?
- Eso es un perro. Mi nieto está allí, en el banco. Ponte las gafas, Mariano.

2.
- Esta pelota es mía.
- No, la tuya es aquella, la roja. Esta es la mía.

3.
- ¿Ese perro de quién es? Está solo, ¿no?
- Yo creo que es de aquella pareja. Los que están allá. ¿Los ves?

4.
- ¿Dónde están Luis, Mati y Pablo?
- Allí, jugando a la pelota.

c. ¿Qué diferencia crees que existe entre mi, tu, su... y mío, tuyo, suyo...? Coméntalo con tu compañero/a.

POSESIVOS TÓNICOS	
mío/a/os/as	nuestro/a/os/as
tuyo/a/os/as	vuestro/a/os/as
suyo/a/os/as	suyo/a/os/as

- ***Mi** hijo ya habla.*
- ***El mío** todavía no.*

- *¿Esa pelota es **tuya**?*
- *No, **la mía** es roja.*

d. Reescribe los diálogos de b cambiando las siguientes palabras: nieto por nieta y pelota por balón. ¿Qué más palabras cambian?

e. Observa en los diálogos de b las palabras que señalan algo teniendo en cuenta el espacio donde se encuentran. ¿Cómo se dicen en tu lengua?

	MASCULINO	FEMENINO
SINGULAR	aquel	aquella
PLURAL	aquellos	aquellas

12 **a.** 42 - Cierra los ojos, relájate y escucha. Imagínate los detalles de este parque imaginario lo más concretamente posible.

b. Ahora toma notas de tu parque imaginario. Las palabras de las etiquetas te pueden ayudar. Luego, en parejas, comparad.

grande | pequeño/a | antiguo/a | moderno/a | de madera | de metal

frío/a | caliente | limpio/a | sucio/a | fresco/a | seco/a

¿Cómo es la estatua?
Y los bancos, ¿cómo son?
¿Hay muchos árboles? ¿Cómo son?
¿Hay mucho césped o poco?
¿Qué tipo de gente hay?
¿Qué están haciendo?
El ruido del agua, ¿es una fuente o un río?
¿Tocas el agua o solo la miras?
¿Dónde te sientas? ¿Qué haces?
¿Cómo vuelves a casa?
¿Te ha gustado el paseo?
¿Qué es lo que más has disfrutado?

ACT 11b - campus difusión

Texto mapeado

Posesivos tónicos

Los posesivos tónicos van detrás del nombre y concuerdan en género y número con él.
- Este es Luis. Un amigo mío.
- ¿Cómo se llama esa amiga tuya que vive en Madrid?

Si no hace falta mencionar el sustantivo, se usa **el mío**, **el tuyo**, etc.
- Mi perro se llama Tocho. ¿Y el tuyo?

Con el verbo **ser** los posesivos tónicos indican pertenencia.
- Este libro es mío.

14, 15, 22

Los demostrativos y el espacio

- **Este/a/os/as → aquí / acá**
- **Ese/a/os/as → ahí, allí**
- **Aquel, aquella/os/as → allí / allá**

16

MÁS QUE PALABRAS

13 a. **¿Qué tienen en común las palabras de cada grupo?**

1. caballo, vaca, cerdo, gallina animales de granja
2. tigre, león, gato, lince, leopardo
3. elefante, jirafa, cocodrilo, serpiente
4. mar, lago, río, fuente, marisma
5. duna, desierto, playa
6. descansar, pasear, montar a caballo

b. **En parejas. Buscad un máximo de respuestas a estas preguntas y luego ponedlas en común. ¿Cuántas respuestas diferentes encontráis entre todos/as?**

1. ¿Qué se puede ahorrar?
2. ¿Por dónde se puede pasear?
3. ¿Dónde se puede descansar?
4. ¿Qué está prohibido hacer en un parque?
5. ¿Qué se puede cultivar en un huerto urbano?
6. ¿Qué animales hay en tu país en peligro de extinción?

TAREA FINAL: NUESTRO HUERTO COMUNITARIO

14 a. **En grupos de tres, queréis pedir un terreno para crear un huerto urbano. Escribid un correo electrónico al ayuntamiento. En él tenéis que responder, como mínimo, a estas preguntas. Podéis añadir fotos, planos…**

1. ¿Quiénes somos?
2. ¿Qué queremos hacer?
3. ¿Qué ventajas tiene un huerto para nuestro barrio?

b. **Los textos se exponen en la clase. Comparad los argumentos. ¿Cuáles son los mejores?**

6 – NO NOS MIRES, ÚNETE

Antes de ver el vídeo

1 ¿Sueles ir a manifestaciones? ¿De qué tipo?

2 ¿Alguna vez has hecho una pancarta?

3 ¿En qué tipo de manifestación crees que se pueden usar estos eslóganes?

a. No destroces más el lugar donde vivimos. No tenemos plan B.

b. No hagas ruido por la noche. El descanso es un derecho.

c. No vayas por libre. Debemos luchar por vivir en armonía.

Vemos el vídeo

4 ¿Cuál crees que es el problema de las dos personas que se manifiestan en el vídeo?

5 ¿Crees que lo que hacen es la mejor manera de solucionar su problema?

Después de ver el vídeo

6 En parejas, escribid recomendaciones (qué hacer y qué no hacer) en una situación como la de las personas del vídeo.

DE FIESTA

LA NOCHE DE SAN JUAN

Hola. Me llamo Luisa y soy de A Coruña. Aquí, en mi ciudad, la fiesta de San Juan es la más importante de todo el año.

Fuego en la playa, gente bailando y cantando. En muchos países se celebra en la noche del 23 al 24 de junio la noche de San Juan, la más corta del año. Si alguien mira desde el cielo, ve miles de hogueras que iluminan las costas de todo el mundo, desde Noruega hasta el norte de África, desde Bolivia hasta mi tierra: Galicia.

En esta noche mágica se mezclan rituales, tradiciones y supersticiones. Hay muchas leyendas que se cuentan de generación en generación. Una de ellas dice que los demonios y las meigas (así se llaman las brujas en gallego) salen esta noche para recibir al verano. ¿Brujas? Sí, son muy populares aquí. Por eso es tan importante encender hogueras: se dice que el fuego nos protege de ellas. También se dice que las personas enfermas se curan o que las mujeres pueden saber el futuro.

En realidad la fiesta comienza casi un mes antes, cuando empezamos a recoger madera para las hogueras. El día 23 por la mañana se ve a muchas mujeres volver del mercado con un ramo de hierbas aromáticas. Según la tradición, hay que poner el ramo en agua durante la noche. Al día siguiente se usa esta agua para lavarse la cara y las manos, y así protegerse contra las enfermedades durante todo el año.

Por la tarde empieza la gran fiesta en las calles con grupos folclóricos y bandas de música. A mí personalmente me gusta mucho escuchar la música de las gaitas, el instrumento tradicional de Galicia. También se come y se bebe. Son típicas las "sardiñadas", en las que se preparan sardinas a la brasa. El olor del pescado se respira por toda la ciudad.

A las doce en punto se enciende la hoguera mayor en la playa y se canta y se baila alrededor de ella. Algunas personas saltan por encima del fuego gritando "¡Meigas fora!" para alejar a los malos espíritus. Otros piden un deseo porque se dice que los fuegos de San Juan tienen también propiedades mágicas. ¿Será cierto? No lo sé, pero, por si acaso, yo siempre pido uno.

1 ¿Verdadero (V) o falso (F)? Corrige las frases falsas.

	V	F
1. La noche del 23 al 24 de junio es la que más dura del año.	☐	☐
2. El fuego de las hogueras sirve de protección contra las brujas.	☐	☐
3. Las hogueras se empiezan a preparar el 15 de junio.	☐	☐
4. En la noche de San Juan es típico comer muchos tipos de pescado.	☐	☐
5. Algunas personas piden deseos junto a las hogueras.	☐	☐

2 ¿En tu país se celebra también esta fiesta? ¿Qué diferencias hay?

DE FIESTA - campus difusión

Texto mapeado

Texto locutado

24

COMUNICACIÓN

ANIMALES

el caballo	el pájaro	el camello	el pulpo
la gallina	el pez	la cebra	el lince
el cerdo	la serpiente	la jirafa	el pato
el tigre	la oveja	la vaca	el flamenco
el cocodrilo	el elefante	el león	el mono

ELEMENTOS DEL PAISAJE NATURAL

el bosque	la montaña
la duna	la arena
el lago	el río
la playa	la marisma

EN EL PARQUE Y EL JARDÍN

el árbol	el huerto
la planta	el terreno
la flor	el estanque
el césped	

GESTIONAR E INFORMARSE SOBRE UNA EXCURSIÓN, UNA VISITA...

Quiero / Quería hacer una reserva para...
¿Quedan plazas libres del cinco al ocho de julio?
¿Cuánto tiempo dura el recorrido / la visita?
¿De dónde sale el todoterreno / el barco / el autobús...?
¿Cuánto cuesta la excursión / la visita guiada?
¿El precio incluye la comida?
¿Es posible / Se puede ir con niños?

HABLAR POR TELÉFONO

Diga. / Dígame.	Ahora mismo te / le paso.
¿Puedo hablar con...?	Lo siento, se ha equivocado de número.
¿De parte de quién?	En este momento no está.
¿Quiere dejar un recado?	Este es el contestador automático de...

EXPRESAR ALEGRÍA

¡Estupendo!
¡Qué bien!
¡Qué alegría!
¡Cuánto me alegro!

EXPRESAR TRISTEZA

¡Qué pena!
¡Qué lástima!
¡Qué mala suerte!

EXPRESAR PROHIBICIÓN, OBLIGACIÓN Y NECESIDAD

Estar permitido / prohibido + infinitivo	Está prohibido dar comida a los animales.
Tener que + infinitivo	Tienes que llamar para reservar.
Hay que + infinitivo	Hay que preguntar por el guía al llegar.
No hay que + infinitivo	No hay que pisar el césped.
Deber + infinitivo	Debes estar en el punto de encuentro a la hora.
Imperativo afirmativo	Respete las plantas.
Imperativo negativo	No tire basura.

GRAMÁTICA

EL IMPERATIVO NEGATIVO

	VERBOS REGULARES		VERBOS IRREGULARES				
	-AR	-ER / -IR	ENCENDER (E→IE)	PEDIR (E→I)	DECIR	IR	HACER
tú	no tom**es**	no beb**as**	no enciend**as**	no pid**as**	no digas	no vayas	no hagas
vosotros/as	no tom**éis**	no beb**áis**	no encend**áis**	no pid**áis**	no digáis	no vayáis	no hagáis
usted	no tom**e**	no beb**a**	no enciend**a**	no pid**a**	no diga	no vaya	no haga
ustedes	no tom**en**	no beb**an**	no enciend**an**	no pid**an**	no digan	no vayan	no hagan

La base para el imperativo negativo es la 1.ª persona del presente. Esto ayuda especialmente a formar los verbos irregulares (**hago** → **no hagas**).

Los verbos en -**ar** llevan terminaciones con -**e** (**pasar** → **no pases**).

Los verbos en -**er** e -**ir**, terminaciones con -**a** (**beber** → **no bebas**, **subir** → **no subas**).

Los verbos con cambio vocálico en presente lo mantienen en imperativo (**enciendo** → **no enciendas**, **pido** → **no pidas**).

Los pronombres se colocan entre **no** y el verbo.

- No **se lo** digas.
- No **te** bañes.

Las formas para **usted** / **ustedes** son iguales para el imperativo afirmativo y el negativo.

- **(No) tome**.

LOS DEMOSTRATIVOS

este
esta
estos
estas
→ aquí / acá

ese
esa
esos
esas
→ ahí

aquel
aquella
aquellos
aquellas
→ allí / allá

Se usa **este / esta / estos / estas** para referirse a lo que se encuentra en el espacio de la persona que habla.

Se usa **ese / esa / esos / esas** para referirse a lo que se encuentra en el espacio de la persona que escucha o en un espacio diferente al de la persona o personas que hablan.

Para referirse a cosas que están fuera y lejos del espacio de ambos se usa **aquel / aquella / aquellos / aquellas**.

Del mismo modo se usan **aquí**, **ahí** y **allí** (en Latinoamérica **acá** y **allá**), dependiendo de la distancia con el / la hablante.

LOS PRONOMBRES POSESIVOS TÓNICOS

MASCULINO SINGULAR	FEMENINO SINGULAR	MASCULINO PLURAL	FEMENINO PLURAL
el mío	la mía	los míos	las mías
el tuyo	la tuya	los tuyos	las tuyas
el suyo	la suya	los suyos	las suyas
el nuesto	la nuestra	los nuestros	las nuestras
el vuestro	la vuestra	los vuestros	las vuestras
el suyo	la suya	los suyos	las suyas

Cuando el nombre es conocido o se ha mencionado ya, podemos omitirlo si usamos un pronombre posesivo con artículo.

- Mi hijo ya habla, pero **el suyo** todavía no.

Para hacer referencia al / a la poseedor/a de una cosa, podemos usar el verbo **ser** seguido de un pronombre posesivo sin artículo.

- Esta pelota es **mía**.

8 MIRADOR

Unidad de repaso

HABLAMOS DE CULTURA: LA CORTESÍA

1 **a.** **Lee el siguiente texto. ¿Qué haces o no haces tú? ¿Hay cosas que te sorprenden? ¿Qué es diferente en tu cultura?**

Esta es tu casa

La cortesía es el arte de comportarse amablemente. Existe en todas las culturas, pero cada una la expresa de una manera diferente. Un ejemplo del mundo hispano: cuando estás invitado/a a una fiesta. Allí vas a escuchar muchas frases como "¡Qué bien te veo!", que se dicen por cortesía. No se trata de decir la verdad o de mentir, sino de ser amable o cordial.

Cuando llega la hora de despedirse, seguramente el anfitrión o la anfitriona va a decir: "¿Pero ya te vas? ¡Si es muy pronto!". De esta forma te quiere decir que tu compañía es agradable. En realidad, puedes irte tranquilamente y dar alguna excusa como "Es que es muy tarde" o "Mañana tengo que levantarme temprano". Otra frase muy usual en la despedida es "Vuelve cuando quieras, esta es tu casa", si se trata de la primera vez que vas. Eso puede llevar a malentendidos porque no hay que tomarlo literalmente. Es simplemente una fórmula de cortesía. ¿Quieres un buen final para despedirte de forma cortés?: "¡La próxima vez, en mi casa!".

b. 43 – **Escucha a unos hispanohablantes que hablan de la cortesía. ¿Hay diferencias con respecto a lo que dice el texto? ¿Y entre las personas que hablan?**

ACT 1a - campus difusión

Texto mapeado

Texto locutado

AHORA YA SABEMOS

2 **Estás en un mercadillo o en una tienda. ¿Qué dice el vendedor o la vendedora? ¿Y qué dice el cliente o la clienta?**

		VENDEDOR/A	CLIENTE/A
1.	Es una buena oferta: paga dos y se lleva tres, ¿qué le parece?		
2.	Lo siento, no tenemos tallas más grandes.		
3.	Me pruebo las dos, ¿dónde están los probadores?		
4.	¡Qué mala suerte! Pregunté hace una hora y todavía quedaban dos.		
5.	Me encantan, pero me quedan un poco estrechos.		
6.	Las camisetas están allí, al lado de las camisas.		
7.	Quería unos pantalones de algodón para el verano.		
8.	¿Me los pueden reservar durante dos horas, por favor?		
9.	¡Pantalones, chaquetas de caballero, de señora, de niño y niña! ¡Todo barato, muy barato!		
10.	Le queda muy bien. También lo tenemos en amarillo, si lo prefiere.		

3 **a.** 44 - **Escucha las cuatro preguntas y anota el número en la respuesta correspondiente.**

- ☐ Soy Felipe Herrera, de la agencia de viajes TodoTurismo.
- ☐ Sí, pero reservar por teléfono es mucho más seguro.
- ☐ Sí, tiene dos posibilidades: en inglés o alemán. ¿Cuál le interesa a usted?
- ☐ 230 euros e incluye las dos comidas.

b. 45 - **Escucha y haz lo mismo con estas respuestas.**

- ☐ Del aparcamiento principal, directamente delante de la empresa.
- ☐ En este momento no está. ¿Quiere dejarle un recado?
- ☐ Para esos días no, lo siento, solo quedan para los días 7 y 8.
- ☐ Entre cinco y seis horas si hace el camino al lago, o dos días si recorre también los bosques.

4 **Elige un parque o un paisaje, real o imaginario, y descríbelo. Tu compañero/a lo dibuja. Luego, al revés. ¿Reconocéis vuestros parques o paisajes en los dibujos?**

5 **Quieres invitar a tus compañeros/as de clase a una fiesta. Escribe la invitación mencionando estos aspectos.**

motivo de la fiesta	colaboración para la fiesta (comida, bebida...)
lugar, fecha, hora	confirmación de asistencia

TERAPIA DE ERRORES

6 a. **Errores visibles e invisibles. Lee los dos textos y marca en ellos los errores.**

1

Querido señor Jiménez:

Quería informarme sobre las excursiones a Sierra Nevada que organiza suya empresa. Me gustaría saber si se quedan plazas libres en el agosto y cuál oferta hay para grupos numerosos.

Un abrazo,
Jorge Palacios

2

Estimados amigos:

Tengo el placer de invitar os a mi cumpleaños el jueves. Si alguién puede llevar música, genial. Yo tengo nada. Mis discos regalé a mi ex-novia. No os olvidéis: jueves en la casa mía a las 22.00 en punto.

Atentamente,
Fernando

b. **¿Cuántos errores has encontrado? ¿Has notado que no todos son de gramática o de ortografía? A veces decimos cosas que son correctas, pero no son adecuadas en esa situación. Vuelve a leer las cartas. ¿Qué errores de adecuación encuentras? Luego reescribe las dos cartas en su estilo adecuado.**

1-4

UNA IMAGEN QUE DA QUE HABLAR

7 a. **Mira el cuadro. ¿Dónde imaginas la escena? Luego, en parejas, escribid un diálogo entre dos de las personas que aparecen. Tus compañeros/as adivinan quiénes están hablando.**

José Morillo, *La fiesta* (2012)

b. **¿Cómo te imaginas la fiesta? Toma notas, teniendo en cuenta los siguientes aspectos. Después describe la fiesta. Tienes que hablar por lo menos dos minutos.**

¿Cuál es el motivo de la fiesta?
¿Quién es el anfitrión o la anfitriona?
¿Qué tipo de música tocan los músicos?
¿Qué hay para comer y beber?

APRENDER A APRENDER

8 **a.** El aspecto gráfico de un texto da información y con eso podemos hacer predicciones sobre su tema o contenido. Sin leer el texto, responde a estas preguntas y compara tus respuestas con el resto de la clase.

¿Qué información te da la foto?
¿Qué información te da el título?
¿Qué tipo de texto es (artículo, cuento, entrevista...)?
¿Qué información esperas encontrar?
¿Qué sabes del tema?

ÉXITO DE LAS COOPERATIVAS DE COMPRA

Lo 'bío' está al alcance de todos

La producción de alimentos ecológicos ha crecido un 15% en España.

Un 30% de los consumidores españoles compra de vez en cuando o regularmente alimentos ecológicos. Este *boom* está relacionado con las cooperativas de compra. Son personas que se unen para comprar verduras o frutas bío directamente de los productores por un precio similar al que se paga por productos convencionales. Se calcula que unas 50000 familias compran así y cada mes se crean nuevas cooperativas o asociaciones.

"Los grupos de compra ecológica aumentan", explica Pedro Gumiel, socio de Gumendi, una de las grandes productoras de productos ecológicos. "Cuando empezamos, teníamos que exportar casi toda nuestra producción porque aquí no había consumo. Hoy en día el mercado español absorbe casi todo".

Comprar productos fabricados o cultivados de forma tradicional parece una vuelta al pasado, pero el fenómeno de las cooperativas de compra es algo absolutamente moderno y que utiliza las últimas tecnologías. La cooperativa Gumendi pone cada día lo que puede ofrecer en su página web y los grupos de compra pueden hacer sus pedidos a través de ella.

Adaptado de *Tiempo*

b. Ahora lee el texto y concéntrate en estos aspectos.

¿Qué palabras entiendes?
¿Hay palabras internacionales, cifras, nombres, etc.?
¿Cuáles son las palabras clave?

ACT 8 a - campusdifusión

Texto mapeado
Texto locutado

c. Vuelve a leer el texto. ¿Eran correctas tus predicciones? ¿A qué preguntas básicas (quién, qué, dónde, cuándo, por qué) contesta el texto?

d. Después de leer. ¿Qué sabes ahora que antes no sabías? Puedes resumir el texto en un mapa asociativo.

9 PROYECTOS CON FUTURO

Comunicación

- Hablar del carácter y de las habilidades
- Hablar del compromiso social
- Hablar del futuro
- Expresar emociones y experiencias

Léxico

- Iniciativas sociales
- Cualidades personales
- La música y los instrumentos musicales
- Emociones

Gramática

- El uso de **ser**
- El uso de **estar**
- La comparación: verbo + **tanto** y **tanto/a/os/as** + nombre
- El futuro regular e irregular
- Los usos del futuro
- Expresar hipótesis
- Expresar necesidad

Cultura

- Iniciativas sociales y ONG
- El proyecto social venezolano "El Sistema"
- Gustavo Dudamel y la música en Venezuela
- **Vídeo 7** Un proyecto modelo
- **DE FIESTA** La Verbena de la Paloma

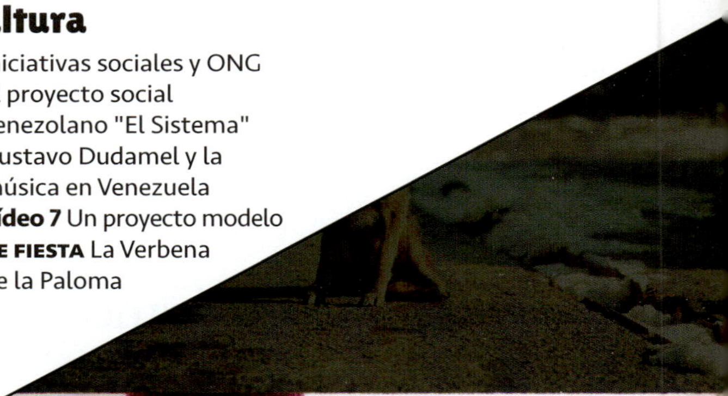

Con el reciclaje y la venta de ropa usada Re-Moda **crea puestos de trabajo y apoya la economía solidaria.**

Muevelibros: una iniciativa para promover el transporte público, la lectura gratuita y el intercambio de libros en las paradas de autobús y de metro.

En nuestro barrio hemos creado una red social privada para ayudarnos en caso de emergencia y promover las iniciativas vecinales.

En Arca de Noé **cuidamos perros y gatos abandonados y buscamos familias adoptivas para ellos.**

PONER UN GRANITO DE ARENA

6 INICIATIVAS CON LAS QUE GANA EL MUNDO Y GANAS TÚ

Artistas urbanos/as de todo el mundo llenan de color los barrios más desfavorecidos para dar un sentido positivo a la identidad y motivar a través del arte.

Con esta nueva iniciativa la gente puede combinar deporte y protección del medio ambiente. Lo que es bueno para ti es bueno para el planeta.

1 a. Lee el título de este minirreportaje. ¿Lo entiendes? ¿Conoces alguna expresión parecida en tu lengua o en otras?

b. Lee los textos. ¿Qué objetivo tiene cada iniciativa? ¿Cuál te interesa más y cuál menos? ¿Por qué?

c. ¿Hay iniciativas parecidas en tu país? ¿Conoces a alguien que se dedique a ellas?

ACT 1 - campus difusión

Texto mapeado

Texto locutado

VOLUNTARIADOS

2 **a.** Relaciona cada organización con la actividad que realiza.

1. Defender los derechos humanos.
2. Dedicarse a la ayuda humanitaria.
3. Defender los derechos de los/as niños/as.
4. Luchar contra la desigualdad y la pobreza.
5. Proteger y defender el medio ambiente y la paz.

a. Greenpeace
b. Oxfam
c. Unicef
d. Amnistía Internacional
e. Cáritas

b. Lee el texto de una mujer que trabaja para una de estas organizaciones. ¿Por qué lo hace?

Lali Coca Machado es voluntaria en una de las tiendas de Koopera en Bilbao que venden ropa y objetos de segunda mano.

Durante muchos años me he dedicado a la familia, pero ahora tengo 49 años y los niños son grandes. De repente, te encuentras con tiempo libre, y el yoga y el taichí no son suficientes para llenar el hueco. Sentía la necesidad de ayudar. De todos los proyectos de Cáritas, el que más me gustó fue Koopera. En esta tienda hay ropa, electrodomésticos, juguetes, libros y comida ecológica. Aquí se combinan reciclaje y solidaridad. Yo compro toda mi ropa en la tienda, desde los vaqueros hasta el abrigo.

Adaptado de *XL Semanal*

c. ¿Hay tiendas de este tipo en tu ciudad? ¿Has comprado o donado algo a alguna tienda u organización similar?

ACT 2b - campusdifusión

Texto mapeado

Texto locutado

3 **a.** Lee estos comentarios de algunos/as usuarios/as. ¿Cuáles te parecen positivos (P) y cuáles negativos (N)? ¿Por qué? Comenta tus respuestas con tus compañeros/as.

1. Koopera no tiene tanta oferta como otras tiendas.
2. Tampoco tiene tantas tallas para elegir, pero la calidad es buena.
3. Encuentras bastantes productos y no pagas tanto como en una tienda convencional.
4. Koopera no gasta tanto en *marketing* como otras organizaciones.
5. Koopera no tiene tantos clientes como otras tiendas más conocidas.
6. Hay gente que compra en Koopera para ser solidario, no por los productos.

b. ¿Recuerdas la comparación? Completa el cuadro.

verbo + ...	tanto/a/os/as + ...
Koopera no gasta .... en *marketin* **como** otras organizaciones. La ropa *vintage* no me gusta **tanto como** la nueva.	Koopera no tiene .... oferta **como** otras tiendas. Koopera no tiene .... clientes **como** otras tiendas más conocidas. Tampoco tiene .... tallas para elegir.

Recuerda

- Es **más** grande **que**...
- Es **menos** grande **que**...
- Es **tan** grande **como**...
- Es **el / la más** grande.
- Es **el / la menos** grande.
- Gasta **más / menos que**...

9, 10

c. En grupos de tres. ¿Conoces bien a tus compañeros/as? Busca un aspecto en común y una diferencia con cada uno/a y preséntalo en clase.

- *Sabine tiene tantos años como yo, pero yo tengo más hermanos que Peter.*

4 ¿Qué cualidades crees que se necesitan para trabajar como voluntario/a en una ONG? Ordena las palabras o expresiones de las etiquetas según la importancia que tienen para ti. Luego, coméntalo con tus compañeros/as.

ser creativo | sensible | responsable | flexible | tolerante | tener disciplina | motivación | paciencia | buena salud | entusiasmo | empatía | escuchar | ser capaz de organizar | trabajar en equipo | improvisar

Necesidad y obligación

Se debe / **(No) Hay que** + infinitivo

- Hay que ser muy tolerante.

Es necesario/a / **Hace falta** + inf. / nombre

- Es necesario saber escuchar.
- Hace falta empatía.

2, 27

5 **a.** 46-47 - Escucha a dos voluntarios/as y completa las fichas.

1.
- Tipo de actividad: ....
- Motivo: ....
- Tiempo dedicado: ....
- Cualidades necesarias: ....

2.
- Tipo de actividad: ....
- Motivo: ....
- Tiempo dedicado: ....
- Cualidades necesarias: ....

b. 46-47 - Escucha otra vez y marca las expresiones que dicen.

- ☐ Quería hacer algo por los demás.
- ☐ A mí me aporta mucho.
- ☐ Quería poner mi granito de arena.
- ☐ He aprendido a ser más comprensiva.
- ☐ Me emociona.
- ☐ Me da pena.

3-8

6 ¿Conoces las costumbres de lectura de tus compañeros/as? ¿Cuál es la relación de la clase con los libros? Haz una encuesta. Luego, comentad las respuestas en grupos.

¿Quién...
- ... lee en voz alta a sus hijos/as o nietos/as?
- ... escucha audiolibros?
- ... lee normalmente antes de dormir?
- ... va regularmente a una biblioteca?
- ... regaló un libro el mes pasado?
- ... fue a una lectura o recital el año pasado?

UNA ESCUELA LLENA DE FUTURO

7 a. Lee el texto. ¿Conocías esta iniciativa? ¿Cuál es su objetivo? ¿De qué maneras crees que puede ayudar a los niños y niñas?

La música como motor de vida

era la visión del venezolano José Antonio Abreu (1938-2018) cuando en 1975 fundó "El Sistema", una red de orquestas y coros que incluye miles de niños, niñas y adolescentes de todo el país. Su objetivo: ofrecer a niños y jóvenes de barrios marginales la posibilidad de desarrollo a través de una educación musical y salvarlos de la influencia negativa de la calle. Desde el primer momento aprenden a tocar en una orquesta y con ello, la importancia del trabajo colectivo.

b. Lee las presentaciones de Pablo y Lidia, y marca las formas de ser y estar con dos colores diferentes.

Hola, soy Pablo, tengo once años y estoy en una de las orquestas de "El Sistema". Soy trompetista. Hoy estoy un poco nervioso porque tenemos un concierto importante. Es en la ópera de Caracas. Lo va a dirigir Gustavo Dudamel, que es un director de orquesta muy famoso. Pero no estoy nervioso por eso, sino porque va a venir mi mamá al concierto. Mi mamá es la mejor del mundo y siempre está de buen humor.

Yo me llamo Lidia, soy de Caracas. En la orquesta toco el violín, que es un instrumento muy bonito, pero difícil. Tengo que practicar muchas horas todos los días. A mí me gusta, pero a mis vecinos no. Estoy muy contenta porque mis abuelos vienen al concierto de hoy. Creo que están muy orgullosos de mí, porque siempre dicen que soy el tesoro de la familia.

c. ¿Por qué este concierto es importante para Pablo y Lidia?

d. Completa la tabla y la regla con las formas adecuadas de los verbos ser y estar.

....	....
Yo .... Pablo y .... venezolano. .... trompetista. La trompeta .... un instrumento bonito. Quiero .... famoso como Gustavo. El concierto .... en la ópera de Caracas.	.... en la orquesta desde hace ocho años. Hoy .... un poco nervioso. Mis abuelos .... orgullosos de mí. Mi mamá siempre .... de buen humor. La ópera .... en el centro de la ciudad.

ACT 7 a - campus difusión

Texto mapeado

Texto locutado

ACT 7 b - campus difusión

Texto mapeado

Texto locutado

Usos de ser y estar

Para definir o hablar de características esenciales se usa ....

Para expresar un estado o ubicar se usa ....

Excepción: para ubicar eventos o celebraciones se utiliza el verbo **ser**.

8 Lee el texto sobre el origen de la orquesta y elige la opción adecuada en cada caso.

Cuando José Antonio Abreu fundó "El Sistema" **era / estaba** profesor de Economía en la universidad y ya **estaba / era** convencido de que la música **era / estaba** una posibilidad de ayudar a niños y niñas de barrios pobres. "La cultura para las personas con pocos recursos no puede ser una cultura pobre" **era / estaba** su convicción.

El concepto que **estaba / era** detrás del trabajo de Abreu **es / está** sencillo: una orquesta **es / está** un lugar donde los niños y las niñas aprenden a escucharse y respetarse. En vez de **ser / estar** en la calle, pasan la tarde en uno de los "núcleos" que forman "El Sistema".

Las orquestas de "El Sistema" **son / están** en muchas ciudades y pueblos de Venezuela, y el proyecto **ha sido / ha estado** modelo para otros países.

ACT 8 - campus**difusión**

Texto mapeado

Texto locutado

11-15, 28

9 a. Lidia y Pablo hablan de sus planes. ¿Son parecidos o diferentes?

ACT 9 a - campus**difusión**

Texto mapeado

Texto locutado

Yo no sé todavía qué haré de mayor. A veces pienso que seré una violinista famosa. Otras veces estoy segura de que estudiaré Medicina y descubriré un medicamento que curará a mucha gente. De todos modos, lo que es seguro es que seguiré tocando el violín.

De mayor quiero ser como Gustavo. Viajaré por todo el mundo, tendré muchos amigos y hablaré varios idiomas. Tocaré música clásica y jazz, que también me gusta mucho. Para eso tengo que seguir estudiando. Si no estudio, no conseguiré ninguno de mis sueños.

b. ¿Qué visión tienen Pablo y Lidia de su futuro?

De mayor Lidia quiere ....

Pablo quiere ....

c. Marca en los textos de a las formas de futuro que aparecen y completa la regla.

	VERBOS REGULARES	VERBOS IRREGULARES	
yo	hablar**é**	decir → **dir**é...	venir → **vendr**é...
tú	hablar**ás**	hacer → **har**é...	querer → **querr**é...
él, ella, usted	hablar**á**	poder → **podr**é...	saber → **sabr**é...
nosotros/as	hablar**emos**	poner → **pondr**é ..	hay → **habrá**
vosotros/as	hablar**éis**	salir → **saldr**é...	
ellos, ellas, ustedes	hablar**án**	tener → **tendr**é...	

El futuro imperfecto

El futuro regular se forma añadiendo la terminación al ....

Los verbos irregulares tienen una raíz irregular, pero terminaciones regulares.

Recuerda que, para hablar del futuro, también podemos usar la estructura **ir a** + infinitivo.

10 48-51 – **¿Irán al concierto? Escucha y marca la opción correcta.**

1. ☐ Paco no va al concierto.
   ☐ Todavía no sabe si irá.
2. ☐ Lloverá por la noche.
   ☐ Llueve y seguirá lloviendo.
3. ☐ Irán a la fiesta después del concierto.
   ☐ No podrán ir porque tienen otra invitación.
4. ☐ Raúl no irá al concierto.
   ☐ Raúl llega a tiempo para el concierto.

ACT 10 - campusdifusión

› **Cápsulas de fonética** ›
Cómo reconocer la sílaba tónica

ACT 11 a - campusdifusión

Texto mapeado

11 **a. Lee la entrevista con Gustavo Dudamel y completa el texto con las formas del futuro adecuadas.**

MÚSICOS PARA EL FUTURO

Normalmente no se asocia Latinoamérica a la música clásica...
Hasta ahora no, aunque tenemos algunos grandes nombres, como Daniel Barenboim o Martha Argerich. Pero en los próximos años, muchos nuevos nombres .... (SALIR) de Latinoamérica. Se .... (HABLAR) de los músicos latinoamericanos. Y algunos .... (VENIR) del "Sistema Nacional de Orquestas de Venezuela". Ya lo .... (VER) usted.

Usted se formó en "El Sistema". ¿Qué significa esto para usted y su país?
Es como una gran familia. Tú escuchas una orquesta en Venezuela y sientes que pasa algo. Hay una energía enorme que nos ha convertido en una potencia musical. Y la música ha traído un cambio social porque "El Sistema" es realmente un programa de integración social muy efectivo: con los niños y las niñas viene también la familia.

¿Qué aporta la nueva generación de músicos?
Una nueva forma de entender la música, que no .... (TENER) tantos límites, que .... (SER) más fresca, con más energía. Creo que la música es alegría y emoción, pero sobre todo creo que la música puede cambiar el mundo.

Ahora que usted ya es un director famoso, ¿ha cambiado la fama su forma de ser?
No. Sé quién soy, soy consciente de mi origen. Para mí, trabajar con gente de mi país es algo hermoso, somos una familia. Por eso yo no .... (CAMBIAR). No .... (DEJAR) Venezuela ni .... (ABANDONAR) mis actividades con la Orquesta Simón Bolívar.

¿Cómo ve el futuro?
Vivimos en mi país un tiempo muy difícil. Todos debemos seguir construyendo desde nuestro propio lugar. Yo lo hago con la música.

b. **Según Dudamel, ¿qué cambiará en el futuro y qué no? Coméntalo con tus compañeros/as.**

16, 17

c. **¿Qué pasará? Combina las tres columnas para formar frases usando la forma correcta del verbo.**

En el futuro	mucha gente	hablar de los músicos de Latinoamérica.
Me pregunto si	los niños y las niñas de "El Sistema"	cumplir sus sueños.
	algunos/as de ellos/as	tener un puesto en un conservatorio.
	Dudamel (no)	tocar en una orquesta internacional.
	la música	ser diferente.
		recibir un premio.
		salir del país.
		cambiar su forma de vivir.

• *En el futuro los niños y las niñas de "El Sistema" cumplirán sus sueños.*

Recuerda

› Creo que...
› Pienso que...
› Supongo que...
› Me imagino que...

Para expresar hipótesis referidas al presente también se puede usar el futuro.

• ¿Dónde está Martina?
▪ Estará llegando, no te preocupes.

12 **¿Cómo ves tu futuro? Escribe tres palabras clave relacionadas con tus planes. Tu compañero/a te hace preguntas.**

piano
dinero
bicicleta

• *¿Te comprarás un piano?*
▪ *No.*
• *¿Aprenderás a tocar el piano?*
▪ *Sí.*

ACT 12 - campus difusión

› **Micropelis** › La campaña
› **Cortos** › Despierta

18-25

13 **Piensa en una persona (tu pareja, tu hijo/a, tus padres, tu mejor amigo/a...) y escribe un texto sobre cómo crees que será su vida en 10 años. ¿Dónde y cómo vivirá, qué cosas hará...?**

Dentro de diez años yo creo que mi hija Liss estudiará en la universidad...

¿CUÁNTA MÚSICA HAY EN TU VIDA?

14 **En grupos de tres, hablad sobre música con la ayuda de estas preguntas. Luego comentadlo en clase.**

1. ¿Qué tipos de música te gustan?
2. ¿Odias algún tipo de música?
3. ¿Cuándo escuchas música?
4. ¿Puedes leer o concentrarte mientras escuchas música?
5. Expresa tu relación con algunas canciones o estilos de música con estos recursos:

Me recuerda a... / Me hace pensar en...	Me pone triste / alegre.	Me da ganas de bailar.

6. ¿Cuáles son tus instrumentos musicales preferidos?

- [ ] el violín
- [ ] el piano
- [ ] el contrabajo
- [ ] la flauta
- [ ] el acordeón
- [ ] la trompeta
- [ ] la guitarra
- [ ] el saxofón
- [ ] la batería

Otros:
- [ ] ....
- [ ] ....

7. ¿Tocas algún instrumento? ¿Te gustaría aprender a tocar uno? ¿Cuál?
8. ¿Cantas en un grupo o en un coro?

1

MÁS QUE PALABRAS

15 **Palabras en compañía. ¿Con qué expresiones se combinan estos verbos? Haz una lista y fíjate en las preposiciones. Luego, en cadena, di una de las combinaciones.**

dedicarse	contra la pobreza	los derechos humanos	a su familia	un punto de vista
defender	con otros/as voluntarios/as	mis intereses	mis planes	contra la desigualdad
colaborar	en una asociación	un proyecto	a la ayuda humanitaria	el medio ambiente
luchar	en las tareas de la casa	en proyectos	por la integración social	
realizar	al comercio justo	un sueño	una donación	a la protección de animales

Dedicarse al comercio justo...

16 **a. ¿Cuáles de estos comentarios para expresar emociones son positivos (P) y cuáles negativos (N)? Clasifícalos.**

- ☐ ¡Qué alegría!
- ☐ Me da pena.
- ☐ Me entusiasma.
- ☐ Me aporta mucho.
- ☐ Me molesta.
- ☐ Me da rabia.
- ☐ Me cuesta mucho.
- ☐ Me encanta.
- ☐ Me emociona.
- ☐ Me hace mucha ilusión.

b. Elige dos expresiones y escribe un pequeño texto en el que aparecen.

Doy clases de español a un grupo de refugiados. Me aporta mucho porque...

TAREA FINAL: NOS OFRECEMOS COMO COLABORADORES

17 **Vas a preparar una ficha para colgar en tus redes sociales en la que te ofreces como colaborador/a.**

1. Completa la ficha teniendo en cuenta:
   - qué tipo de proyectos te interesan (de carácter social, cultural, de medio ambiente...)
   - con quién te gustaría trabajar (niños/as, enfermos/as, personas mayores, refugiados/as...)
   - el tiempo semanal que puedes dedicar al proyecto
   - tus cualidades y experiencias
2. Las fichas se exponen en el aula o en algún espacio compartido en la red.
3. En parejas, buscáis algún proyecto en internet que pueda encajar con el perfil de tres compañeros/as. Si lo encontráis, recomendádselo.

Nombre:

Tipo de proyecto:

Intereses:

Tiempo disponible:

Cualidades:

Experiencias:

7 – UN PROYECTO MODELO

Antes de ver el vídeo

1 Responde a estas preguntas teniendo en cuenta lo que sabes sobre "El Sistema".

a. ¿Con qué objetivo fundó José Antonio Abreu "El Sistema"?

b. ¿Qué otros aspectos positivos tiene este proyecto en el plano social y en el musical?

Vemos el vídeo

2 Ve el vídeo y responde a estas preguntas según la información que da. Luego, comenta las respuestas con tus compañeros/as.

a. ¿Qué efecto tiene la música en los niños y en las niñas que participan en el proyecto?

b. ¿Qué significa para las familias que sus hijos/as formen parte de "El Sistema"?

c. ¿Cómo se está expandiendo el proyecto?

Después de ver el vídeo

3 ¿Qué otras actividades o disciplinas además de la música pueden ser buenas para el desarrollo personal de niños y niñas?

DE FIESTA

LA VERBENA DE LA PALOMA

¡Hola! Me llamo Nieves y soy de Madrid. Os voy a presentar una fiesta muy tradicional de mi ciudad, La Verbena de la Paloma.

En Madrid tenemos una fiesta muy típica, La Verbena de la Paloma, que celebramos el día 15 de agosto. Las verbenas son fiestas populares en honor al patrón de una ciudad o de un barrio. Nuestra verbena es en honor a la Virgen de la Paloma. Empieza ya el 6 de agosto, cuando se ponen puestos en muchas de las calles cerca de la iglesia de la Virgen de la Paloma. En los puestos se venden dulces, bebidas, hay tómbolas, música... El dulce más popular son los churros, pero otro dulce especial son los barquillos: tienen forma de tubo y están hechos de harina, azúcar y canela. Los vendedores se llaman barquilleros y suelen llevar un traje típico madrileño, una cesta con los barquillos y una ruleta con números. Esta ruleta es para probar la suerte: quien saca el número más bajo invita a los demás.

La verbena empieza por la noche. Muchos madrileños, hombres y mujeres, van vestidos con los trajes típicos de la ciudad. Ellos, los "chulos", con su traje, la gorra y el pañuelo. Ellas, las "chulapas", con el vestido, el mantón y un clavel en el pelo.

El baile más famoso es el chotis. Viene de la palabra alemana *Schottisch*, que significa escocés, pero el baile no es de Escocia, sino de Bohemia.

La fiesta termina con la procesión de la Paloma, el día 15. Ese día sacan la imagen de la Virgen de la iglesia. Es un privilegio de los bomberos de Madrid bajar la imagen de su lugar y ponerla en su carroza, decorada con cientos de claveles, para luego pasearla por las calles del barrio.

1 ¿Verdadero (V) o falso (F)? Corrige las frases falsas.

	V	F
1. La Verbena de la Paloma es una fiesta tradicional en toda España.	▢	▢
2. Se celebra durante varios días, pero el día grande es el 15 de agosto.	▢	▢
3. Los barquillos se reparten gratis por la calle.	▢	▢
4. Los trajes típicos se llaman "chulos" y "chulapas".	▢	▢
5. El baile tradicional es el chotis.	▢	▢
6. La fiesta termina con una procesión en honor a la Virgen de la Paloma.	▢	▢

2 ¿Existe alguna fiesta parecida en tu país? ¿En qué consiste? ¿Se llevan también trajes regionales?

DE FIESTA - campusdifusión

Texto mapeado

Texto locutado

26

COMUNICACIÓN

HABLAR DEL CARÁCTER Y DE LAS HABILIDADES

Tener	disciplina. motivación. entusiasmo. paciencia. empatía.	Ser	creativo/a. sensible. responsable. flexible. tolerante. disciplinado/a.	Ser capaz de	organizar. trabajar en equipo. escuchar. improvisar.

HABLAR DEL COMPROMISO SOCIAL

la ayuda humanitaria
la integración social
la resiliencia
la solidaridad
el comercio justo

colaborar en una asociación
defender los derechos humanos
proteger el medio ambiente
apoyar un proyecto
luchar por / contra una idea
hacer una donación
ser voluntario/a

HABLAR DEL FUTURO

De mayor quiero ser como Gustavo.
Tocaré música clásica y jazz.
Todavía no sé qué haré de mayor.

EXPRESAR UN RECUERDO Y LO QUE SE SIENTE

Me recuerda...
Me hace pensar en...
Me pone triste / alegre.
Me da pena.
Me emociona.
Me hace mucha ilusión.

Quería hacer algo por los demás.
A mí me aporta mucho.
Sentía la necesidad de ayudar.
Quería poner mi granito de arena.

GRAMÁTICA

EL USO DE SER

Nombre	• Soy Pablo.
Procedencia	• Soy venezolano, de Caracas.
Definición	• Es un instrumento bonito.
Carácter	• Gustavo es muy simpático.
Eventos	• El concierto es en la ópera de Caracas.

Usamos el verbo **ser** para definir e identificar personas y cosas, y también para describir características esenciales.

EL USO DE ESTAR

Estado civil	• Gustavo Dudamel está casado.
Estado de ánimo	• Hoy estoy un poco nervioso. • Mi mamá siempre está de buen humor.
Ubicación	• La ópera está en el centro de Caracas.

Usamos el verbo **estar** para ubicar o para describir el estado de una persona o cosa.

LA COMPARACIÓN

VERBO + TANTO

En Koopera no se paga **tanto como** en otras tiendas.
Cáritas no gasta **tanto** en *marketing* **como** Oxfam.
No se habla **tanto** de Cáritas **como** de Cruz Roja.

Tanto + verbo es invariable.

TANTO**/**A**/**OS**/**AS **+ NOMBRE**

Koopera no tiene **tanta** oferta **como** otras tiendas.
Tampoco tiene **tantas** tallas diferentes (**como** otras tiendas).
En la orquesta hay **tantos** niños **como** niñas.

Tanto/a/os/as concuerda en género y número con el sustantivo.

EL FUTURO

FORMAS REGULARES

	HABLAR	SER
yo	hablar**é**	ser**é**
tú	hablar**ás**	ser**ás**
él, ella, usted	hablar**á**	ser**á**
nosotros/as	hablar**emos**	ser**emos**
vosotros/as	hablar**éis**	ser**éis**
ellos, ellas, ustedes	hablar**án**	ser**án**

FORMAS IRREGULARES

			HABER
decir	**dir-**	é	**habr**á
hacer	**har-**	ás	
poder	**podr-**	á	
poner	**pondr-**	emos	
salir	**saldr-**	éis	
tener	**tendr-**	án	
venir	**vendr-**		

Las terminaciones del futuro son iguales en todas las conjugaciones y se colocan detrás del infinitivo.
Los verbos irregulares tienen una raíz irregular, pero las terminaciones son regulares.
La forma de futuro del verbo **haber** correspondiente a **hay** es **habrá** y es invariable.

- **Habrá** un problema. / **Habrá** problemas.

El futuro se usa para hacer predicciones y para expresar hipótesis sobre el presente.

- No he visto tus gafas, pero **estarán** en tu mesa. Siempre las dejas allí.

EXPRESAR HIPÓTESIS

Creo que	• Creo que en 10 años mi hijo vivirá en otra ciudad.
Supongo que	• Supongo que está casado.
Me imagino que	• Me imagino que le gusta su trabajo.
Futuro	• Trabajará en una ONG.

EXPRESAR OBLIGACIÓN Y NECESIDAD

Se debe(n)	+ infinitivo	• Se deben respetar los derechos humanos.
Hay que		• Hay que luchar contra las desigualdades.
No hay que		• No hay que olvidarse de los sueños personales.
Es necesario/a	+ infinitivo / nombre	• Son necesarias las protectoras de animales.
Hace(n) falta		• Hacen falta más proyectos sociales.

10 LA TECNOLOGÍA Y YO

Comunicación
- Hablar de la oferta audiovisual
- Marcadores de frecuencia
- Expresar acuerdo, duda y desacuerdo
- Hablar de informática
- Describir un proceso
- Indicar la simultaneidad de dos acciones

Léxico
- Dispositivos electrónicos e internet
- Actividades cotidianas
- Programas de televisión

Gramática
- El uso de **mismo** como adjetivo, intensificador y pronombre
- Los usos de **para** y **por**
- El condicional regular e irregular
- Los usos del condicional

Cultura
- El uso del móvil
- Las plataformas de contenido audiovisual
- **Vídeo 8** Una canción de amor
- **DE FIESTA** La vendimia

"Ya no puedo vivir sin tutoriales: recetas, trucos de bricolaje... ¡Cualquier cosa!".
Karina, 31

"Mi móvil es una parte de mí".
Marta, 27

"Mi reloj es mi mejor entrenador".
Leandro, 36

"Con el navegador es fácil llegar a cualquier lugar. No como antes...".
Tania, 47

Tecnología para todo

"Me gusta la libertad de poder trabajar y estudiar en cualquier lugar".
Jon, 32

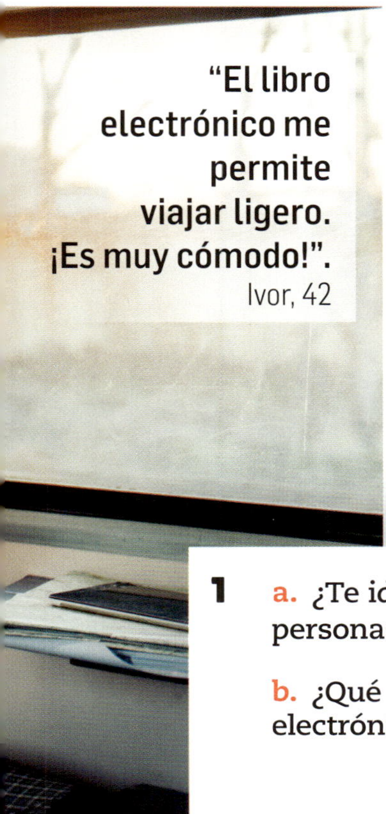

"El libro electrónico me permite viajar ligero. ¡Es muy cómodo!".
Ivor, 42

1 a. ¿Te identificas con lo que dice alguna de las personas del reportaje?

b. ¿Qué relación tienes tú con los dispositivos electrónicos? Coméntalo con tus compañeros/as.

ACT 1a - campus difusión

Texto mapeado

Texto locutado

LA TECNOLOGÍA DE BOLSILLO

2 a. Lee y completa el cuestionario sobre el uso del móvil. Puedes marcar más de una opción por pregunta.

EL MÓVIL Y YO

1 Lo que más hago con mi móvil es
- ☐ hablar y ver mis correos.
- ☐ leer la prensa y ver vídeos.
- ☐ chatear, jugar y hacer fotos.

2 La aplicación que más uso es
- ☐ la del tiempo (meteorológico).
- ☐ la de mensajería instantánea.
- ☐ hay muchas que me gustan.

3 Si la persona que está conmigo mira continuamente su móvil,
- ☐ me da lo mismo.
- ☐ me molesta.
- ☐ hago lo mismo que ella.

4 Con mi móvil nunca
- ☐ escucho la radio.
- ☐ veo películas.
- ☐ pago mis compras.

5 Cambié de móvil
- ☐ hace cinco años.
- ☐ hace un año.
- ☐ hace pocos meses.

6 Cuando cambio de móvil,
- ☐ compro siempre la misma marca.
- ☐ nunca compro la misma marca: me gusta cambiar.
- ☐ si alguien me habla bien de su móvil, me compro el mismo.

ACT 2a - campus difusión

Texto mapeado

Recuerda
En España: el móvil
En Latinoamérica: el celular

b. Compara tus respuestas con las de un/a compañero/a y presentad a la clase un aspecto en común y otro diferente.

c. Completa la columna de la izquierda con ejemplos. ¿Cómo se traducen a tu lengua las expresiones de las otras columnas?

EL USO DE MISMO/A/OS/AS		
el mism**o** *móvil* la mism**a** ...... los mism**os** ...... (que) las mism**as** ...... lo mism**o**	aquí mismo ...... ahora mismo ...... hoy mismo ...... yo mismo/a	Me da lo mismo. ......

d. Completa con mismo/a/os/as. Luego comprueba si estas afirmaciones se cumplen en tu clase y comenta las respuestas con tus compañeros/as.

1. Tenemos *el mismo* modelo de móvil.
2. Nos gusta ...... tipo de películas.
3. Usamos ...... redes sociales.
4. Tenemos ...... compañía de telefonía.
5. Compramos ropa en ...... sitios.

- *¿Qué móvil tienes?*
- *Un Samsam.*
- *Ah, yo también.*

7-9

3 **a.** Lee estos comentarios sobre el uso del móvil y marca en cada uno una palabra o idea clave.

FERNANDO "Los móviles son teléfonos inteligentes, ¿verdad? Pues yo creo que nos están haciendo tontos. Yo diría que cada vez pensamos menos y hablamos menos con los demás porque estamos todo el día con los ojos en la pantalla del móvil".

DOLORES "A mí me preocupa el uso que hacen del celular los niños y los adolescentes, por eso yo pondría un filtro de seguridad en los celulares. Deberíamos limitar y controlar su uso. Hay demasiada dependencia de las redes sociales y de las aplicaciones".

CECILIA "Hay una contradicción, porque todos se quejan del móvil, pero todos lo usan. Tendríamos que ser un poco más coherentes con nosotros mismos. Antes de criticarlo, pensaría en las muchas ventajas que tiene el móvil. Pero es verdad que los niños y adolescentes deberían usarlo menos".

RODRIGO "El celular es un gran invento. Yo diría que el más grande de los últimos cien años. Pero habría que usarlo con sentido común. Yo no sé qué haría sin él".

b. En **a** hay una nueva forma verbal: el condicional. Marca las formas en el texto y, luego, señala en la tabla qué frases se usan para dar consejos (1), expresar cortesía (2) o hipótesis (3).

VERBOS REGULARES	IRREGULARES	USOS
tomar**ía**	decir → **dir**ía	☐ ¿Podría decirme la hora, por favor?
tomar**ías**	hacer → **har**ía	☐ Yo no sé qué haría sin el móvil.
tomar**ía**	poder → **podr**ía	☐ Yo pondría un filtro de seguridad.
tomar**íamos**	poner → **pondr**ía	☐ Me encantaría ir contigo, pero...
tomar**íais**	tener → **tendr**ía	
tomar**ían**	hay → **habr**ía	

4 **a.** ¿Cómo debería ser el uso del móvil según las personas de **3 a**? Completa las frases y marca si son verdaderas (V) o falsas (F).

1. ☐ A Dolores le .... (GUSTAR) hacer un uso del móvil más limitado.
2. ☐ Fernando .... (DAR) más libertad a los niños para usar el móvil.
3. ☐ Cecilia y Dolores .... (CONTROLAR) el uso que los niños hacen de él.
4. ☐ Cecilia dice que todos .... (TENER) que ser más relajados con este tema.
5. ☐ Dolores .... (DECIR) a los padres que el móvil no es un juguete.
6. ☐ Rodrigo no .... (PODER) vivir sin el móvil.

b. ¿Cómo sería la vida sin móvil? En grupos, se juega con una moneda: si sale cara, hay que mencionar un aspecto positivo y si sale cruz, uno negativo.

- *Yo no sabría qué hacer. / Tendría más tiempo para...*

ACT 3a - campusdifusión

Texto mapeado

Texto locutado

El condicional

Las terminaciones del condicional se añaden al infinitivo. Las raíces irregulares son las mismas que las del futuro.

El condicional se usa para pedir o rechazar algo con cortesía, expresar posibilidad o hipótesis, y dar consejos.

10-12, 18, 28

ACT 3b - campusdifusión

› **Cápsulas de fonética** › La entonación de peticiones y justificaciones

14-17

EN OTRO CANAL

5 a. TV.Net es una nueva plataforma de contenido audiovisual. ¿A qué categoría corresponden los programas anunciados?

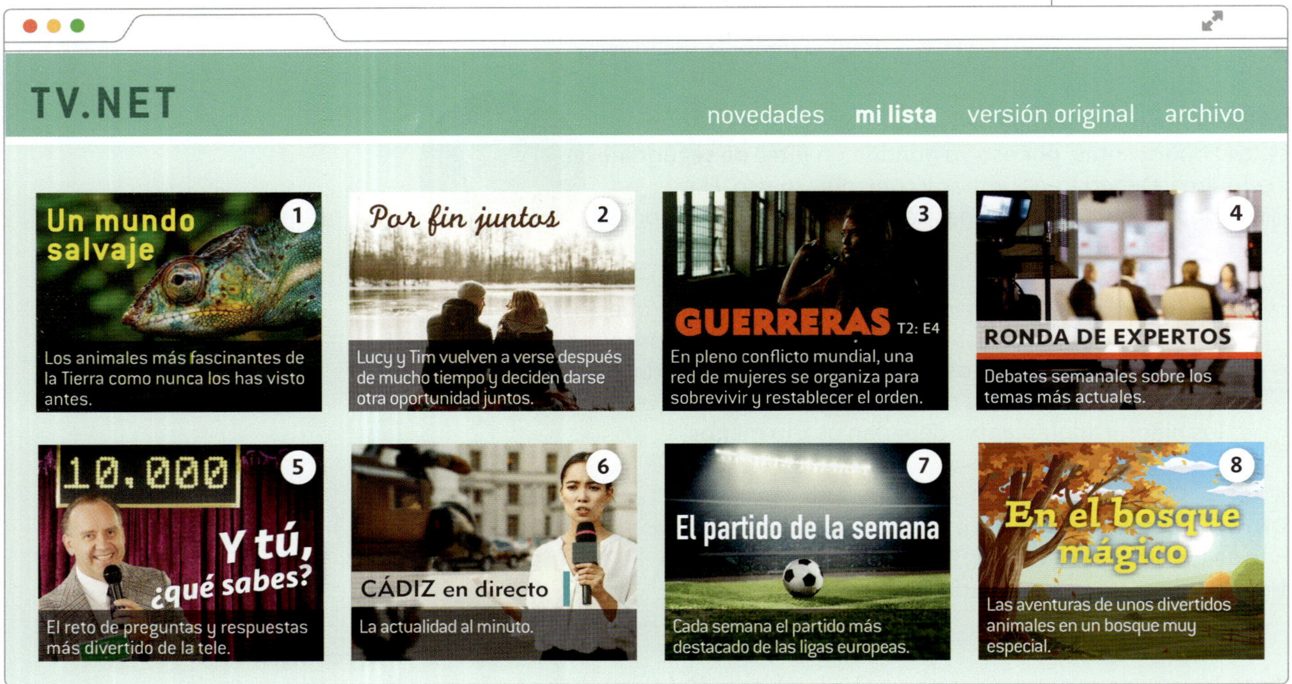

- ☐ serie
- ☐ concurso
- ☐ retransmisión deportiva
- ☐ tertulia
- ☐ noticias
- ☐ documental
- ☐ serie de dibujos animados
- ☐ película

b. Mira de nuevo la web de TV.NET. ¿Qué te gustaría ver? Coméntalo con tus compañeros/as.

c. ¿Puedes dar un ejemplo de cada tipo de programa en tu país?

d. ¿Con qué frecuencia ves la tele? Clasifica los programas según la frecuencia con la que los ves. ¿Por qué te gustan?

Regularmente: ....

De vez en cuando: ....

Nunca: ....

- *Veo las noticias regularmente para informarme. Nunca veo el fútbol porque no me interesa.*

e. Hoy en día es muy frecuente consumir contenido audiovisual en plataformas bajo demanda. ¿Qué ventajas tienen estas plataformas? ¿Las utilizas? ¿Cuáles usas? Coméntalo con el resto de la clase.

Programas de la tele

- › las tertulias
- › los reportajes
- › los documentales
- › las noticias / el telediario
- › las retransmisiones deportivas
- › los programas de deportes / de música / de actualidad...
- › los concursos
- › las películas
- › las series
- › las telenovelas
- › los dibujos animados

4-6, 20

6 a. 52 - Escucha el diálogo entre estas compañeras de trabajo. ¿Qué problema tiene Marisa y cómo se soluciona? Luego léelo y marca las palabras relacionadas con la informática.

- Hola, Juana. Gracias por venir. Mira, es que no funciona mi impresora y tengo que imprimir urgentemente unos documentos.
- ¿Has probado a apagar el ordenador y a encenderlo de nuevo?
- Pues no. ¿Eso funciona? A ver... espera, aquí está el ratón, pero antes tengo que copiar y cerrar estos documentos; los guardo en esta carpeta, listo. Ahora sí, tres clics y lo apago. Ya está. ¿Vuelvo a encenderlo?
- Sí. Ahora intentamos imprimir... ¡Caramba! No va. Pues no era eso. La impresora sigue sin funcionar.
- ¿Y ahora qué hacemos? En la pantalla aparece este simbolito tan raro.
- Voy a buscar un tutorial sobre este tema. Simplemente escribimos el problema en el buscador y seguro que nos sale algo. Aquí, este. Ábrelo.
- Si la impresora no funciona, el primer paso es desconectar la impresora y el segundo paso es volver a instalar el programa de la impresora.
- Ah, mira... Recomiendan reinstalar el programa de la impresora. ¿Lo hacemos?
- Sí. Y si no funciona, llamo a un técnico. La ciencia no ha avanzado tanto, porque la impresora debería repararse sola, ¿no crees?

ACT 6a - campusdifusión

Texto mapeado

b. ¿Quieres recordar el vocabulario del ordenador con rimas? ¿Puedes completarlas? ¿Cuántas puedes aprender de memoria en dos minutos?

1. Espera un momento, yo guardo este cuento en un ....
2. Hora tras hora imprime la ....
3. ¿Me haces un favor? Abres el .... y buscas a un actor.
4. Guardas la receta en esta ....
5. Se ve una playa donde hace calor en la .... del ordenador.

Recuerda

En España: el ordenador

En Latinoamérica: la computadora

7 a. Relaciona los iconos con su significado.

imprimir	copiar	descargar	documento	carpeta	buscar	pinchar / clicar

1 2 3 4 5 6 7

b. Escribe tres frases (verdaderas o falsas) con palabras relacionadas con la informática. En cadena, cada persona lee una frase. Si es verdadera, el grupo levanta el brazo derecho y si es falsa, el izquierdo.

- *Para enviar un correo electrónico necesitas un sello.*

1-3

8 **a.** ¿Cómo se dicen estas palabras en tu lengua?

pilas	cargador	contraseña	enchufe	red	enlace	escanear	batería

b. Estas personas hablan de problemas. ¿Te resulta familiar alguno? Dales algunos consejos para solucionarlos.

1. "El enlace que me has mandado no funciona".
2. "No puedo ver mi cuenta del banco. No me funciona la clave de acceso".
3. "No me acuerdo de la contraseña de mi cuenta de correo electrónico".
4. "Casi no me queda batería en el móvil y no tengo cargador".
5. "No tengo cobertura".
6. "Mi reloj no funciona y tengo que ir a entrenar esta tarde".

Recuerda: dar consejos

- Yo diría que...
- Podrías intentar...
- Deberías...

19, 23, 27

9 **a.** Lee el texto y marca los motivos para usar internet. Luego, responde a la pregunta final del texto y coméntala en clase.

INTERNET, ¿PARA TODO?

¿Somos conscientes de todo lo que hacemos en internet? Lo usamos para leer nuestro correo electrónico, para buscar información, para comprar, para pagar facturas, para escuchar música o para aprender cosas. También para buscar pareja. ¿Por qué nos decidimos por internet y no por otro medio? La respuesta es sencilla: porque es práctico y rápido. Por rapidez, por comodidad, por necesidad o por trabajo, internet cada vez toma más parte de nuestras vidas. ¿Te imaginas hoy en día una vida sin internet?

ACT 9 a - campusdifusión

Texto mapeado

Texto locutado

› **Micropelis** › El ayudante

b. Completa estas respuestas de una encuesta con para o por. ¿Qué edad y profesión pueden tener las personas entrevistadas?

1. Internet lo necesito sobre todo .... trabajar. Necesito estar constantemente mirando datos .... comprar o vender acciones. Aunque también lo uso .... placer, la verdad.
2. Yo lo uso .... chatear y .... subir vídeos y eso... Bueno, también .... necesidad, porque me ayuda mucho .... estudiar.
3. Yo lo uso sobre todo .... comprar, es que no puedo salir de casa .... problemas de salud. Es muy práctico, aunque preferiría pasear .... el barrio y ver las tiendas, pero mis piernas ya no son las de antes.

Usos de para y por

Con **para** expresamos la finalidad, el destino o el destinatario.

- Leo el periódico para estar informada.
- Esto es para ti.

Por expresa el motivo, el tiempo o lugar indeterminado y el precio.

- Me han llamado por el problema con la impresora.
- ¿Por cuánto lo vendes?

24, 25

c. Piensa en cosas que antes hacías de otra forma y que ahora haces a través de internet. Coméntalo con tus compañeros/as.

- *Yo antes iba al banco para pagar facturas, pero ahora las pago por el móvil.*

10 ¿Qué cosas haces al mismo tiempo? Marca tres actividades y coméntelas en clase.

		A	B	C	D	E	F	G	H	I	J
A	Ver la tele										
B	Escuchar música										
C	Cantar										
D	Ducharse										
E	Planchar										
F	Desayunar										
G	Leer el periódico						X				
H	Cocinar										
I	Conducir										
J	Chatear										

- *Yo desayuno leyendo el periódico.*

Recuerda

Usamos **estar** + gerundio para expresar una acción en desarrollo.

- **Estoy viendo** una peli.

Además, usamos el gerundio para hablar del modo en el que hacemos algo.

- Me informo **leyendo** la prensa.

Y para hablar de acciones que se desarrollan al mismo tiempo.

- Cocino **escuchando** la radio.

11 a. ¿Tienes alguna red social? ¿Qué ventajas tiene para ti?

b. 53 - Escucha este diálogo. ¿Qué decisión ha tomado Patricia?

c. Lee los argumentos a favor y en contra del uso de internet y escucha otra vez. ¿Cuál o cuáles mencionan Patricia y su amigo? ¿Quieres añadir otros?

- Internet está matando la comunicación real.
- Los tutoriales en vídeo son muy prácticos.
- Las redes sociales pueden crear adicción.
- El Estado debería ofrecer en las escuelas tabletas para todos los/as niños/as.
- Pasar muchas horas delante del ordenador crea personas solitarias.
- A través de las redes sociales se puede manipular fácilmente a la gente.
- Las videoconferencias facilitan la comunicación entre personas que están lejos.
- La digitalización elimina puestos de trabajo.
- Con los *me gusta* y *no me gusta* es fácil hacer daño a la gente.

d. ¿Estás de acuerdo? En grupos de tres, comentad los argumentos de c. Dad vuestras opiniones usando las expresiones de la tabla.

EXPRESAR ACUERDO	EXPRESAR DUDA	EXPRESAR DESACUERDO
Estoy de acuerdo.	Depende (de)...	No estoy de acuerdo.
Sí, es cierto.	Sí, es verdad, pero...	Eso no es verdad.
Es verdad.	Es probable.	Yo creo que no.
Tienes razón.	No sé, puede ser.	No, en absoluto.

e. Escribe en tu cuaderno un breve texto argumentativo para recoger las opiniones que has comentado con tus compañeros/as en d.

En mi opinión, el uso de internet...

ACT 11 - campusdifusión

› **Micropelis** › Los hombres fieles

13, 21, 22

MÁS QUE PALABRAS

12 Palabras en compañía. Piensa en tres palabras que se pueden combinar con cada uno de estos verbos. Tus compañeros/as intentan adivinar de cuál se trata.

marcar	abrir	cerrar	guardar	enviar	borrar	copiar	encender	imprimir

- *Puerta, documento y bolso.*
- *¿Abrir?*
- *¡Sí! Se puede abrir una puerta, un documento en el ordenador y también se puede abrir el bolso para sacar las llaves, por ejemplo.*

13 En parejas, completad estas frases para formar rimas con ayuda de estas palabras. Luego comparad vuestras rimas con el resto de la clase. También podéis inventar frases nuevas.

solución | reacción | aplicación | traducción | razón | buscador | trabajador

cargador | bañador | televisor | profesor | amor | carpeta | planeta

maleta | chaqueta | camiseta | bicicleta | cultura | pintura | verdura

altura | figura | literatura | temperatura

Está rota la conexión ....

No puedo vivir sin ordenador ....

Me compro una tableta ....

Si no tengo cobertura ....

TAREA FINAL: UNA ENCUESTA

14 **a.** Elige uno de los temas para preparar una encuesta sobre el uso de los medios.

b. Se forman pequeños grupos según el tema elegido. Cada grupo prepara entre cinco y siete preguntas.

c. Cada grupo realiza la encuesta a dos personas de otros grupos. Podéis grabar la entrevista con el móvil.

d. Cada grupo prepara las conclusiones (y las graba, si quiere) sobre sus encuestas y las presenta al resto de la clase. Podéis editar un vídeo con las entrevistas a vuestros/as compañeros/as y las conclusiones finales.

PROPUESTA DE TEMAS

- el uso del móvil
- la tele hoy en día
- películas y series
- las redes sociales
- la moda de los *podcasts*
- las plataformas de contenidos audiovisuales

8 – UNA CANCIÓN DE AMOR

Antes de ver el vídeo

1 ¿Tienes una canción de amor favorita? ¿Cuál es?

2 ¿Alguna vez has escrito un poema o has compuesto una canción de amor? Coméntalo en clase.

Vemos el vídeo

3 Ve el vídeo y escribe el argumento en tu cuaderno.

4 Ve el vídeo de nuevo y transcribe la letra de la canción.

5 Ahora, analiza la letra. ¿De qué habla la canción si piensas en una persona? ¿De qué habla si piensas en un teléfono? Comenta las diferencias con tus compañeros/as.

Después de ver el vídeo

6 Escribe versos de amor que pueden hablar de una persona y de un objeto al mismo tiempo: un coche, una tele, un móvil, una mochila…

Contigo la vida es el mejor viaje…

DE FIESTA

LA VENDIMIA

Hola, me llamo Antonio y soy de Logroño, la capital de La Rioja. Mi región es famosa por sus magníficos vinos, sobre todo los tintos.

Los vinos de La Rioja tienen la Denominación de Origen Calificada (D. O. C.), un certificado de calidad que confirma que el vino se ha producido en esta región. Un vino de Rioja siempre es bueno, pero no es lo mismo comprar un vino de crianza que un vino gran reserva, por ejemplo. Crianza, reserva y gran reserva son categorías de calidad (de menor a mayor) que se definen por el tiempo que pasa el vino en el barril y en la botella.

El vino es una parte fundamental en nuestra vida y, además, marca el paisaje de La Rioja. Es hermoso, sobre todo en otoño, cuando las viñas cambian de color. Es también la época más importante para la región, porque se realiza la vendimia, es decir, se recogen las uvas de las que después se hará el vino.

Todos los pueblos y ciudades de La Rioja, grandes o pequeños, celebran en otoño sus fiestas de la vendimia. Aquí, en Logroño, estas fiestas se llaman “Fiestas de San Mateo” y empiezan el 21 de septiembre. Es una fiesta muy antigua que se celebra desde el siglo XII. Como en todas las fiestas populares, hay música, bailes y comida. Se come muchísimo y muy bien porque celebramos también la Feria Gastronómica. ¿Qué se come? De todo, pero lo mejor son las especialidades de la región, como las patatas con chorizo. Y, claro, se bebe vino. El nuestro, el Rioja.

Una parte preciosa de las fiestas es cuando al final se hace la “ofrenda del primer mosto”. El mosto es el nombre que tiene el zumo de la uva y que no lleva alcohol. En la ofrenda, niños y niñas de toda La Rioja llenan la “cuba” con las primeras uvas recogidas.

Después las uvas se pisan de la manera tradicional, con los pies, para sacar el mosto. Este mosto se ofrece a la patrona de Logroño, la Virgen de la Valvanera. Finalmente, se quema la cuba. ¡Es muy emocionante!

1 Antes de leer el texto, busca el significado de estas palabras. ¿Puedes hacer un dibujo para ilustrar cada una?

uvas
vendimia
cuba / barril
botella
viña
pisar

2 ¿Verdadero (V) o falso (F)? Corrige las frases falsas.

	V	F
1. La D. O. C. no certifica la calidad de un vino.	☐	☐
2. Un vino reserva es mejor que un crianza.	☐	☐
3. La vendimia se hace antes del verano.	☐	☐
4. Las fiestas populares de La Rioja se llaman "Fiestas de San Mateo".	☐	☐
5. El primer mosto se pisa con los pies.	☐	☐

3 ¿En tu país hay productos con D. O. C. (o algún certificado similar)? ¿Cuáles?

DE FIESTA - campus difusión

26

Texto mapeado
Texto locutado

COMUNICACIÓN

PROGRAMAS DE TELEVISIÓN

las noticias	el documental	el programa de música
el reportaje	la serie	la tertulia
el deporte	los dibujos animados	el concurso
la película	la retransmisión deportiva	
la telenovela	el programa de actualidad	

MARCADORES DE FRECUENCIA

regularmente
de vez en cuando
nunca

EXPRESAR ACUERDO

Estoy de acuerdo.
Sí, es cierto.
Es verdad.
Tienes razón.

EXPRESAR DUDA O ACUERDO PARCIAL

Depende (de)...
Sí, es verdad, pero...
Es probable.
No sé, puede ser.

EXPRESAR DESACUERDO

No estoy de acuerdo.
Eso no es verdad.
(Yo) Creo que no.
No, en absoluto.

ORDENADORES E INTERNET

el ordenador	el buscador	encender / apagar el ordenador	abrir / cerrar	
la pantalla	la página web	hacer clic	copiar	
el teclado	el enlace	conectarse a internet	guardar	
el ratón	el programa	navegar por internet	bajar / subir	un documento
la impresora	el documento	marcar un texto	escanear	
el cargador	la carpeta	enviar un mensaje	imprimir	
la clave de acceso	el tutorial	reinstalar un programa	borrar	

INDICAR EL MODO

Me informo **viendo** las noticias de la televisión.
Haciendo clic en este símbolo abres el documento.
¡Cuántas cosas se descubren **navegando** por internet!

INDICAR LA SIMULTANEIDAD DE DOS ACCIONES

Siempre me quedo dormida **viendo** la tele.
No conviene hablar por teléfono **conduciendo**.
Me gusta cocinar **escuchando** *podcasts* o música.

GRAMÁTICA

EL USO DEL ADJETIVO MISMO

CON VALOR COMPARATIVO		COMO MODIFICADOR ENFÁTICO
el mism**o** canal	No es **lo** mism**o**.	**Aquí mismo** tienes un enlace interesante.
la mism**a** hora	Todos dicen **lo** mism**o**.	**Ahora mismo** empiezan las noticias.
los mism**os** programas	Me da **lo** mism**o**.	Te mando el mensaje **hoy mismo**.
las mism**as** películas		**Ella misma** ha diseñado su página web.

LOS USOS DE PARA

Finalidad	• Veo la tele **para** informarme.
Destinatario/a	• Pondría más programas **para** niños/as.
Plazo	• He pagado la conexión **para** un mes.
Destino	• Quería un billete **para** Valencia.
Opinión	• **Para** mí la tele es algo pasivo.

LOS USOS DE POR

Motivo	• Uso internet **por** necesidad.
Medio	• Compramos **por** internet.
Momento del día	• Pondría más películas **por** la noche.
Recorrido o localización indeterminada	• Se puede dar un paseo virtual **por** el barrio.
Precio	• Lo he comprado **por** 20 euros.

EL CONDICIONAL

FORMAS REGULARES			FORMAS IRREGULARES			
	HABLAR	SER				HABER
yo	hablar**ía**	ser**ía**	decir	**dir-**	ía	**habría**
tú	hablar**ías**	ser**ías**	hacer	**har-**	ías	
él, ella, usted	hablar**ía**	ser**ía**	poder	**podr-**	ía	
nosotros/as	hablar**íamos**	ser**íamos**	poner	**pondr-**	íamos	
vosotros/as	hablar**íais**	ser**íais**	salir	**saldr-**	íais	
ellos, ellas, ustedes	hablar**ían**	ser**ían**	tener	**tendr-**	ían	
			venir	**vendr-**		

Las terminaciones del condicional son iguales para todas las conjugaciones y se añaden al infinitivo.
Los verbos irregulares tienen una raíz irregular, pero las terminaciones son regulares. Las raíces irregulares son las mismas que las del futuro.
La forma del condicional correspondiente a **hay** es **habría** y es invariable.

- Limitando el uso del móvil **habría** menos dependencia de internet.
- Limitando el uso del móvil **habría** menos problemas de dependencia de internet.

El condicional se usa para expresar cortesía.

- ¿**Podría** decirme dónde está la puerta de embarque?
- Me **encantaría** ir a tu fiesta, pero...

También se usa para proponer o recomendar.

- La tele **debería** ser más informativa.

Y para hablar de realidades hipotéticas.

- Yo **pondría** más películas y series.

11 ¡BUEN TRABAJO!

Comunicación
- Describir las condiciones laborales
- Hablar de funciones y actividades en el trabajo
- Expresar habilidades y cualidades
- Redactar una solicitud de empleo
- Expresar datos: porcentajes, fracciones y números ordinales

Léxico
- Profesiones
- Ofertas de trabajo
- Voluntariados

Gramática
- El participio con el pretérito perfecto
- El participio con **estar**
- El pretérito pluscuamperfecto

Cultura
- El mundo laboral
- **Vídeo 9** ¿Te gusta tu trabajo?
- **DE FIESTA** Día de Muertos

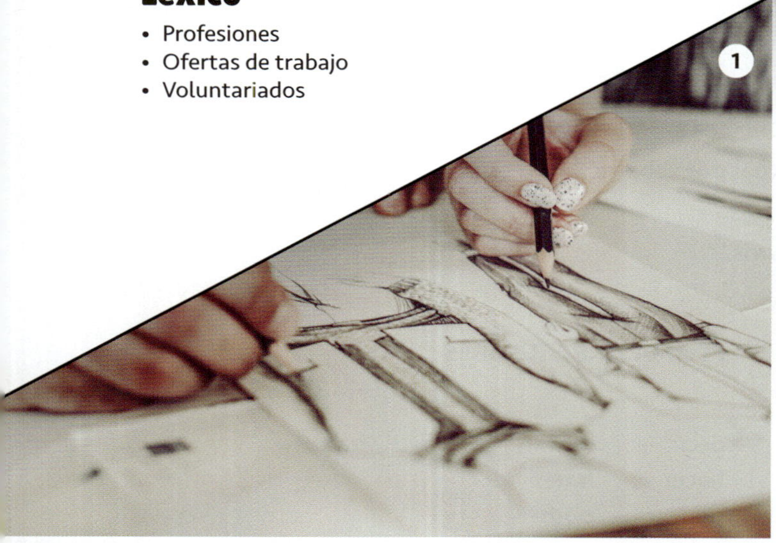

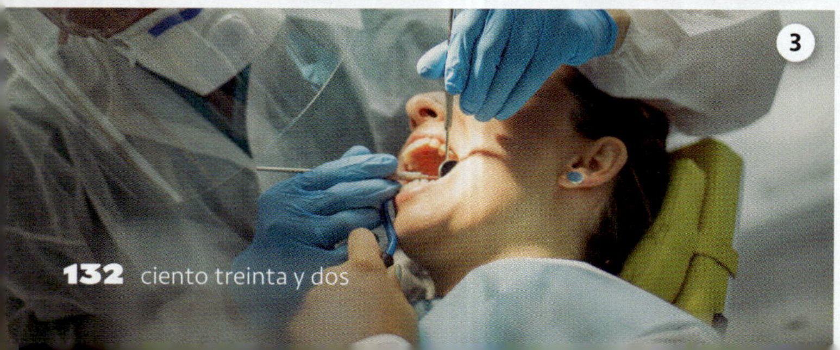

7

8

9

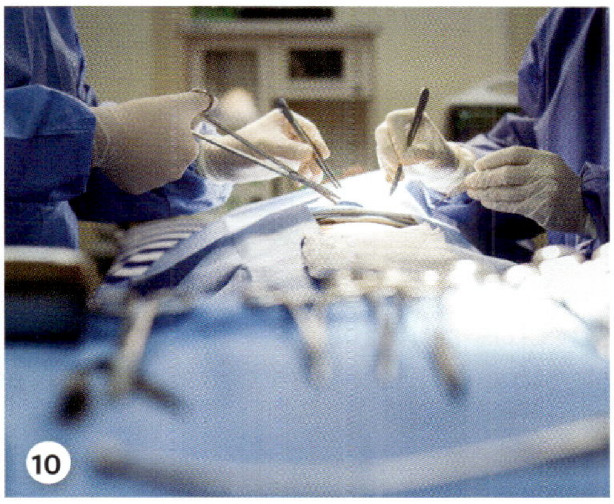

10

11

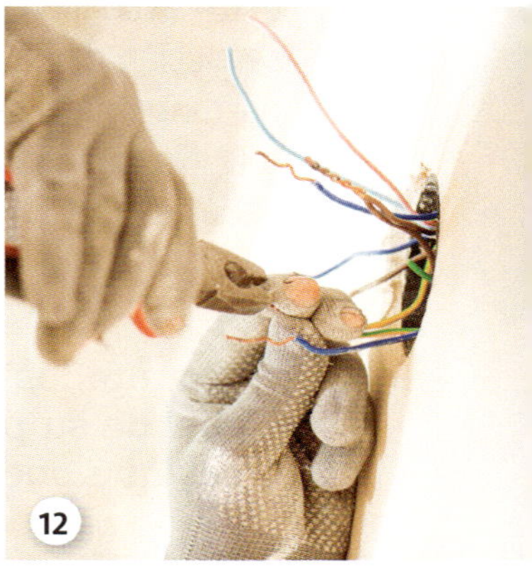

12

1 a. Mira las fotos. ¿Cuántas profesiones puedes identificar en un minuto? Escribe la lista en tu cuaderno y luego compárala con la del resto de la clase.

b. Piensa en una profesión. Tus compañeros/as te hacen preguntas para identificarla. Solo puedes responder sí o no. Puedes utilizar la información de las etiquetas.

vender productos	atender a clientes	organizar	reparar cosas	
transportar	producir algo	atender a pacientes	enseñar	diseñar

1, 2

¿A QUÉ TE DEDICAS?

2 **a.** **El trabajo, ¿vocación o necesidad? Coméntalo en clase.**

b. **Lee el texto. ¿Isabel está contenta con su trabajo? ¿Por qué?**

Me llamo Isabel y soy médica en el Hospital General de México.

Para mí, mi trabajo es más que una simple profesión: es una vocación, mi pasión desde pequeña. Por eso no me importó estudiar tantos años, los exámenes, el trabajo mal pagado al principio... Y sí, a veces es duro: muchas horas de trabajo, demasiados pacientes, turnos de noche, el estrés... Pero estoy ayudando a la gente y tengo la sensación de hacer algo bueno e importante, y eso para mí es fundamental. ¡No cambiaría mi profesión por nada del mundo!

c. **Apunta los aspectos positivos y negativos que menciona Isabel de su profesión. ¿Qué otras cosas positivas y negativas crees que puede tener su trabajo?**

+	-
+	- ....
+	- ....
+	- ....

d. 54 - **Escucha a otra persona que habla de su trabajo. ¿Qué es diferente?**

3 **La vida laboral de la clase. Busca por lo menos a una persona para cada aspecto.**

¿Quién de la clase...	Nombre
- ... es autónomo/a?	....
- ... trabaja a tiempo completo?	....
- ... trabaja a tiempo parcial?	....
- ... ha estado en paro alguna vez?	....
- ... tiene un horario fijo?	....
- ... tiene un horario flexible?	....
- ... trabaja por turnos?	....
- ... trabaja al aire libre?	....
- ... está satisfecho/a con su sueldo?	....
- ... no cambiaría su trabajo por nada del mundo?	....

ACT 2b - campus difusión

Texto mapeado

Texto locutado

3-5, 17

ACT 2d - campus difusión

› **Cápsulas de fonética** › La pronunciación de **b**, **d** y **g** suaves

29

ACT 3 - campus difusión

› **Cortos** › Treinta

› **Micropelis** › La sanguijuela

¿TE GUSTA TU TRABAJO?

4 a. Comenta con tus compañeros/as un aspecto positivo y otro negativo de tu trabajo o del último trabajo que has tenido.

b. Vas a completar una infografía con los resultados de una encuesta sobre la satisfacción en el trabajo. Primero, organiza estos aspectos de mayor a menor importancia, según tu opinión.

sueldo | ambiente laboral | equilibrio entre vida laboral y privada | reconocimiento

FACTORES DE SATISFACCIÓN EN EL TRABAJO

El trabajo es una parte fundamental en la vida de las personas, para algunas quizás la más importante. Por eso nuestra calidad de vida depende también de nuestro trabajo. ¿Qué nos hace ser felices en el trabajo?

.... %

.... %

.... %

.... %

c. 55 - Ahora, escucha este programa de radio y completa los porcentajes en la infografía de b.

d. Elige, en orden de importancia, los cinco aspectos clave en un trabajo , según tu opinión. Luego coméntalo con tus compañeros/as. ¿Cuáles son los cinco aspectos más importantes para la clase?

tener responsabilidad	el reconocimiento	tener prestigio
un buen ambiente de trabajo	sentirse útil	muchas vacaciones
la posibilidad de promoción	un buen sueldo	un horario flexible
tareas interesantes y variadas	un puesto fijo	una jornada reducida

Expresar datos

Porcentajes
- 3 % → tres por ciento

Cantidades
- ½ → la mitad
- ⅓ → un tercio
- ¼ → un cuarto
- ¾ → tres cuartos
- ⅕ → la quinta parte

6, 9, 12

5 a. ¿Cómo es tu rutina de trabajo? ¿Cuáles de estas actividades haces en tu trabajo? ¿Qué te gusta hacer y qué no? Añade la información que necesites para hablar de tu día a día.

coordinar | hablar por teléfono | tener contacto con clientes | escribir informes | calcular algo | escribir correos electrónicos | trabajar en equipo | organizar | archivar y gestionar documentos | asistir a reuniones | presentar algo | ...

- *Yo organizo eventos y tengo mucho contacto con clientes.*

b. Escribe en un papel un texto para presentar tu trabajo. Menciona los aspectos positivos y negativos, pero no escribas tu nombre. Luego, tu profesor/a recoge los papeles y los redistribuye. ¿Sabes de quién es el texto que has recibido?

7, 8, 20

EL ESPAÑOL AL LADO DE CASA

ACT 6 a - campus difusión

Texto mapeado

Texto locutado

6 a. ¿Hay posibilidades de hablar o escuchar español en tu ciudad? ¿Cuáles? Haz una lista con tu compañero/a.

b. Lee el artículo y completa la tabla con la información del texto.

La Guía – UNA HISTORIA DE ÉXITO

La Guía **es una revista de noticias, entrevistas e informaciones para los hispanohablantes que viven en la región de Fráncfort.**

La revista empezó en el año 2000 como un correo electrónico que el argentino Claudio Blasco enviaba a sus estudiantes para informarles de los eventos relacionados con el mundo hispanohablante en la región: cine, música, literatura… "Lo hice para mostrarles que el español era algo que podían usar también aquí y porque ya me había dado cuenta del interés por la lengua y sus posibilidades de uso".

Ese correo electrónico, que había empezado con 40 lectores, llegó a 500 en pocos años. El siguiente paso fue la página web, guia-frankfurt.net, con información que también interesaba a los hispanohablantes que viven en esa región, como por ejemplo, acerca de médicos o abogados que hablan español, o direcciones de consulados y de tiendas donde se pueden comprar productos de países hispanohablantes.

En 2008, Claudio decidió crear una revista en papel. "Era algo que ya me habían pedido muchos de mis lectores". *La Guía* aparece cada dos meses y tiene una tirada de 8000 ejemplares. "Antes lo hacía todo yo solo, pero ahora tengo un equipo de colaboradores". Además del calendario de eventos y de direcciones útiles, *La Guía* ofrece también entrevistas y pequeños reportajes.

Hoy la revista se difunde en las redes sociales y la leen también personas en España y Latinoamérica. Detrás de esta revista hay un concepto y una filosofía que Claudio nos explica así: "Una de nuestras metas es la integración de los hispanohablantes aquí. Mejorar nuestra imagen mostrando la riqueza de nuestras culturas y presentando historias de personas que viven y trabajan con éxito en esta región".

La historia de *La Guía* es también una historia de éxito.

Claudio Blasco, argentino

- **1993** Llegada a Alemania
- **1995–99** Estudios de Ciencias Económicas
- **2000-07** Profesor de español y traductor
- **2008** Editor de la revista *La Guía*
- **2021** Sigue como editor y la revista se distribuye en 250 locales

"Cuando llegué a Alemania tuve que aprender alemán porque antes no había tenido contacto con esta lengua."

	EL CORREO ELECTRÓNICO	LA PÁGINA WEB	LA REVISTA
PÚBLICO			
CONTENIDO			
OBJETIVO			

7 a. ¿Verdadero (V) o falso (F)? Busca la información en el artículo.

1. ☐ Antes de llegar a Alemania, Claudio Blasco ya había estudiado alemán.
2. ☐ Cuando empezó a dar clases, ya había terminado sus estudios.
3. ☐ Cuando creó la página web, el correo electrónico había llegado a 40 lectores.
4. ☐ En 2008 creó una revista en papel porque mucha gente se lo había pedido.
5. ☐ Antes de crear la revista ya había buscado un equipo de colaboradores.

b. En el texto y las frases anteriores hay un tiempo nuevo: el pretérito pluscuamperfecto. Marca las formas en las frases de arriba y completa la regla.

	HABER	PARTICIPIO
yo	había	
tú	habías	formado
él, ella, usted	había	tenido
nosotros/as	habíamos	pedido
vosotros/as	habíais	sido
ellos, ellas, ustedes	habían	

Antes de llegar a Fráncfort, Claudio no **había estudiado** alemán.
El correo electrónico, que **había empezado** con 40 lectores, llegó a tener 500.

El pluscuamperfecto

El pretérito pluscuamperfecto se forma con el .... del verbo **haber** y el ....

Se usa para hablar de acciones que ocurrieron antes de otra acción o suceso en el pasado.

- Cuando empecé a trabajar para esta revista, ya había trabajado como editora en dos periódicos.

10, 11, 19, 21

8 a. Ignacio Romero busca trabajo como colaborador de *La Guía*. Ayer tuvo una entrevista de trabajo. ¿Qué crees que había hecho antes? Ordena los pasos.

- ☐ Leer el anuncio de *La Guía*.
- ☐ Escribir el currículum (CV).
- ☐ Informarse sobre la revista.
- ☐ Confirmar la cita para la entrevista.
- ☐ Llegar puntual a la cita.
- ☐ Entrar en el portal de ofertas de trabajo.
- ☐ Reunir sus certificados.
- ☐ Comprarse un traje.
- ☐ Enviar el currículum con la solicitud.

b. En cadena, contad los pasos de Ignacio Romero del final al principio.

- *Antes de llegar a la entrevista ya había confirmado la cita.*
- *Antes de confirmar la cita...*

9 ¿Y tú? ¿Cómo ha sido tu vida laboral hasta ahora? Cada persona comenta una experiencia combinando los elementos de las columnas.

Antes de	terminar mis estudios aprender español empezar a trabajar estar en mi empresa actual tener este/a jefe/a	ya todavía no nunca	hacer unas prácticas. trabajar en... / como... escribir muchas cartas de solicitud. ser responsable de... tener buen ambiente laboral. ...

- *Antes de terminar mis estudios yo ya había hecho prácticas en varias empresas.*

VOY A HACER UN VOLUNTARIADO

ACT 10 a - campus**difusión**

Texto mapeado

Texto locutado

10 a. Lee las ofertas de voluntariado. ¿A qué se dedican estas organizaciones?

El Camino de las Estrellas

Ofrecemos trabajos de voluntario/a en los albergues del Camino de Santiago para recibir y atender a los/as peregrinos/as entre marzo y octubre. Se requieren conocimientos de español.

Si te interesa, apúntate en hosvol@caminosantiago.org

La **ONG ACI** en Costa Rica ofrece programas de voluntariado internacional en proyectos sociales de guardería infantil o de escuela primaria por períodos de entre dos semanas y un año.

Completa el formulario y nos pondremos en contacto contigo. www.aci.cr

FUNDACIÓN COMPARTE

Programas de educación y salud en diez países

Ofrecemos prácticas en nuestras oficinas de Barcelona. Puedes colaborar en distintos departamentos: comunicación, administración, organización de eventos. Se requiere un buen nivel de inglés.

Envía tu solicitud a **www.comparte.org**

b. Julie, una estudiante francesa, rellena el formulario de registro de una de esas organizaciones. ¿De cuál? Lee la ficha que ha completado para averiguarlo.

REGISTRO

Nombre y apellido: Julie Dubois

Edad: 22 años

Domicilio: 9 Rue de Bâle

Teléfono: 33 6 65 95 56 21 E-mail: jdubois@mail.fr

DATOS DE INTERÉS

Estudios: Estudiante de Ciencias Económicas (Universidad de Estrasburgo)

Disponibilidad de tiempo: ____ semanas 2 meses

Experiencia como voluntario/a: ☐ sí ☒ no

MOTIVACIÓN

Me gustaría conocer más su organización y trabajar con ustedes durante mis vacaciones. No tengo experiencia en trabajos sociales, pero soy una persona muy trabajadora, organizada, motivada y con muchas ganas de aprender. Conozco el trabajo administrativo y me interesa entender cómo funciona el mundo de la cooperación. Tengo un buen nivel de español y de inglés hablado y escrito. Adjunto mi currículum y certificados académicos.

c. ¿Y tú? ¿A qué anuncio responderías? Completa con tus datos.

Formación e idiomas: ....

Cualidades: ....

Experiencia: ....

Disponibilidad: ....

Motivación: ....

13, 14, 16, 27, 28

11 **a.** Martín también está haciendo prácticas en la Fundación Comparte. Lee estas cuatro frases y marca la opción que se corresponde con lo que expresa cada una.

1. Cuando Martín entró en la sala, ya había empezado la reunión.
- ☐ Martín llegó puntual.
- ☐ Martín llegó tarde.

2. Cuando Martín llegó al bar, sus compañeros/as ya se habían ido.
- ☐ Martín vio a sus compañeros/as.
- ☐ Martín no vio a sus compañeros/as.

3. Cuando Martín hizo una presentación, se rompió el ordenador.
- ☐ El ordenador se rompió antes de la presentación.
- ☐ El ordenador se rompió durante la presentación.

4. Cuando Martín terminó el voluntariado, volvió a la universidad.
- ☐ Cuando Martín volvió a la universidad, ya había terminado el voluntariado.
- ☐ Martín volvió a la universidad antes de terminar el voluntariado.

b. 56-61 – En su nuevo trabajo Martín tiene mucho que hacer y todos le piden algo. Escucha y relaciona los diálogos con las frases correspondientes.

- ☐ Las fotocopias ya están hechas.
- ☐ El teléfono está desconectado.
- ☐ Los vuelos ya están reservados.
- ☐ La carta de reclamación está escrita.
- ☐ La máquina de café está rota.
- ☐ La sala de reunión está cerrada.

Estar + participio

Con **estar** + participio indicamos el resultado de una acción.

El participio concuerda en género y número con el nombre.

- ● ¿Has hecho las fotocopias?
- ■ Sí, ya están hechas.
- ● ¿Has reservado los vuelos a Lima?
- ■ Ya están reservados.

15, 18, 22, 23

12 Jugamos al tres en raya. La clase se divide en dos grupos (cruz y círculo). Por turnos, cada grupo elige una casilla y hace lo que se indica. Si lo hace bien, pone su símbolo. Gana el primer equipo que consigue hacer tres en raya.

Di tres aspectos positivos de la profesión del / de la médico/a.	**¿Sabes quién de tu grupo tiene un horario fijo de trabajo? Nombra dos aspectos positivos de tenerlo.**	**¿Qué tres trabajos están mal pagados en tu país?**
Habla un minuto sobre tu trabajo.	**Claudio Blasco decidió crear *La Guía* porque... Menciona dos motivos.**	**Di tres profesiones que te parecen interesantes y justifica por qué.**
¿Qué profesiones tienen las personas de tu grupo?	**Menciona tres cualidades importantes de un/a jefe/a.**	**Di tres aspectos positivos de la profesión del / de la profesor/a.**

Tres en raya

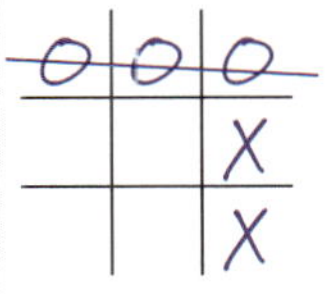

MÁS QUE PALABRAS

13 **a.** **Palabras en compañía. ¿Con qué verbo se pueden combinar los elementos de cada grupo? Busca más ejemplos para cada grupo.**

	horario flexible	un buen sueldo	responsabilidad	
	a tiempo completo	por turnos	en un hospital	
	informes	una carta de reclamación	un currículum	
	un puesto	unas prácticas		
	a una reunión	a un curso de idiomas		
	un voluntariado	una entrevista de trabajo		
	motivado/a	jubilado/a	satisfecho/a	
	Informática	dos años	en el extranjero	

b. **Escribe dos frases seguidas usando como mínimo dos expresiones de arriba.**

Mi hijo está haciendo unas prácticas en un hospital y está muy motivado. No le importa trabajar por turnos.

14 **En parejas, buscad en cinco minutos un máximo de respuestas a estas preguntas. Luego, en cadena, se mencionan las respuestas encontradas sin repetir ninguna.**

¿Dónde se puede trabajar?
¿Qué se puede ganar?
¿A quién se puede atender?

24, 25

TAREA FINAL: INTERCAMBIO DE TRABAJO

15 **Una bolsa de intercambio de trabajo.**

1. Piensa en tu trabajo y también en tus actividades de tiempo libre o en las cosas que sabes hacer. Luego escribe un anuncio ofreciendo tus servicios o trabajos (por ejemplo, ayudar con el ordenador, escribir cartas en inglés, ayudar en una mudanza...).
2. Se exponen las ofertas de trabajo o servicios. Todos/as las leen y buscan lo que les interesa. Luego, negocian con la persona que ofrece el servicio (intercambio de servicio o precio, condiciones, cuándo, qué necesita, cuánto tiempo...).
3. ¿Qué anuncio ha tenido más éxito? ¿Por qué?

¿Tienes poco tiempo? ¿Tu profe es muy estricto/a? Ofrezco ayuda para tus deberes de Inglés. Experiencia: Erasmus en Inglaterra.

Excelente cocinera hace tartas y pasteles para tus fiestas. Experiencia: 3 hijos, 5 nietos. Especialidad en chocolate y frutas.

¿Problemas con el ordenador? Informático simpático te ofrece ayuda.

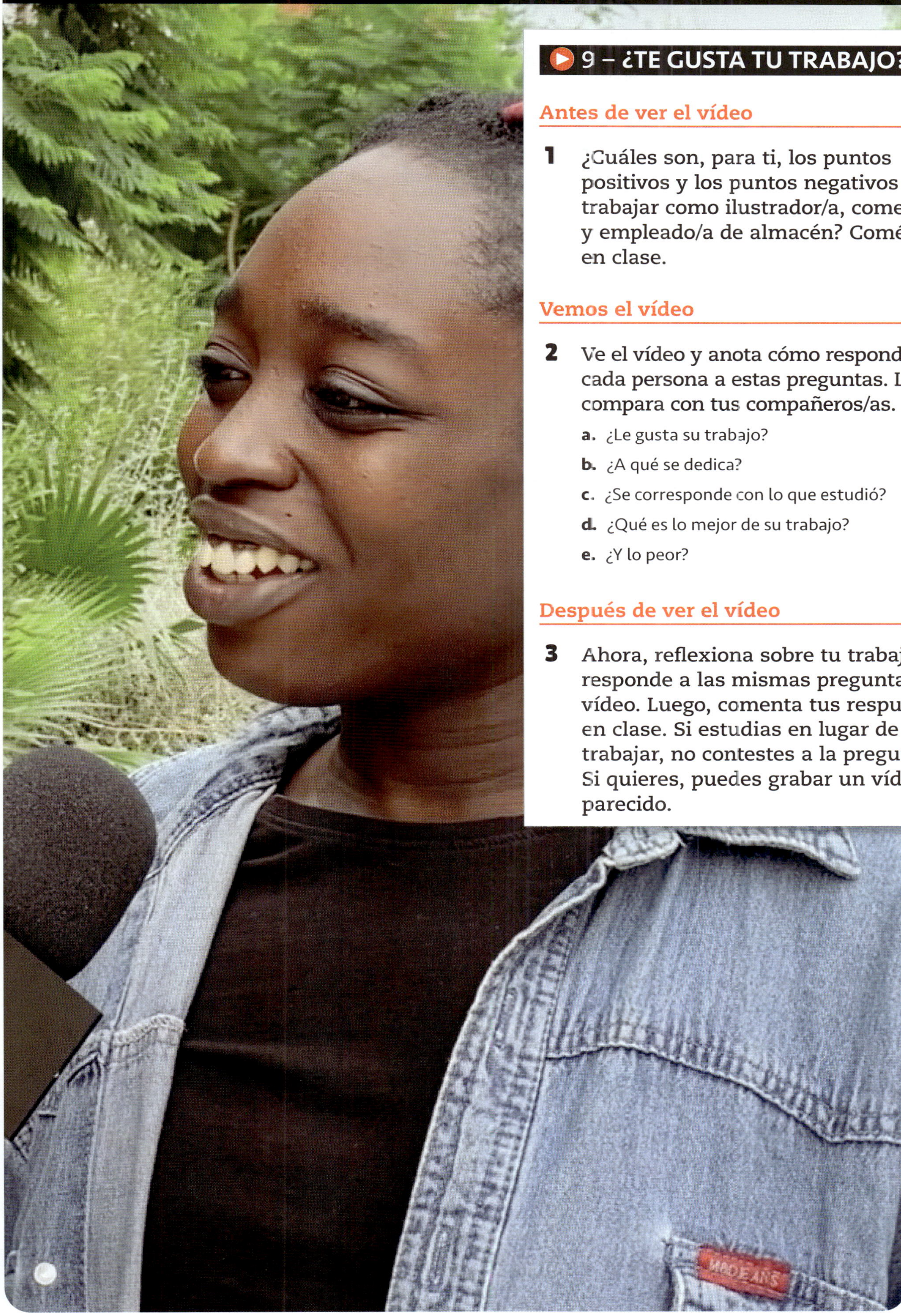

9 – ¿TE GUSTA TU TRABAJO?

Antes de ver el vídeo

1 ¿Cuáles son, para ti, los puntos positivos y los puntos negativos de trabajar como ilustrador/a, comercial y empleado/a de almacén? Coméntalo en clase.

Vemos el vídeo

2 Ve el vídeo y anota cómo responde cada persona a estas preguntas. Luego, compara con tus compañeros/as.

a. ¿Le gusta su trabajo?

b. ¿A qué se dedica?

c. ¿Se corresponde con lo que estudió?

d. ¿Qué es lo mejor de su trabajo?

e. ¿Y lo peor?

Después de ver el vídeo

3 Ahora, reflexiona sobre tu trabajo y responde a las mismas preguntas del vídeo. Luego, comenta tus respuestas en clase. Si estudias en lugar de trabajar, no contestes a la pregunta c. Si quieres, puedes grabar un vídeo parecido.

DE FIESTA

DÍA DE MUERTOS

Flores de colores, música, comida, bebida y ¡esqueletos! Es el Día de Muertos, una de las fiestas más importantes de mi país. Me llamo Lucía y soy mexicana.

Para personas de otras culturas, la muerte es un tema triste y tabú del que no se habla, pero en México es un tema cotidiano que vemos incluso con un poco de humor y de ironía. No entendemos la muerte como un final, sino como una transición de una dimensión a otra, en la que viven los muertos. Como otras fiestas en Latinoamérica, tiene su origen en las culturas indígenas, que creían que un día al año los muertos volvían al mundo para visitar a sus familiares vivos. Por eso, la celebración del Día de Muertos es una de las grandes fiestas.

Celebramos la fiesta del 31 de octubre al 2 de noviembre. La parte más importante son las ofrendas: en las casas instalamos altares en honor a nuestros muertos, decorados con flores, velas y fotos. También se pone su comida y bebida preferida para darles la bienvenida. Un elemento fascinante que no puede faltar son los símbolos de la muerte: esqueletos y calaveras. Los dulces tradicionales que se comen en estos días tienen también esta forma. En las pastelerías se venden calaveras de azúcar o de chocolate y el famosísimo "pan de muerto", que es el dulce más popular. Las calles están decoradas también con muchas flores y los motivos tradicionales de la fiesta. Aunque la muerte es triste, usamos colores alegres y estamos de buen humor.

La última noche celebramos la fiesta en los cementerios. Decoramos las tumbas con flores de colores vivos. Nos reunimos para comer y beber con nuestros antepasados. Todo el cementerio está iluminado. A veces incluso se canta y se baila. Así nos despedimos de nuestros muertos hasta el próximo año.

Se trata de una celebración muy diferente a las tradiciones de otros países. Por su antigüedad y su importancia cultural, el Día de Muertos está declarado Patrimonio Cultural de la Humanidad por la UNESCO.

1 Escribe un título alternativo para el texto que refleje los contenidos. Luego, comparte tus ideas con el resto de la clase

2 ¿Verdadero (V) o falso (F)? Corrige las frases falsas.

	V	F
1. En México la muerte es un tema tabú.	☐	☐
2. El Día de Muertos es una fiesta de tradición indígena.	☐	☐
3. No se pueden usar flores ni colores alegres durante los días de la fiesta.	☐	☐
4. Los esqueletos y las calaveras son los símbolos tradicionales de esta fiesta.	☐	☐
5. Solo se decoran las casas y los cementerios.	☐	☐
6. La última noche se celebran grandes fiestas en las casas de los muertos para recordarlos.	☐	☐

3 ¿En tu país se celebra el Día de Muertos? ¿Tiene algo en común con esta fiesta? ¿Qué es diferente?

DE FIESTA - campus difusión

Texto mapeado

Texto locutado

26

COMUNICACIÓN

DESCRIBIR LAS CONDICIONES LABORALES

Ser empleado/a.
Ser autónomo/a.
Tener un puesto fijo.
Trabajar a tiempo completo / parcial.
Tener un contrato fijo / temporal.
Tener horario fijo / flexible.
Trabajar por turnos.
Tener un trabajo manual.
Trabajar en equipo.
Estar de prácticas.
Tener mucha responsabilidad.
Tener un buen sueldo.
Tener posibilidad de promoción.
Tener buena relación con mis compañeros/as.
Tener el reconocimiento de mi jefe/a.

FUNCIONES Y ACTIVIDADES EN EL TRABAJO

coordinar / organizar
atender a clientes
atender a pacientes
cuidar a personas
leer / escribir informes
asistir a reuniones
calcular algo
archivar / gestionar documentos
hacer facturas
presentar algo
reparar cosas
producir / vender productos

HABILIDADES Y CUALIDADES

TENER + **SUSTANTIVO**	SER + **ADJETIVO**	
conocimientos de...	organizado/a	práctico/a
experiencia en...	responsable	creativo/a
ganas de aprender	trabajador/a	comunicativo/a
buen nivel de...	ordenado/a	flexible

REDACTAR UNA SOLICITUD DE EMPLEO

Encabezamiento	Estimados/as señores/as:
Motivo de la carta	En respuesta a su anuncio del... en... Me dirijo a usted(es) para solicitar un puesto de prácticas.
Presentarse	Soy estudiante de... Soy una persona... Tengo experiencia laboral y me interesa... / Conozco el trabajo administrativo. Me interesaría colaborar / apoyar...
Disponibilidad	Estaría disponible desde el... hasta el... / a partir de...
Anexos	Adjunto currículum y certificados académicos.
Fórmula de despedida	A la espera de recibir una respuesta, le(s) saluda atentamente.

PORCENTAJES

0,5 %	el / un cero coma cinco por ciento
10 %	el / un diez por ciento
12,3 %	el / un doce coma tres por ciento

FRACCIONES

½	la mitad
⅓	un tercio
⅔	dos tercios
¼	un cuarto
¾	tres cuartos

NÚMEROS ORDINALES

1.°	primero	6.°	sexto
2.°	segundo	7.°	séptimo
3.°	tercero	8.°	octavo
4.°	cuarto	9°	noveno
5.°	quinto	10.°	décimo

Recuerda:
1.° primer**o**
1.ª primer**a**
1.er prim**er** piso

GRAMÁTICA

EL PARTICIPIO CON EL PRETÉRITO PERFECTO
ACCIÓN → PARTICIPIO INVARIABLE
¿**Has hecho** las fotocopias? ¿**Has reservado** los vuelos a Lima? ¿**Has escrito** la carta de reclamación?

Junto con el verbo **haber**, el **participio** se utiliza para formar el pretérito perfecto y es invariable.

EL PARTICIPIO CON ESTAR
RESULTADO DE LA ACCIÓN → PARTICIPIO VARIABLE
Las fotocopias ya **están hechas**. Los vuelos ya **están reservados**. La carta de reclamación **está escrita**.

Con **estar** + participio expresamos el resultado de una acción. En este caso, el participio se usa como un adjetivo y concuerda en género y número con el nombre al que se refiere.

EL PRETÉRITO PLUSCUAMPERFECTO

	IMPERFECTO DE HABER	**PARTICIPIO PASADO**
yo	había	
tú	habías	formado
él, ella, usted	había	tenido
nosotros/as	habíamos	pedido
vosotros/as	habíais	sido
ellos, ellas, ustedes	habían	

El pluscuamperfecto se forma a partir del imperfecto del verbo **haber** + el **participio pasado**. Se usa para hablar de acciones que ocurrieron antes de otra acción o suceso en el pasado.

- Antes de mudarse a París, Carolina **había estudiado** francés tres meses.

12 MIRADOR

Unidad de repaso

HABLAMOS DE CULTURA: EN EL TRABAJO

1 **a. ¿Qué haces o no haces tú? Marca una alternativa según tu opinión.**

1. Mis compañeros/as de trabajo
- ☐ son solo colegas. No mezclo el trabajo con la vida privada.
- ☐ son también amigos/as. Hacemos cosas juntos/as en nuestro tiempo libre.

2. Hablar de cosas privadas con colegas
- ☐ no me parece adecuado.
- ☐ lo hago solo si son mis amigos/as.
- ☐ para mí es una cosa normal.

3. Creo que en el trabajo el aspecto exterior
- ☐ es importante: hay que vestirse bien o maquillarse.
- ☐ depende de la profesión.
- ☐ da igual, lo importante es trabajar bien.

4. Para comer con clientes de la empresa
- ☐ voy a la cantina o pido unos bocadillos para no perder tiempo.
- ☐ voy a un restaurante.

5. Para comunicarme con colegas de mi empresa prefiero
- ☐ escribir un correo electrónico.
- ☐ llamarlos/as por teléfono.
- ☐ ir a su despacho y hablar directamente con ellos/as.

b. 62 - **Escucha a unos hispanohablantes. ¿Hay diferencias con tus respuestas? ¿Y entre las personas que hablan?**

c. Lee el texto. ¿Qué otros aspectos sobre el trabajo se mencionan?

ACT 1c - campus difusión

Texto mapeado

Texto locutado

1, 6

TRABAJAR EN ESPAÑA

En general, la jornada laboral en España es de ocho horas, pero mucha gente se queda en la oficina más tiempo. ¿Qué hace la jornada tan larga? Dos aspectos importantes son el trato amable con los/as compañeros/as de trabajo y la larga pausa para el almuerzo.

El trato con los/as compañeros/as significa emplear tiempo en común. No solo se habla de temas laborales, sino también personales, por ejemplo, con estas frases: "¿Qué tal el fin de semana?", "¿Nos tomamos un café y te cuento lo que me pasó ayer?".

La larga pausa para el almuerzo, con café incluido, puede durar una o dos horas: es muy bueno para la salud, pero consume tiempo.

Algunos/as trabajadores/as envidian los horarios de otros países de Europa. Cuando llega el calor, muchas empresas permiten a sus empleados/as hacer "horario de verano", que es trabajar de ocho a tres de la tarde.

AHORA YA SABEMOS

2 **Lee las respuestas de una encuesta sobre medios de comunicación y marca si las personas están de acuerdo (A), en contra (C) o dudan (D).**

1. ☐ Yo también creo que en cien años nadie leerá en papel.
2. ☐ ¡Qué va! Seguiremos leyendo libros y comprando el periódico. ¡Seguro!
3. ☐ Sí, bueno, es probable. Pero no sé si todo el mundo tendrá acceso a internet.
4. ☐ Estoy totalmente de acuerdo. Para el medio ambiente sería mejor dejar de imprimir.
5. ☐ No sé. Yo creo que no. La gente ya tiene que usar el ordenador todo el día.
6. ☐ Por supuesto. Los nuevos medios son cada vez más importantes.
7. ☐ Para algunas cosas sí utilizaremos el ordenador, para otras no. Depende.
8. ☐ Puede ser. La verdad es que no me interesa mucho el tema.

✎ 7

3 a. 63 - **Escucha las cuatro preguntas y anota el número en la respuesta correspondiente.**

☐ Sí, pero estoy bastante nerviosa.
☐ Parece responsable y trabajador. Y con mucha experiencia.
☐ Tendrá unos treinta años, pienso.
☐ Bueno, el sueldo no es lo más importante. Tengo responsabilidad y me siento útil.

b. 64 - **Escucha y haz lo mismo con estas respuestas.**

☐ Aburridísimo. Me paso la mitad del día escribiendo listas.
☐ Sí, y siempre está de buen humor.
☐ Los vuelos están reservados y el hotel también.
☐ Está disponible a partir de junio.

✎ 2-5

4 **¿Cómo te imaginas que será la sociedad dentro de 20 años? Escribe un pequeño texto. Puedes tener en cuenta estos aspectos.**

¿Cómo trabajaremos?
¿Cómo pasaremos el tiempo libre?
¿Qué nuevos problemas habrá?
¿Cuáles de los problemas de hoy se solucionarán?

La sociedad del futuro
En mi opinión, la sociedad de mi país será bastante diferente. En el mundo profesional habrá muchos cambios. Por ejemplo...

TERAPIA DE ERRORES

5 **a.** Un tipo de errores son los que hacemos por influencia de nuestra lengua materna. ¿Puedes encontrar en estos diálogos algunos errores típicos de estudiantes alemanes/as? Luego corrígelos, compara tu versión con la de tu compañero/a y explica tus cambios.

1.
- *Tenemos que comprar un regalo para Elena. Es que lunes tiene cumpleaños.*
- *¿Qué te parece un perfume o un buen diccionario?*
- *No sabemos cuál perfume usa, un diccionario me gusta mejor.*

2.
- *Mira, me he comprado este vestido para la fiesta. ¿Cómo te gusta?*
- *Es bonito, pero el amarillo no te queda bueno. ¿No lo tenían en un otro color?*

3.
- *¿No llevas un secador al balneario? En El Corte Inglés los tienen en oferta para 20 €.*
- *No es necesito, seguro que está también uno en el hotel.*

b. ¿Qué trucos se pueden utilizar para evitar errores? Haced una lista con todas las ideas del grupo. ¿Qué nuevos trucos quieres probar?

UNA IMAGEN QUE DA QUE HABLAR

6 **a.** Mira la imagen. Elige a una persona y haz suposiciones sobre su edad, familia, gustos, trabajo y vida privada. Luego, preséntala a tus compañeros/as.

b. Alguien que va a empezar a trabajar en esta empresa habla con una de las personas de la imagen para saber qué le espera. En parejas, escribid el diálogo y, si queréis, podéis representarlo después.

APRENDER A APRENDER

7 **¿Cómo entrenarse para comprender mejor los audios? ¿Recuerdas a los hispanohablantes de 1b? Marca lo que haces antes, durante y después de escuchar una pista de audio. Luego, comenta tus respuestas con tus compañeros. ¿Coincidís?**

Antes de escuchar
- ☐ me aseguro de que entiendo la situación.
- ☐ pienso en lo que sé sobre el tema.

Al escuchar
- ☐ me concentro en lo que entiendo.
- ☐ no me fijo en lo que no entiendo para no perder el hilo.
- ☐ apunto palabras clave para recordar mejor.

Después de escuchar
- ☐ vuelvo a pensar en todo lo que he entendido.
- ☐ pienso qué podría significar lo que no he entendido.
- ☐ vuelvo a escuchar la pista de audio.

8 **a. En español, estas expresiones aparecen con frecuencia en una conversación. Aprenderlas de memoria puede ser muy útil. Puedes repetirlas en voz alta delante del espejo, cantarlas o gesticular mucho al decirlas para recordarlas mejor.**

Para empezar

Oye...	¿Qué tal va todo?	¿Qué tal?	¿Sabes que...?	Qué frío / calor hace, ¿no?

Para seguir

¿De verdad?	¡Qué bien!	¡No me digas!	¿Y eso?	¡Qué horror!

Para llenar una pausa

Pues...	Bueno...	A ver...	¿Sabes?

Para dar tu opinión

Pues yo creo que...	¡Qué va!	Desde luego.	Por supuesto.	(No) Estoy de acuerdo.

b. Elige un tema interesante que se ha trabajado a lo largo de este nivel y pasea por la clase. Cuando tu profesor/a diga ¡Alto!, para y entabla una conversación con un/a compañero/a que tengas cerca. Él/Ella reacciona y sigue la conversación unos minutos. Utiliza las expresiones de a durante la conversación.

8-11

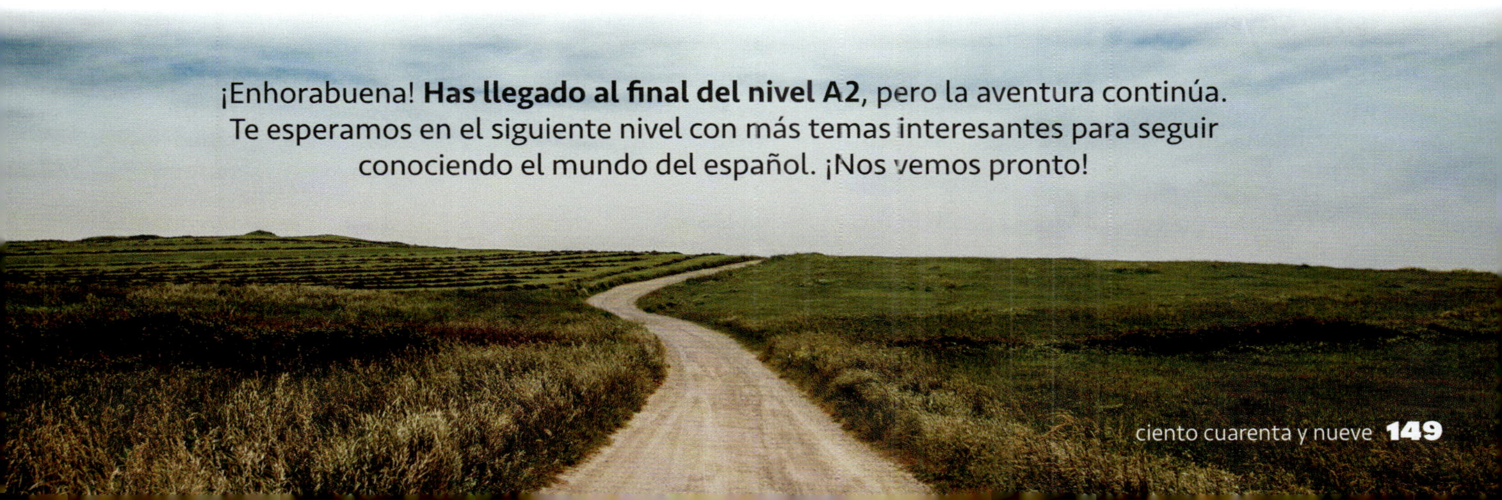

¡Enhorabuena! **Has llegado al final del nivel A2**, pero la aventura continúa. Te esperamos en el siguiente nivel con más temas interesantes para seguir conociendo el mundo del español. ¡Nos vemos pronto!

VERBOS REGULARES E IRREGULARES

	-AR	-ER	-IR	SER	ESTAR	TENER
PRESENTE						
yo	habl**o**	com**o**	viv**o**	**soy**	**estoy**	**tengo**
tú	habl**as**	com**es**	viv**es**	**eres**	est**ás**	t**ie**nes
él, ella, usted	habl**a**	com**e**	viv**e**	**es**	est**á**	t**ie**ne
nosotros, nosotras	habl**amos**	com**emos**	viv**imos**	**somos**	estamos	tenemos
vosotros, vosotras	habl**áis**	com**éis**	viv**ís**	**sois**	estáis	tenéis
ellos, ellas, ustedes	habl**an**	com**en**	viv**en**	**son**	est**án**	t**ie**nen
INDEFINIDO						
yo	habl**é**	com**í**	viv**í**	**fui**	**estuve**	**tuve**
tú	habl**aste**	com**iste**	viv**iste**	**fuiste**	**estuviste**	**tuviste**
él, ella, usted	habl**ó**	com**ió**	viv**ió**	**fue**	**estuvo**	**tuvo**
nosotros, nosotras	habl**amos**	com**imos**	viv**imos**	**fuimos**	**estuvimos**	**tuvimos**
vosotros, vosotras	habl**asteis**	com**isteis**	viv**isteis**	**fuisteis**	**estuvisteis**	**tuvisteis**
ellos, ellas, ustedes	habl**aron**	com**ieron**	viv**ieron**	**fueron**	**estuvieron**	**tuvieron**
IMPERFECTO						
yo	habl**aba**	com**ía**	viv**ía**	**era**	estaba	tenía
tú	habl**abas**	com**ías**	viv**ías**	**eras**	estabas	tenías
él, ella, usted	habl**aba**	com**ía**	viv**ía**	**era**	estaba	tenía
nosotros, nosotras	habl**ábamos**	com**íamos**	viv**íamos**	**éramos**	estábamos	teníamos
vosotros, vosotras	habl**abais**	com**íais**	viv**íais**	**erais**	estabais	teníais
ellos, ellas, ustedes	habl**aban**	com**ían**	viv**ían**	**eran**	estaban	tenían
FUTURO						
yo	hablar**é**	comer**é**	vivir**é**	seré	estaré	ten**dr**é
tú	hablar**ás**	comer**ás**	vivir**ás**	serás	estarás	ten**dr**ás
él, ella, usted	hablar**á**	comer**á**	vivir**á**	será	estará	ten**dr**á
nosotros, nosotras	hablar**emos**	comer**emos**	vivir**emos**	seremos	estaremos	ten**dr**emos
vosotros, vosotras	hablar**éis**	comer**éis**	vivir**éis**	seréis	estaréis	ten**dr**éis
ellos, ellas, ustedes	hablar**án**	comer**án**	vivir**án**	serán	estarán	ten**dr**án
CONDICIONAL						
yo	hablar**ía**	comer**ía**	vivir**ía**	sería	estaría	ten**dr**ía
tú	hablar**ías**	comer**ías**	vivir**ías**	serías	estarías	ten**dr**ías
él, ella, usted	hablar**ía**	comer**ía**	vivir**ía**	sería	estaría	ten**dr**ía
nosotros, nosotras	hablar**íamos**	comer**íamos**	vivir**íamos**	seríamos	estaríamos	ten**dr**íamos
vosotros, vosotras	hablar**íais**	comer**íais**	vivir**íais**	seríais	estaríais	ten**dr**íais
ellos, ellas, ustedes	hablar**ían**	comer**ían**	vivir**ían**	serían	estarían	ten**dr**ían
IMPERATIVO						
tú	habl**a**	com**e**	viv**e**	**sé**	est**á**	**ten**
usted	habl**e**	com**a**	viv**a**	**sea**	est**é**	**tenga**
vosotros, vosotras	habl**ad**	com**ed**	viv**id**	sed	estad	tened
ustedes	habl**en**	com**an**	viv**an**	**sean**	est**én**	**tengan**
PARTICIPIO	habl**ado**	com**ido**	viv**ido**	sido	estado	tenido
GERUNDIO	habl**ando**	com**iendo**	viv**iendo**	siendo	estando	teniendo

NOS VEMOS HOY

2 COMPACTO

Edición para estudiantes
+ Cuaderno de ejercicios

Cuaderno de ejercicios

difusión

PÁG. 189

5 ¿TE ACUERDAS?

Actividades
- 1-24

Mundo profesional
- Un currículum

Pronunciar bien
- La pronunciación de la **r** / **rr**

Autoevaluación

PÁG. 199

6 ¡QUÉ AMABLE!

Actividades
- 1-26

Mundo profesional
- Una invitación y consejos en el trabajo

Pronunciar bien
- La acentuación de los verbos

Autoevaluación

PÁG. 209

7 VAMOS AL PARQUE

Actividades
- 1-24

Mundo profesional
- Conversaciones formales e informales

Pronunciar bien
- La combinación de las palabras

Autoevaluación

PÁG. 219

8 MIRADOR

Unidad de repaso

Actividades
- 1-4

Cada unidad del Cuaderno de ejercicios de NOS VEMOS HOY se estructura de la siguiente manera:

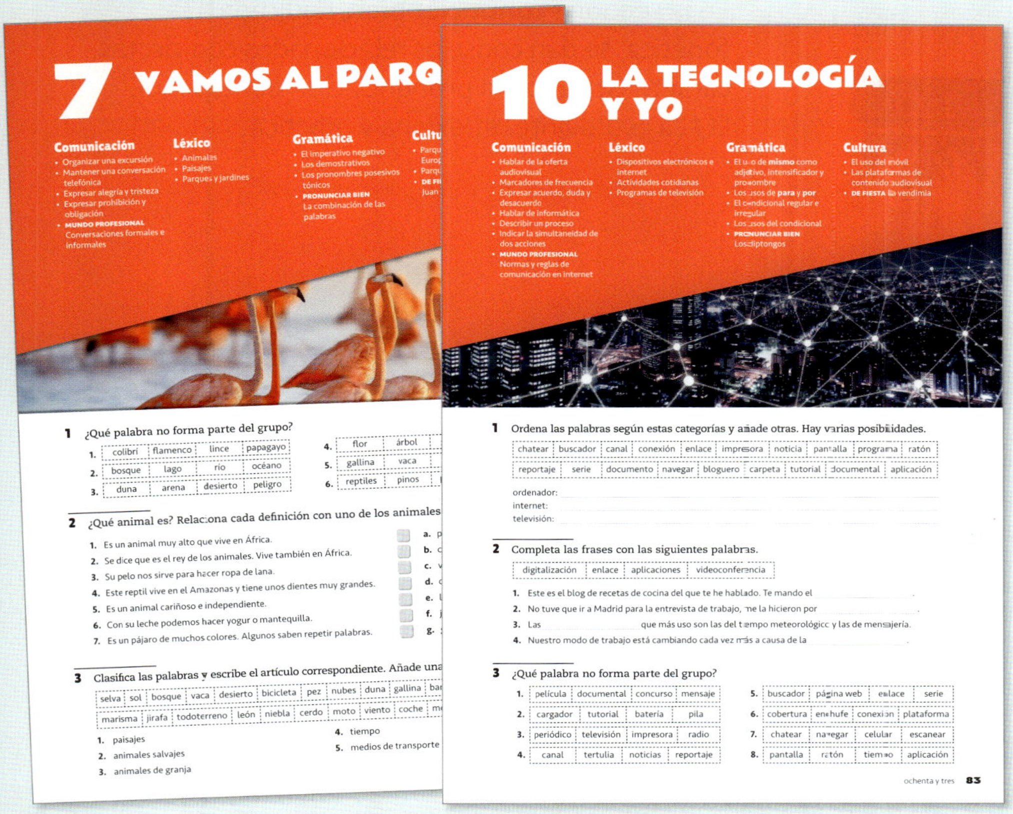

Una página de **portadilla** recuerda los objetivos de la unidad e incluye las primeras actividades.

Cada unidad contiene **ocho páginas de actividades** para consolidar **el vocabulario y la gramática** aprendidos en las unidades de la Edición para estudiantes.

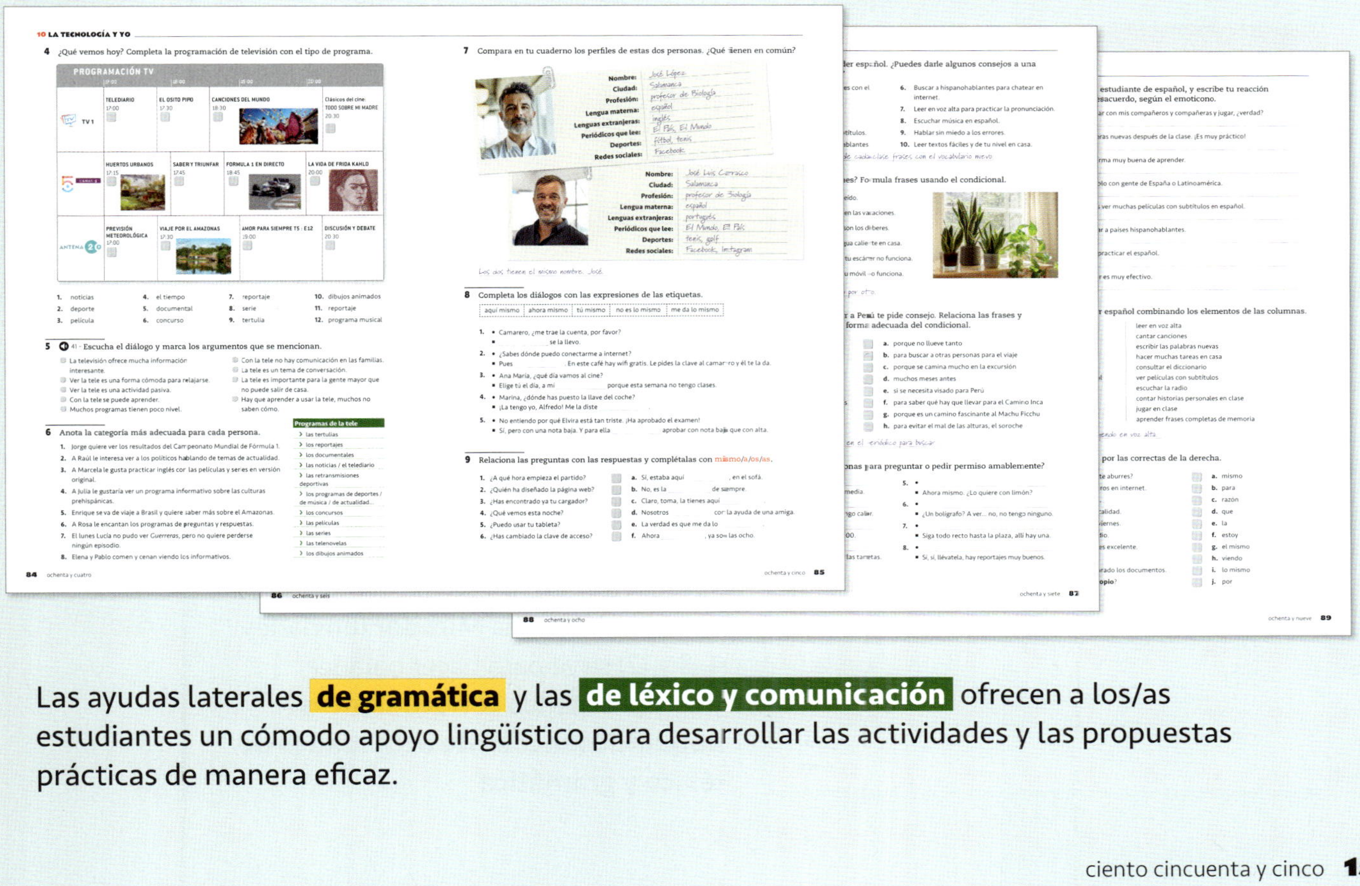

Las ayudas laterales **de gramática** y las **de léxico y comunicación** ofrecen a los/as estudiantes un cómodo apoyo lingüístico para desarrollar las actividades y las propuestas prácticas de manera eficaz.

Se incluye asimismo una sección orientada al **español de los negocios** llamada **Mundo profesional**.

En la sección **Pronunciar bien**, dedicada a la fonética, se dan consejos relacionados con ciertas características de la pronunciación del español. El / La estudiante reflexiona y practica.

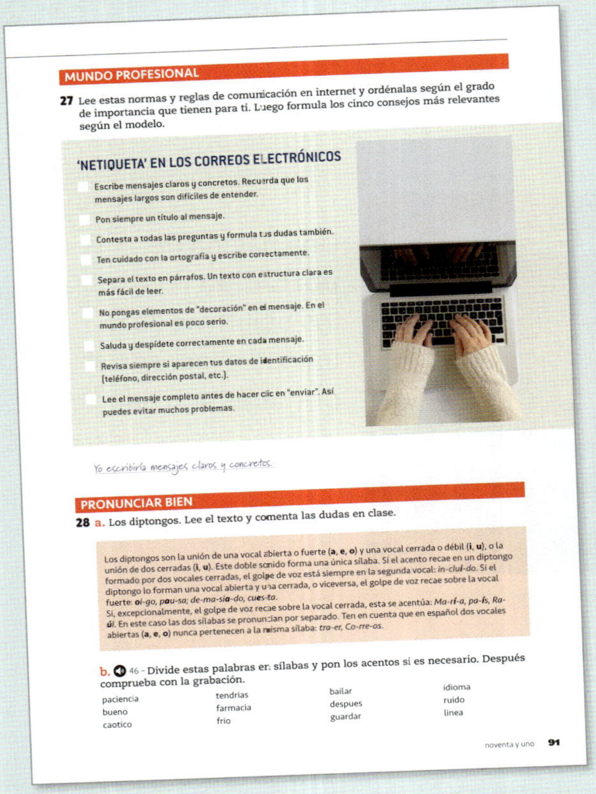

MUNDO PROFESIONAL

27 Lee estas normas y reglas de comunicación en internet y ordénalas según el grado de importancia que tienen para ti. Luego formula los cinco consejos más relevantes según el modelo.

'NETIQUETA' EN LOS CORREOS ELECTRÓNICOS

- Escribe mensajes claros y concretos. Recuerda que los mensajes largos son difíciles de entender.
- Pon siempre un título al mensaje.
- Contesta a todas las preguntas y formula tus dudas también.
- Ten cuidado con la ortografía y escribe correctamente.
- Separa el texto en párrafos. Un texto con estructura clara es más fácil de leer.
- No pongas elementos de "decoración" en el mensaje. En el mundo profesional es poco serio.
- Saluda y despídete correctamente en cada mensaje.
- Revisa siempre si aparecen tus datos de identificación (teléfono, dirección postal, etc.).
- Lee el mensaje completo antes de hacer clic en "enviar". Así puedes evitar muchos problemas.

Yo escribiría mensajes claros y concretos.

PRONUNCIAR BIEN

28 a. Los diptongos. Lee el texto y comenta las dudas en clase.

Los diptongos son la unión de una vocal abierta o fuerte (**a**, **e**, **o**) y una vocal cerrada o débil (**i**, **u**), o la unión de dos cerradas (**i**, **u**). Este doble sonido forma una única sílaba. Si el acento recae en un diptongo formado por dos vocales cerradas, el golpe de voz está siempre en la segunda vocal: *in-clui-do*. Si el diptongo lo forman una vocal abierta y una cerrada, o viceversa, el golpe de voz recae sobre la vocal fuerte: *oi-go, pau-sa; de-ma-sia-do, cues-ta*.
Si, excepcionalmente, el golpe de voz recae sobre la vocal cerrada, esta se acentúa: *Ma-rí-a, pa-ís, Ra-úl*. En este caso las dos sílabas se pronuncian por separado. Ten en cuenta que en español dos vocales abiertas (**a**, **e**, **o**) nunca pertenecen a la misma sílaba: *tra-er, Co-rre-os*.

b. 46 - Divide estas palabras en sílabas y pon los acentos si es necesario. Después comprueba con la grabación.

paciencia	tendrias	bailar	idioma
bueno	farmacia	despues	ruido
caotico	frio	guardar	linea

noventa y uno 91

Cada unidad se cierra con el apartado **Autoevaluación**, un espacio que invita a los/as estudiantes a reflexionar sobre su progreso.

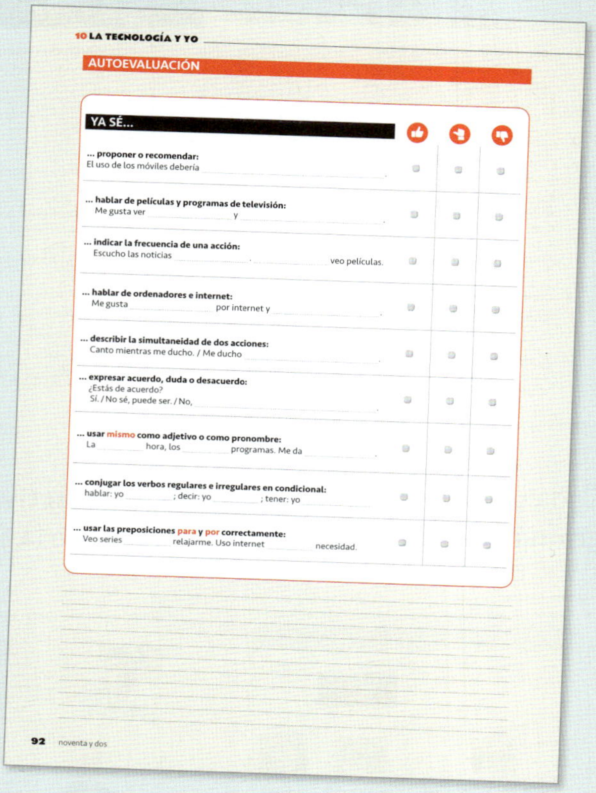

10 LA TECNOLOGÍA Y YO

AUTOEVALUACIÓN

YA SÉ...

- ... **proponer o recomendar:** El uso de los móviles debería ______.
- ... **hablar de películas y programas de televisión:** Me gusta ver ______ y ______.
- ... **indicar la frecuencia de una acción:** Escucho las noticias ______, ______ veo películas.
- ... **hablar de ordenadores e internet:** Me gusta ______ por internet y ______.
- ... **describir la simultaneidad de dos acciones:** Canto mientras me ducho. / Me ducho ______.
- ... **expresar acuerdo, duda o desacuerdo:** ¿Estás de acuerdo? Sí. / No sé, puede ser. / No, ______.
- ... **usar mismo como adjetivo o como pronombre:** La ______ hora, los ______ programas. Me da ______.
- ... **conjugar los verbos regulares e irregulares en condicional:** hablar: yo ______; decir: yo ______; tener: yo ______
- ... **usar las preposiciones para y por correctamente:** Veo series ______ relajarme. Uso internet ______ necesidad.

92 noventa y dos

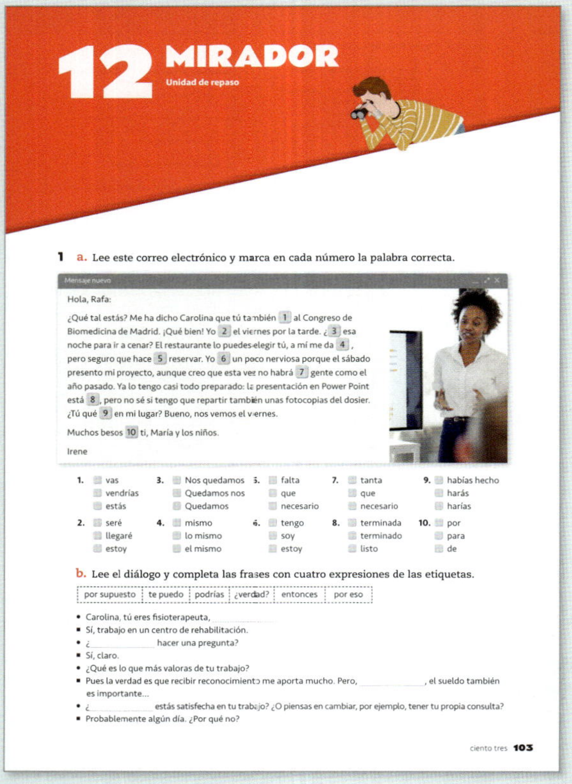

12 MIRADOR
Unidad de repaso

1 a. Lee este correo electrónico y marca en cada número la palabra correcta.

Mensaje nuevo

Hola, Rafa:

¿Qué tal estás? Me ha dicho Carolina que tú también [1] al Congreso de Biomedicina de Madrid. ¡Qué bien! Yo [2] el viernes por la tarde. ¿[3] esa noche para ir a cenar? El restaurante lo puedes elegir tú, a mí me da [4], pero seguro que hace [5] reservar. Yo [6] un poco nerviosa porque el sábado presento mi proyecto, aunque creo que esta vez no habrá [7] gente como el año pasado. Ya lo tengo casi todo preparado: la presentación en Power Point está [8], pero no sé si tengo que repartir también unas fotocopias del dosier. ¿Tú qué [9] en mi lugar? Bueno, nos vemos el viernes.

Muchos besos [10] ti, María y los niños.

Irene

1. vas / vendrías / estás
2. seré / llegaré / estoy
3. Nos quedamos / Quedamos nos / Quedamos
4. mismo / lo mismo / el mismo
5. falta / que / necesario
6. tengo / soy / estoy
7. tanta / que / necesario
8. terminada / terminado / listo
9. habías hecho / harás / harías
10. por / para / de

b. Lee el diálogo y completa las frases con cuatro expresiones de las etiquetas.

por supuesto | te puedo | podrías | ¿verdad? | entonces | por eso

- Carolina, tú eres fisioterapeuta, ______
- Sí, trabajo en un centro de rehabilitación.
- ¿______ hacer una pregunta?
- Sí, claro.
- ¿Qué es lo que más valoras de tu trabajo?
- Pues la verdad es que recibir reconocimiento me aporta mucho. Pero, ______, el sueldo también es importante...
- ¿______ estás satisfecha en tu trabajo? ¿O piensas en cambiar, por ejemplo, tener tu propia consulta?
- Probablemente algún día. ¿Por qué no?

ciento tres 103

Al igual que en la **Edición para estudiantes**, cada **Mirador** (unidades 4, 8 y 12) sirve para hacer balance y **comprobar los conocimientos adquiridos mediante actividades de léxico y gramática**.

1 EL GUSTO DE APRENDER

Comunicación

- Expresar preferencia y facilidad / dificultad
- Hablar de las actividades en clase
- Indicar el grado
- Indicar la función y los materiales
- Hacer suposiciones
- Expresar deseos y sentimientos
- **MUNDO PROFESIONAL** Una entrevista y una oferta de trabajo

Léxico

- Los objetos del escritorio
- Adjetivos de carácter
- Los sentimientos

Gramática

- Adjetivos en **-or** / **-ora**
- **Lo (que)**
- Construcciones con infinitivo y con gerundio
- El uso de **hace**, **desde**, **desde hace**
- Formas irregulares del indefinido
- **PRONUNCIAR BIEN** Las consonantes **b**, **v**, **d**

Cultura

- El español en cifras
- **DE FIESTA** Las posadas y los Reyes Magos

1 Completa el texto sobre el español en el mundo con las siguientes palabras.

alumnos/as	chino	comunicación	hispanohablantes
lengua extranjera	mayor	patrimonio	

El español ocupa un lugar muy importante como idioma de ________________ internacional: es la segunda lengua materna después del ________________ mandarín. El país con el mayor número de ________________ es México, con unos 120 millones. ¿Y el segundo? Colombia, con unos 48 millones de hispanohablantes. Sigue España con más de 47 millones. Estados Unidos es el país con más hispanohablantes del mundo donde el español no es la lengua oficial . En la actualidad, unos 22 millones de ________________ estudian español como ________________ . El mayor número está en Estados Unidos. En el resto del mundo el número de estudiantes es cada día ________________ . Es fácil de entender si pensamos que el español es el medio para llegar al rico ________________ cultural de España y Latinoamérica.

2 Resume estas frases en tu cuaderno usando las perífrasis verbales del cuadro lateral.

1. Siempre nos ha gustado mucho ir al cine. Ahora tenemos Netflix y vemos las películas en casa.
   Hemos dejado de ir al cine.
2. Yo canto en un coro. Ahora tengo que viajar mucho por el trabajo. Sin embargo, voy a todos los ensayos.
3. Luis toca la guitarra todos los días, pero ahora tiene invitados en casa. El lunes se van y él puede tocar otra vez.
4. Me encanta leer y tengo la casa llena de libros. Ahora ya no compro libros, voy a la biblioteca.
5. Mi madre ya no estudia francés. Dice que le aburre y que quiere buscarse otras actividades.
6. Mi padre no hace deporte. El médico le ha dicho que tiene que hacer algo. Ayer se inscribió en un gimnasio.

Perífrasis verbales

empezar a + infinitivo
dejar de + infinitivo
volver a + infinitivo
acabar de + infinitivo
seguir + gerundio

3 Estas son las notas de un detective que está observando a una persona, María Vera. Escribe qué hace utilizando las expresiones de la actividad anterior.

A las ocho, María Vera empieza a desayunar en el bar Lola.

8.00 desayuna en el bar Lola
8.30 desayuna todavía
9.00 ya no desayuna y llama por teléfono
9.15 llama otra vez por teléfono
9.30 pide una botella de agua
9.40 escribe en el ordenador
9.50 entra una mujer y toman un café juntas

4 **a.** En una escuela de lenguas en Zaragoza hoy empieza el curso y cada estudiante ha marcado en este cuestionario sus preferencias. Lee las respuestas de Peter y después marca según tus propios gustos.

VALORA LAS SIGUIENTES ACTIVIDADES SEGÚN TUS PREFERENCIAS

	Me encanta	Me gusta bastante	No me gusta mucho	No me gusta nada
Escuchar los audios			X	
Escribir textos	X			
Hacer ejercicios de gramática			X	
Jugar	X			
Leer textos		X		
Aprender vocabulario				X
Ver vídeos		X		
Hablar con mi compañero/a	X			
Trabajar en grupos			X	

Lo que más me cuesta es *la pronunciación.*
Lo más fácil para mí es *recordar las palabras.*

Me encanta
Me gusta bastante
No me gusta mucho
No me gusta nada

b. Compara tus respuestas con las de Peter y escribe frases.

A Peter no le gusta mucho escuchar los audios y a mí tampoco, me parece difícil.

5

a. Completa el crucigrama para encontrar el lugar donde normalmente están todos estos objetos.

1. Son de metal y sirven para cortar, por ejemplo, papel.
2. Es de metal y sirve para poner juntas algunas hojas de papel.
3. Objeto que sirve para guardar las llaves.
4. Es de madera y sirve para escribir. En clase siempre necesitas uno.
5. Es de cartón o de plástico y sirve para guardar papeles.
6. Si has escrito algo mal con lápiz, puedes corregirlo fácilmente con ella.
7. Ordenador pequeño que se puede transportar fácilmente.
8. Puede ser de metal o de plástico y sirve para escribir.

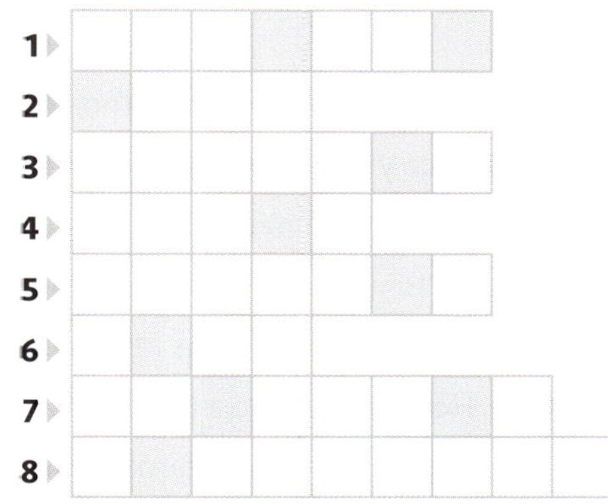

Solución: ....

b. Ahora, escribe la definición de la solución.

6

Completa con los sustantivos y adjetivos correspondientes.

ADJETIVO	SUSTANTIVO	SUSTANTIVO	ADJETIVO
organizado/a	la organización	el orden	ordenado/a
trabajador/a		la paciencia	
tradicional		el sistema	
comunicativo/a		la perfección	
tranquilo/a		la creatividad	

7

Relaciona la descripción del carácter de cada persona con el adjetivo correspondiente. Después, escribe una definición de los adjetivos que sobran.

1. Pierde fácilmente la paciencia; lo que menos le gusta es esperar.
2. Tiene mucha fantasía. Le encanta pintar y escribir.
3. Le gusta estar ocupado/a. Se aburre cuando no tiene nada que hacer.
4. Le cuesta mucho mantener el orden.
5. Está de buen humor, no le cuesta sonreír.
6. Le encanta hablar con la gente e intercambiar opiniones.
7. No quiere cometer errores y siempre piensa que las cosas pueden hacerse mejor.

a. desordenado/a
b. creativo/a
c. comunicativo/a
d. alegre
e. trabajador/a
f. perfeccionista
g. impaciente
h. tranquilo/a
i. sistemático/a

8 El restaurante de Rafa y Carmen. Completa las frases con hace, desde o desde hace.

1. Rafa es camarero en Sevilla y .... muchos años quiere abrir su propio restaurante.
2. .... un año conoció a Carmen, una excelente cocinera de Granada.
3. Rafa le habló del proyecto y .... ese momento decidieron trabajar juntos.
4. .... seis meses encontraron un local bonito en Sevilla y el banco les dio un crédito.
5. Carmen dejó su trabajo en Granada y vive en Sevilla .... cuatro semanas.
6. .... una semana abrieron su restaurante, Casa Carmen.

9 Lee estas frases y marca si Mica y Leandro están ahora en Buenos Aires o no.

	SÍ	NO
a. Mica y Leandro estuvieron en Buenos Aires hace dos semanas.	☐	☐
b. Mica y Leandro estuvieron dos semanas en Buenos Aires.	☐	☐
c. Desde la semana pasada están en Buenos Aires.	☐	☐
d. De junio a septiembre estuvieron en Buenos Aires.	☐	☐
e. Desde hace tres días Mica y Leandro están en Buenos Aires.	☐	☐
f. Hoy han llegado a Buenos Aires.	☐	☐
g. Mica y Leandro llegaron a Buenos Aires hace un mes.	☐	☐

10 Completa la tabla con la conjugación de estos verbos en pretérito indefinido.

				VERBOS IRREGULARES	
	PASAR (-AR)	**COMER (-ER)**	**VIVIR (-IR)**	**PEDIR (E → I)**	**DORMIR (O → UE)**
yo	pas**é**	....	viv**í**	pedí	dormí
tú	....	com**iste**	....	pediste	dormiste
él, ella, usted	pas**ó**	....	viv**ió**	p**i**dió	....
nosotros/as	....	com**imos**	....	pedimos	dormimos
vosotros/as	....	com**isteis**	....	pedisteis	dormisteis
ellos, ellas, ustedes	pas**aron**	....	viv**ieron**	....	d**u**rmieron

11 a. Completa la tabla de los verbos con raíz irregular.

VERBOS CON RAÍZ IRREGULAR		
INFINITIVO	**RAÍZ**	**TERMINACIÓN**
CONDUCIR	**conduj**	
DECIR	....	
ESTAR	**estuv**	-e
HACER	....	-iste
PODER	**pud**	-o
PONER	....	-imos
QUERER	**quis**	-isteis
TENER	....	-ieron
TRAER	**traj**	
VENIR	....	

Haber

El indefinido de **hay** es **hubo**.

Recuerda

El indefinido se usa para eventos dentro de un período del pasado que el hablante considera cerrado.

- Aprendí a nadar a los 30 años.

En los verbos con raíz irregular terminada en **-j**, como **conducir**, desaparece la **i** en la 3.ª persona del plural.

- conduj~~i~~eron

b. Completa la tabla de los verbos irregulares.

VERBOS IRREGULARES	SER / IR	DAR	VER
yo	fui	di	vi
tú	fuiste	diste	....
él, ella, usted	fue	....	vio
nosotros/as	....	dimos	vimos
vosotros/as	....	disteis	visteis
ellos, ellas, ustedes	....	dieron	vieron

12 ¿Qué aprendieron estas personas? Lee y completa con las formas del indefinido.

1. En 2015 .... (ESTAR) por primera vez en Italia y después .... (DECIDIR) aprender el idioma. .... (ENCONTRAR) una escuela de idiomas en mi barrio y .... (IR) enseguida para informarme. .... (INSCRIBIRSE) en un curso básico y después .... (HACER) otros dos cursos. Ahora tengo un profesor privado porque me interesa mucho practicar la conversación.

2. Mi amigo Fernando .... (ABRIR) una escuela de baile muy cerca de mi casa y me .... (INVITAR) a una clase de chachachá. .... (IR) a probar y .... (SER) un desastre: no .... (PODER) aprenderme los pasos. Pero, poco a poco, mis pies .... (EMPEZAR) a seguir el ritmo de la música y este año voy a participar en un campeonato.

13 ¿Cuándo fue la última vez que hiciste estas cosas? ¿Dónde y con quién? Escríbelo.

la semana pasada	a los... años	hace un año	el verano pasado

ayer	en 2010	en junio	el domingo

1. Hacer una excursión.
2. Dormir en un cámping.
3. Dar un paseo por la playa.
4. Viajar en avión.
5. Cenar en un restaurante español o mexicano.
6. Estar en el extranjero.
7. Ver a mis abuelos.
8. Tener un virus en el ordenador.

14 ¿Perfecto o indefinido? Lee este texto y tacha la forma incorrecta de los verbos.

1.
¿Sabes con quién **me he encontrado / me encontré** esta mañana? Con Pepa, mi amiga del instituto. En febrero **ha cambiado / cambió** de trabajo y hace dos semanas **se ha mudado / se mudó** de piso. Ahora vive en el centro, muy cerca de su trabajo. El mes pasado **ha puesto / puso** un anuncio en el periódico y dos días después la **han llamado / llamaron** de una agencia y le **han ofrecido / ofrecieron** un piso precioso. ¡Ha tenido mucha suerte! Quiere celebrarlo y **ha organizado / organizó** una fiesta para el próximo sábado.

2.
Ya sabes que el verano pasado **he conocido / conocí** a dos chicas andaluzas en un hotel en Menorca, ¿verdad? Pues hoy las **he visto / vi** en el centro comercial La Vaguada. ¡Qué sorpresa! Dicen que hace dos meses **se han mudado / se mudaron** a Madrid. La primera semana **se han quedado / se quedaron** en una pensión, pero después **han encontrado / encontraron** un piso muy bonito en el barrio de Lavapiés. ¡Vaya suerte!

Recuerda

El perfecto se usa para hablar de acciones terminadas en el pasado en relación con el presente (**hoy**, **este año**...).

El indefinido se usa para hablar de acciones terminadas en el pasado sin relación con el presente (**ayer**, **el mes pasado**...).

15 ¿Qué palabra o expresión no forma parte del grupo? Táchala.

1.	lápiz	bolígrafo	marcador	teléfono
2.	llavero	papel	metal	plástico
3.	ratón	silla	portátil	llave USB
4.	libro	cuaderno	diccionario	goma de borrar
5.	me gusta	me parece	me interesa	me encanta
6.	escuchar	apuntar	escribir	tomar notas

16 Relaciona las definiciones con las imágenes correspondientes.

1. Sirven para escuchar música sin molestar.
2. Es un objeto de metal. Sirve para cortar.
3. Es un instrumento que va conectado con el ordenador y que sirve para moverse por la pantalla.
4. Con él tomamos notas en el libro y hacemos las actividades de clase.
5. Las utilizamos para abrir y cerrar la casa.
6. Es un pequeño objeto que sirve para guardar datos.

17 Relaciona las preguntas con las respuestas.

1. ¿Cuándo empezaste a estudiar español?
2. ¿Por qué aprendes español?
3. ¿Hablas español fuera de clase?
4. ¿Qué otros idiomas hablas?
5. ¿Vuelves a inscribirte en el próximo curso?
6. ¿Sigues teniendo la misma profesora en el próximo curso?

- **a.** Porque mi pareja es de Colombia.
- **b.** Sí, con la familia de mi novio.
- **c.** Claro que sí. Me gusta mucho el idioma.
- **d.** No, ella deja de dar clase el año que viene.
- **e.** Hace un año.
- **f.** Hablo también inglés y un poco de francés.

18 1 - Lee estas respuestas. Después escucha las preguntas y relaciona.

- Sí, con los tiempos del pasado. Es lo que más me cuesta.
- Trabajar en parejas es lo que más me gusta. Así hablo más.
- Yo, los ejercicios, así puedo controlar si lo he hecho bien.
- Bueno, la erre y la jota me cuestan todavía.
- Sí, pero es un desorden con sistema.
- Me encanta el piano. Me gustaría aprender a tocarlo.
- No, estoy bastante tranquila, es que me he preparado bien.
- Comparo mis frases con las reglas, eso me ayuda mucho.

19 En cada frase hay un error. Cambia las palabras en negrita por las correctas de la derecha.

1. Empecé **de** estudiar español en 2016.
2. Lo que me gusta es ver **al** vídeo.
3. **Desde hace** un año conocí a mi novia.
4. No entiendo **que** dices.
5. Lo que más nos gusta es trabajar **a** parejas.
6. El lápiz es una cosa que sirve **a** escribir.
7. Leer textos es **mucho** difícil.
8. Ana y Juan bailan salsa **hace** un año.

a. lo que
b. para
c. muy
d. hace
e. desde hace
f. en
g. el
h. a

20 Lee el correo que escribe Andreas a su profesora de español. Luego, marca si las frases son verdaderas (V) o falsas (F).

Mensaje nuevo

Hola, Claudia:

Estoy en La Habana desde hace cuatro semanas. ¡Es una ciudad fascinante! Estoy haciendo un curso de español de nivel A2 y aprendo mucho. No he dejado de hablar español ni un solo día. Pero lo que más me gusta es pasar las tardes con mis compañeros. Vamos a nadar o a visitar exposiciones de arte y de noche salimos a bailar. Los profesores también son muy simpáticos. Espero volver a verlos el próximo año. Hoy es el último día y vamos a tomar un mojito en El Floridita. El domingo vuelvo a Alemania y sigo contándote de mi viaje.

Un saludo y hasta pronto,
Andreas

1. Andreas llegó a La Habana hace un mes.
2. Está allí para seguir aprendiendo español.
3. Andreas no habla español todos los días.
4. Le encanta pasar el tiempo libre con sus compañeros.
5. Andreas solo va a clase de español y a la playa.
6. Andreas no quiere perder el contacto con sus compañeros y profesores.

21 Lee estas opiniones y elige la opción correcta.

1. • ... interesante es ver vídeos en clase.
   - A mí
   - Lo más
   - Que más
2. • ... me gusta es trabajar en grupo.
   - Lo más
   - --
   - Lo que más
3. • ... divertido hablar con un/a compañero/a.
   - También es mucho
   - También es muy
   - Tampoco es mucho
4. • ... difícil entender las pistas de audio.
   - Es muy
   - Lo
   - Lo que
5. • ... me encanta es leer textos.
   - A mí no
   - Que
   - Lo que
6. • ... aburrido practicar la pronunciación.
   - Me parece
   - Me cuesta
   - No me gusta
7. • ... me gusta es el trabajo individual.
   - Que a mí
   - Lo
   - Lo que
8. • Lo que más... es la gramática.
   - difícil
   - me cuesta
   - importante

22 Luis es un mal estudiante. Relaciona las frases que tienen el mismo significado.

1. En los últimos meses Luis ha dejado de hacer los deberes. ☐
2. Luis ha vuelto a tener muy malas notas en los exámenes. ☐
3. Luis siempre empieza a estudiar la noche antes del examen. ☐
4. El profesor de Luis acaba de hablar con sus padres. ☐
5. Luis sigue pensando que lo más importante es hacer lo que le gusta y ser feliz. ☐

a. Hace unos días el profesor de Luis se reunió con sus padres.
b. Los resultados de sus exámenes han sido otra vez muy malos.
c. Luis no cambia de opinión y disfruta de la vida.
d. Él ahora nunca hace los deberes, pasa más tiempo con sus amigos.
e. Luis se prepara muy poco para los exámenes.

23 A partir de estos adjetivos, forma parejas de contrarios.

alegre	alto	antiguo	bajo	barato	bonito	bueno	caliente	caro	claro
comunicativo	desordenado	difícil	fácil	feo	frío	impaciente	joven	malo	
mayor	moderno	ordenado	oscuro	paciente	reservado	ruidoso	tranquilo	triste	

	≠			≠	
	≠			≠	
	≠			≠	
	≠			≠	
	≠			≠	
	≠			≠	
	≠			≠	

24 Lee otra vez el texto de las páginas 22 y 23 de la Edición para estudiantes. ¿Cuáles de estas frases se refieren a las Posadas (P) y cuáles a los Reyes Magos (R)?

1. ☐ Es una mezcla de tradición cristiana y prehispánica.
2. ☐ Los camellos vuelven a la ciudad.
3. ☐ Los niños escriben cartas para pedir regalos.
4. ☐ Invitar a comer a amigos o vecinos es una expresión de la hospitalidad.
5. ☐ Se celebran del 16 al 24 de diciembre con cantos y deliciosas comidas.
6. ☐ La noche del 5 al 6 de enero es la gran ilusión de los niños.

MUNDO PROFESIONAL

25 a. 2 - Escucha este fragmento de una entrevista de trabajo y completa.

Nombre(s) y apellido(s): ....
Fecha de nacimiento: ....

IDIOMAS:
inglés / ....

EUROPASS
Pasaporte
de Lenguas

Escuchar	Leer	Hablar	Escribir
C1 /	/	/	/

b. Prepara ahora tu propio pasaporte de lenguas. Luego, compártelo en clase.

26 a. Lee el anuncio de una escuela de idiomas malagueña y decide si las frases son verdaderas (V) o falsas (F).

1. ☐ El / La profesor/a de alemán tiene que saber español.
2. ☐ Piden cinco años de experiencia.
3. ☐ La escuela paga poco, pero tiene buen ambiente de trabajo.
4. ☐ El / La profesor/a va a trabajar en Málaga.

Se necesita PROFESOR/A DE ALEMÁN

Requisitos:
- Formación universitaria
- Experiencia mínima de un año como profesor/a de alemán
- Buenos conocimientos de español
- Residencia habitual en Málaga

Ofrecemos:
- Contrato de cinco años
- Buen clima de trabajo
- Buen sueldo

Pueden enviar su currículum a: Escuela Internacional de Idiomas El sol, C/ Reina Victoria, 50, E-28003 Madrid

b. Escribe la respuesta de una persona interesada en el puesto.

PRONUNCIAR BIEN

27 a. Las consonantes b, v, d. Lee el texto y comenta las dudas en clase.

La **b** y la **v** se pronuncian igual en español. Su pronunciación se suaviza entre vocales: *a**b**ajo, mó**v**il*.
La **d** también se pronuncia de una manera más suave entre vocales: *na**d**a*.
Cuando aparece a final de palabra, puede pronunciarse suave o incluso desaparecer: *verda(**d**)*, en algunas regiones suena como **th** en "thing": *Madri**d***.

b. 3 - Lee estas palabras y después escucha para comprobar.

bueno – a**b**urrir
bolígrafo – a**b**uelo

valor – mara**v**illoso
vecino – mo**v**imiento

difícil – ma**d**era – ciu**d**a**d**

AUTOEVALUACIÓN

YA SÉ...

... indicar comienzo, desarrollo y final de una acción:

He empezado a ....

Sigo ....

He dejado de ....

... expresar preferencias y dificultades:

Me parece fácil ....

Me cuesta ....

... resaltar algo:

Lo que .... es leer textos.

.... más interesante es ....

... indicar el material y la función de una cosa:

Un cuchillo es una cosa de .... que .... para cortar comida.

... describir el carácter de las personas:

Nuestra profesora es ....

... indicar el grado:

Mi compañero es .... paciente. Mi hermana es ....

... usar construcciones con infinitivo y gerundio:

Quiero dejar de .... y empezar a ....

Sigo ....

... formar el femenino de los adjetivos en -or:

un chico trabajador – una chica ....

... usar hace, desde, desde hace correctamente:

Estudio español desde hace ....

Visité Cuba hace ....

... conjugar los verbos irregulares en indefinido:

yo hice, tú .... ;

yo estuve, tú ....

2 TE LO COMPRO

Comunicación
- Tipos de tiendas (pros y contras)
- Describir la ropa
- Preguntas y expresiones en una tienda
- Hábitos de compra
- Expresar la opinión
- **MUNDO PROFESIONAL** Una carta de reclamación

Léxico
- Materiales
- Objetos cotidianos
- Regalos

Gramática
- El uso de **qué**, **cuál** / **cuáles**
- Los indefinidos variables e invariables
- Los pronombres de objeto directo e indirecto y su combinación
- **PRONUNCIAR BIEN** La entonación de las preguntas

Cultura
- El Rastro de Madrid
- **DE FIESTA** El carnaval

1 Busca 9 palabras que se refieren a establecimientos y servicios relacionados con la compra. Las letras que sobran forman una expresión. Anótala.

mercadillomgrandesalmacenesezapateríalcentrocomercialotiendadesegundamanoloutletl servicioadomicilioeventaenlíneavtiendaderopao

____

2 ¿Qué o cuál/es? Estas personas buscan regalos para la familia. Completa los diálogos.

1. • Bueno, ¿de __________ color prefieres el jersey? El rojo es bonito, pero el negro también.
■ Es que me gustan los dos. A ti, ¿__________ te gusta más?
• El negro es más elegante.

2. • Oye, y para papá, ¿qué tal un reloj?
■ No sé... A ver, ¿__________ modelos tienen?
• Estos tres. ¿__________ te gusta más?
■ Pues... no sé, pero esas chaquetas son preciosas. ¿__________ talla tiene papá?

3. • ¿__________ le vas a comprar a Marta?
■ Uf. No sé. Es difícil comprar regalos. Mira, una perfumería... ¿Entramos?
• ¿Pero sabes __________ perfume usa?
■ Sí, suele llevar siempre el mismo.

4. • A mis nietas les quiero regalar unos juegos para el ordenador.
■ Sí, pero ¿__________?
• Pues no sé... ¿__________ tipo de juegos les gustan a los adolescentes de catorce años?
■ Ni idea.

3 Algunas de estas frases son incorrectas. Tacha las palabras que no son necesarias.

1. Nadie ~~no~~ se va del Rastro con las manos vacías.
2. ¿No has comprado nada para Marisa?
3. De esta tienda no me gusta ningún mueble.
4. Van a cerrar la tienda porque nadie no compra ahí.
5. ¿Sabes? Patricia nunca no ha estado en el Rastro.
6. ¿Chaquetas de cuero? Lo siento, no me queda ninguna.
7. No quiero comprar nada aquí.
8. Ningún vendedor de antigüedades no abre los domingos.

4 Completa los diálogos con la forma adecuada de estos pronombres indefinidos.

alguien	nadie	algo	nada	alguno/a	ninguno/a

1. • Hola, ¿tiene _______ novela de García Márquez?
   ▪ No, lo siento. No tengo _______.
2. • Oiga, estoy buscando un reloj antiguo. ¿Tiene _______?
   ▪ No, yo no tengo _______, pero en la tienda de la esquina tienen _______ muy bonitos.
3. • Tengo que comprar _______ para el cumpleaños de mamá.
   ▪ ¿Todavía no le has comprado _______? Oye, ¿y si le compras _______ planta?
   • Buena idea, creo que no tiene _______.
4. • ¿Has encontrado el libro de cocina que quieres regalar a tu hermano?
   ▪ No, _______ lo tiene. He mirado en todas las librerías.
5. • Bueno, hoy me voy a ir con las manos vacías. Todavía no he comprado _______.
   ▪ Entonces podemos ir a tomar unas tapas. ¿O quieres buscar _______ más?
   • Sí, sí, espera... Quizás _______ tiene libros de ciencia ficción.

5 Lee la noticia y completa las frases de abajo con los pronombres indefinidos adecuados.

Toledo // 15 – 18 de mayo

Feria de jóvenes diseñadores

MODA JOVEN Del 15 al 18 de mayo se celebra en Toledo la Segunda Feria de Jóvenes Diseñadores y Diseñadoras. Participan 65 estudiantes de la Escuela de Moda de Cataluña, 12 de la Comunidad de Madrid; el resto proceden de escuelas de otras comunidades. Esta vez no participan estudiantes de la escuela sevillana, que el año pasado mostraron modelos muy originales. En la feria se presentan las tendencias para el próximo verano. Los/as visitantes pueden probarse los modelos, pero no comprarlos.

algunos	ningún	nadie (2x)	todos (2x)

1. _______ los diseñadores son españoles.
2. La mayoría es de Cataluña, _______ son de la Comunidad de Madrid.
3. No hay _______ de la escuela sevillana.
4. _______ los modelos son para el próximo verano.
5. No hay _______ modelo de invierno.
6. _______ puede comprar los modelos, solo ver y probar.

6 En una tienda de ropa. Relaciona.

1. ¿Me puedo probar esta falda? ☐
2. La chaqueta me gusta, pero este color no. ☐
3. Me queda un poco estrecha. ☐
4. Estoy buscando unas zapatillas deportivas. ☐
5. ¿Puedo cambiar la camiseta? ☐
6. ¿Paga con tarjeta? ☐

a. No, en efectivo.
b. Durante dos semanas y con el ticket de compra.
c. Por supuesto. Los probadores están allí.
d. ¿Quiere probarse una talla más?
e. La tenemos también en negro.
f. ¿Qué número calza?

7 a. En una tienda de moda. Formula una posible pregunta para cada respuesta.

1. • ¿..?
   ▪ Claro. Allí están los probadores.
2. • ¿..?
   ▪ Calzo el 37.
3. • ¿..?
   ▪ No, le queda perfecto, la verdad.
4. • ¿..?
   ▪ No, no, en efectivo.
5. • ¿..?
   ▪ Me parece que me queda un poco largo.
6. • ¿..?
   ▪ El azul, sí. El azul es mi color favorito.
7. • ¿..?
   ▪ No, gracias, solo quería mirar.
8. • ¿..?
   ▪ Sí, claro. ¿Tiene el ticket de compra?
9. • ¿..?
   ▪ Están rebajados. Ahora cuestan 75 €.
10. • ¿..?
   ▪ Lo siento, esta es la talla más pequeña.

b. ¿Cuáles de las preguntas las hace el/la vendedor/a (V) y cuáles el/la cliente/a (C)?

1. ☐ 2. ☐ 3. ☐ 4. ☐ 5. ☐ 6. ☐ 7. ☐ 8. ☐ 9. ☐ 10. ☐

8 a. Lee esta publicidad de un centro comercial y reescribe las frases sustituyendo los objetos indirectos (clientes) por un pronombre.

NUESTRO SERVICIO ESPECIAL PARA CLIENTES

1. Reservamos a los clientes las mejores ofertas especiales.
2. Ofrecemos a nuestros clientes los productos de la mejor calidad.
3. Si no están contentos, devolvemos el dinero a los clientes.
4. Enviamos a nuestros clientes todas las compras gratis.
5. Si lo desean, guardamos a los clientes los regalos de Navidad hasta el día antes.
6. Ofrecemos a todos nuestros clientes el servicio de compra por internet.

1. Les reservamos las mejores ofertas especiales.

b. Ahora sustituye también los objetos directos y reescribe de nuevo las frases.

1. Se las reservamos.
2. ....
3. ....
4. ....
5. ....
6. ....

9 Malena ha decidido regalar a diferentes personas muchas cosas que tiene en el trastero. Escribe las reacciones usando los pronombres.

1. • Este libro es para ti.
   ▪ ¿Me lo regalas?
2. • La lámpara es para Marisa.
   ▪ ¿Se la regalas?
3. • Los cómics son para mis sobrinos.
   ▪ ....
4. • Las copas de cristal son para vosotras.
   ▪ ....
5. • El reloj de pared es para Marcos.
   ▪ ....
6. • El espejo es para mi madre.
   ▪ ....

10 **a.** Diferentes maneras de expresar la idea de dar. Relaciona y, luego, traduce las frases a tu lengua.

regalar	☐	No dar algo personalmente, sino por correo o correo electrónico.
prestar	☐	Dar algo en una ocasión especial, por ejemplo, en un cumpleaños.
devolver	☐	Dar algo por un tiempo determinado y esperar recibirlo otra vez.
enviar	☐	Darle a su propietario/a un objeto que tú tenías por un tiempo.

b. 4-9 - Escucha los diálogos y escribe el objeto del que hablan en cada caso. Después, escucha otra vez y marca la opción correcta.

1. ....
   - ☐ Se lo presta.
   - ☐ Se lo regala.
2. ....
   - ☐ Se los presta.
   - ☐ No se los presta.
3. ....
   - ☐ Se la devuelve.
   - ☐ No se la devuelve.
4. ....
   - ☐ Se los da.
   - ☐ No se los da.
5. ....
   - ☐ Se lo envía.
   - ☐ Se lo presta.
6. ....
   - ☐ Se la compra.
   - ☐ No se la compra.

11 Corrige las palabras en negrita sustituyéndolas por las correctas de la derecha.

1.	¿**Qué** es tu tienda favorita?	☐	**a.** número
2.	**Ninguno** cliente ha venido hoy a la tienda de antigüedades.	☐	**b.** de
3.	No sé qué **los** puedo regalar a mis sobrinas.	☐	**c.** toda la
4.	No tengo el altavoz aquí, **le** lo he prestado a Pedro.	☐	**d.** qué
5.	Los pantalones te **son** un poco cortos, ¿no?	☐	**e.** cuál
6.	¿Qué **talla** calza?	☐	**f.** nada
7.	¿De **cuál** color prefieres el jersey?	☐	**g.** ningún
8.	Me encanta ir **a** compras.	☐	**h.** les
9.	**Toda** ciudad va al Rastro.	☐	**i.** se
10.	¡Qué pena! Ya no queda **algo** del pastel que me gusta.	☐	**j.** quedan

12 **Todos le piden algo a este recepcionista. ¿Cómo reacciona? Escribe lo que dice utilizando los pronombres adecuados.**

1. • Manuel, ¿puedes enviar estos documentos a la directora del Hotel Alfa?
   ▪ Enseguida se los envío.
2. • ¿Puede prepararme la cuenta de la habitación 38, por favor?
   ▪ ……………………
3. • Perdone, ¿puede dar esta carta a la señora Gutiérrez?
   ▪ ……………………
4. • ¿Nos puede pedir un taxi, por favor?
   ▪ ……………………
5. • ¿Puede mostrarme cómo funciona el aire acondicionado?
   ▪ ……………………
6. • Manuel, ¿me puedes dar la llave del garaje?
   ▪ ……………………
7. • ¿Puedes llevarle este paquete al cliente de la habitación 23?
   ▪ ……………………
8. • Manuel, tienes que reservar una mesa al señor Cuesta en Casa Lucio.
   ▪ ……………………

13 **Completa el correo de respuesta de Jaime con los pronombres adecuados.**

Hola, Malena:
¡Qué ordenada eres! ;-) Ahora el trastero va a estar perfecto. El ordenador viejo no …………………… tienes que devolver. Es demasiado antiguo y ya no sirve para nada. …………… puedes tirar. Oye, y los libros… si al final Pablo no …………… quiere, ¿…………………… puedes dar a mí? Bueno, a mí no …………… gustan los de ciencia ficción, ya …………… sabes, pero …………………… puedo dar a María, para la biblioteca de la escuela. Necesita libros y dice que …………… interesan todos. Voy a ir a casa luego con Marisa y Fran para ayudar …………… con las sillas. Si todavía quedan cosas en el sótano, ¿por qué no …………… vendemos en el Rastro? …………… vemos esta tarde.
Un besito, Jaime

14 **Relaciona los productos con la tienda donde normalmente se venden. ¿Puedes añadir un producto más en cada tienda?**

lechuga | chuleta | bolígrafo | perfume | pan | naranjas | guía turística | sandalias | dulces
crema solar | agenda | champú | espárragos | manzanas | pollo | patatas | limones | filete

TIENDAS	PRODUCTOS
una zapatería	
una perfumería	
una panadería	
una frutería	
una carnicería	
una verdulería	
una librería	
una papelería	

15 Haz el crucigrama. Luego, completa la solución con las letras de las casillas resaltadas.

1. Aquí se venden tomates, espárragos, lechuga...
2. El periódico lo compro aquí.
3. Tienda de ropa exclusiva.
4. Aquí se compran manzanas, naranjas, plátanos...
5. Lugar donde se compra la carne.
6. Aquí se compran cuadernos, bolígrafos, lápices...
7. Los medicamentos se compran aquí.
8. El mercadillo más típico de Madrid.
9. Aquí podemos comprar sandalias.
10. Desde aquí podemos enviar paquetes y cartas.
11. El pan lo compramos aquí.
12. Tienda pequeña que vende sellos, postales, tabaco...

Solución: ☐☐ ☐☐☐☐☐☐ ☐☐☐☐

16 Clasifica las siguientes palabras. Luego, añade una palabra más a cada grupo.

verde | seda | ancho | camiseta | amarillo | cuero | estrecho | azul

corto | lana | negro | vestido | chaqueta | marrón | vaqueros | elegante

PRENDAS DE ROPA	MATERIALES	COLORES	DESCRIPCIONES

17 Irene y Mateo buscan un regalo para el padre de Irene en el Rastro. Relaciona las preguntas con las respuestas.

1. ¿Qué le quieres regalar? ¿Ya tienes alguna idea? ☐
2. ¡Cuánta gente! Ya no hay sitio, ¿no? ☐
3. ¿Tu padre colecciona algo? ☐
4. ¿Qué te parece si le compras un reloj antiguo? ☐
5. ¿Cuál te gusta más? ☐
6. ¿No te parece muy caro? ☐
7. ¿Y tú? ¿No vas a comprar nada? ☐
8. ¿Tomamos algo en la Plaza de Cascorro? ☐

- **a.** Sí, hemos venido demasiado tarde.
- **b.** El amarillo pequeño. ¿A ti?
- **c.** ¡Sí! Me apetece beber algo bien frío.
- **d.** Sí, seguro que encontramos algo más barato.
- **e.** ¡Qué buena idea! ¡Mira, allí hay unos muy bonitos!
- **f.** La verdad es que no. Vamos a mirar por ahí.
- **g.** Sí, le encantan las antigüedades.
- **h.** Hoy no. Tengo que ahorrar para las vacaciones.

18 Completa las frases con los verbos de las etiquetas en la forma adecuada.

alquilar	prestar	regalar	devolver	enviar

1. ¿Todavía no te ha llegado el paquete? Pero si te lo .... hace ya varios días.
2. ¿Me puedes .... tu cámara de vídeo para la fiesta?
3. Tomás, todavía no me .... los 50 € que te dejé la semana pasada.
4. En mayo es la boda de Ángela y Luis. ¿Qué les podemos ....?
5. ¿Por qué no .... unas bicicletas y nos vamos de excursión?

19 Tú y tus hermanos/as estáis organizando la fiesta de aniversario de vuestros padres. ¿Quién hace qué? Responde a las preguntas.

1. • ¿Quién le compra la tableta a papá?
   ▪ (yo) Se la puedo comprar yo. / Puedo comprársela yo.
2. • La tía Marta está enferma. ¿Quién puede llevarle la comida a casa?
   ▪ (Gloria) ....
3. • ¿Quién le quiere comprar a mamá el perfume?
   ▪ (yo) ....
4. • El primo Juan no tiene ropa para la fiesta. ¿Quién le puede prestar un traje?
   ▪ (Ángel) ....
5. • Papá está muy nervioso. ¿Quién le va a dar un masaje?
   ▪ (yo) ....
6. • ¿Quién les va a entregar los regalos a papá y mamá?
   ▪ (los niños) ....

20 Completa este cuestionario sobre los hábitos de compra con los pronombres interrogativos.

cuál	cuáles	cuándo	cuántos	dónde	por qué	qué (2 x)

¿QUÉ TIPO DE COMPRADOR/A ERES?

Si contestas a este cuestionario, puedes ganar un fin de semana en Ibiza.

1 ¿............ años tienes?
2 ¿En .... trabajas?
3 ¿............ compras regularmente (supermercado, mercado, tienda del barrio...)?
4 ¿............ de estas tiendas te ofrece un servicio en línea?
5 Si trabajas durante la semana y tienes poco tiempo, ¿............ haces normalmente la compra?
6 Si compras en línea, ¿............ son tus motivos?
7 ¿............ importancia tiene la marca para ti?
8 ¿Sueles pagar tus compras en efectivo o con tarjeta? ¿............?

¡Gracias por tu colaboración!

21 Completa las preguntas con qué, cuál o cuáles. Luego, completa los diálogos con las preguntas adecuadas.

1. ¿ .... es tu correo electrónico?
2. ¿ .... pastel llevamos? ¿El grande o el pequeño?
3. ¿ .... prefieres para tu cumpleaños, una camiseta o unas gafas?
4. ¿ .... de estos sombreros te gusta más?
5. ¿ .... de las zapatillas prefieres, las rojas o las azules?
6. ¿ .... le compramos a Mercedes?

a. • ....
▪ Mejor el grande. Somos ocho personas en total.

b. • ....
▪ pilimelero@difu.es.

c. • ....
▪ Ropa tengo mucha, mejor unas gafas de sol.

d. • ....
▪ No tengo ni idea. ¿Qué tal algo para la casa?

e. • ....
▪ Si te digo la verdad... ninguno.

f. • ....
▪ Las rojas me parecen ideales.

22 Lee el diálogo y elige la opción correcta.

- ¿Qué **te / ti** parece si **le / la** regalamos a Linda estas gafas de sol?
- ▪ ¿Tú crees que **les / las** va a llevar? Las gafas **le / se** encantan, pero ya sabes que solo **les / las** usa de marcas famosas.
- Tienes razón, pero unas gafas de sol de marca **me / mi** parecen demasiado caras.
- ▪ ¿Qué tal unas entradas para algún concierto? ¿Tú sabes qué música **le / la** gusta?
- No, no lo sé, pero ¿tú **le / la** has visto alguna vez yendo a un concierto de música?
- ▪ No, la verdad es que no. Oye, **le / la** podemos regalar un curso de yoga, eso seguro que **le / la** va a gustar.
- ¡Buena idea! Entonces vamos a una escuela de yoga y **le / se** compramos un cheque regalo.
- ▪ ¡Genial! **Se lo / Le lo** podemos enviar a casa con unas flores.

23 Lee otra vez el texto sobre los carnavales de Oruro y Cádiz en las páginas 36 y 37 de la Edición para estudiantes. ¿Cuáles de estas frases se refieren al carnaval de Oruro (O) y cuáles al carnaval de Cádiz (C)?

1. La fiesta es Patrimonio de la Humanidad.
2. Grupos de cantantes compiten en concursos musicales.
3. El origen de la fiesta simboliza los peligros del trabajo en las minas.
4. Participan casi un millón de personas.
5. Los habitantes de la ciudad se llaman gaditanos.
6. Más de 400 bailarines con máscaras representan la lucha del bien y del mal.
7. Como en muchas fiestas, se mezclan tradiciones cristianas con creencias prehispánicas.
8. Es tradición comer pequeñas raciones de pescado frito en los bares.

MUNDO PROFESIONAL

24 a. **Una reclamación. Lee esta carta y escribe la traducción a tu lengua de las palabras siguientes.**

1. la oferta ....
2. el pedido ....
3. el descuento ....
4. la factura ....
5. el importe ....
6. el artículo ....
7. el pago ....
8. el precio de venta al público (PVP) ....

Estimados señores:

Hemos recibido los *artículos* de nuestro *pedido* del 22 de septiembre. Lamentablemente en la *factura* aparece un *importe* de 547 €, es decir, el *PVP* sin el *descuento* del 15 % de su *oferta* del 31 de agosto. Pensamos que se trata de un error, por eso no vamos a realizar el *pago* y les pedimos ponerse en contacto con nosotros.

Atentamente

Ana María Gutiérrez

b. **Respuesta a una reclamación. Aquí tienes la respuesta. Complétala con las palabras de a.**

Estimada Sra. Gutiérrez:

Acabo de recibir su carta y le pido perdón por el error. Durante el mes de agosto tuvimos una .... especial para todos los pedidos realizados antes del 31 de agosto. Ustedes hicieron el .... a principios de septiembre, pero como son muy buenos clientes, les propuse un .... del 15 %.
Lamentablemente uno de nuestros empleados se equivocó y escribió el precio original de los ....
Le pido disculpas y le envío la .... corregida con el .... correcto.

Atentamente,

Pablo Díaz
Departamento de Ventas

PRONUNCIAR BIEN

25 a. **La entonación de las preguntas. Lee el texto y comenta las dudas en clase.**

Por lo general, en español la entonación de las preguntas que se pueden contestar con **sí** o **no** es ascendente. En cambio, las preguntas que empiezan con los pronombres interrogativos (**qué**, **quién**, **cuál**, **cuándo**, **dónde**) suenan a menudo como una oración enunciativa, ya que la entonación hacia el final de la frase es descendente.

¿Te gustan estos libros? ¿Cuál de los dos te gusta más?

b. 10 – **Dibuja la curva de entonación de cada pregunta. Luego, escucha y comprueba.**

1. ¿Cuál es tu color favorito?
2. ¿Me lo puedo probar?
3. ¿Puedo pagar con tarjeta?
4. ¿Qué te has comprado?
5. ¿Cuánto cuesta este reloj?
6. ¿Lo tiene en otro color?

AUTOEVALUACIÓN

YA SÉ...			
... nombrar tipos de establecimientos o lugares de compra: grandes almacenes, mercadillo, ...	☐	☐	☐
... decir de qué material es la ropa:	☐	☐	☐
... describir la ropa: La camisa blanca me queda un poco	☐	☐	☐
... pedir algo en una tienda (de ropa): Necesito una talla .... ¿La tienen también en otro .... ?	☐	☐	☐
... decir los nombres de las tiendas: frutería, tienda de ropa, ...	☐	☐	☐
... diferenciar entre qué y cuál / cuáles: ¿............ chaqueta compramos? ¿............ te gusta más?	☐	☐	☐
... usar los pronombres indefinidos: Hoy no he comprado .... ¿Conoces a .... en la clase?	☐	☐	☐
... usar pronombres indirectos y directos en una misma frase: ¿Ese reloj? .... he comprado a mi hijo.	☐	☐	☐

3 ¡QUÉ DESCANSO!

Comunicación

- Preguntar por la salud
- Describir los síntomas de una enfermedad
- Desenvolverse en la farmacia
- Sugerir remedios para una enfermedad
- Indicar de qué modo se realiza una acción
- Hablar de estados y acciones habituales en el pasado
- Marcadores temporales de pasado
- **MUNDO PROFESIONAL** Problemas y consejos en el trabajo

Léxico

- Tratamientos de salud y belleza
- Las partes del cuerpo
- Medicamentos
- Actividades saludables
- Actividades relacionadas con la playa

Gramática

- Adjetivos y adverbios
- Adverbios en **-mente**
- El pretérito imperfecto
- **PRONUNCIAR BIEN** Pronunciación y ortografía

Cultura

- La escuela en los años 50
- La movida madrileña
- **DE FIESTA** Las Fallas de Valencia

1 Escribe los nombres de las partes del cuerpo.

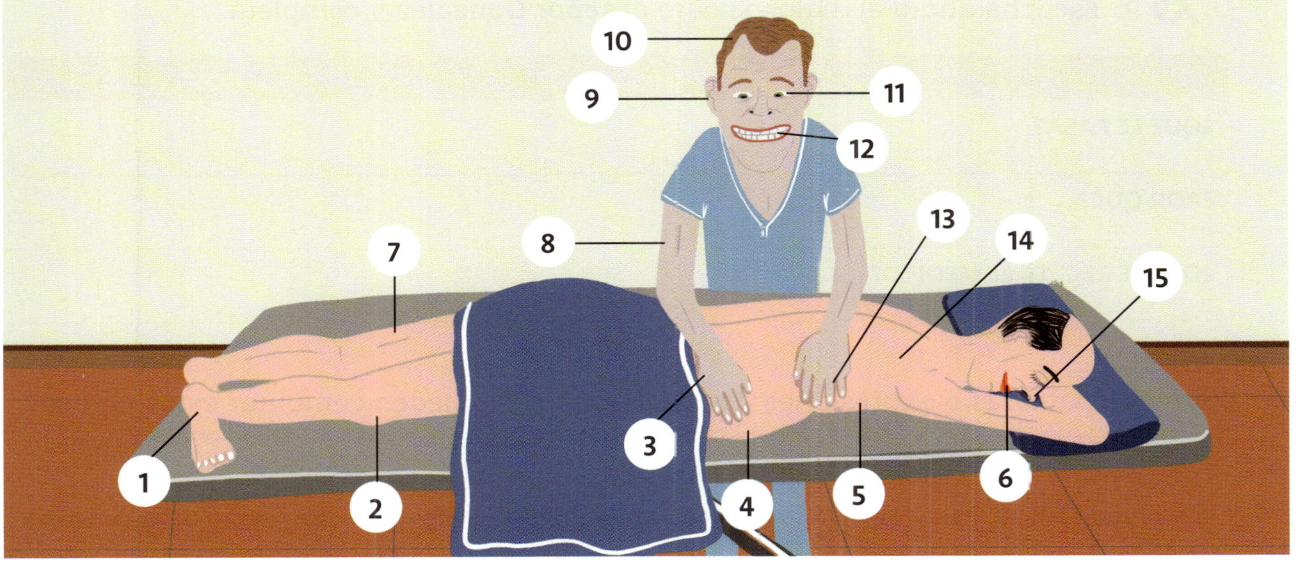

1. pies
2.
3.
4.
5.
6.
7.
8.
9.
10.
11.
12.
13.
14.
15.

2 Las partes del cuerpo. En cada frase hay una palabra incorrecta. ¿Puedes corregirla?

1. Los zapatos se llevan en los ~~dientes~~ pies .
2. En la mano tenemos cinco piernas ....
3. Un buen futbolista tiene que cuidar mucho sus orejas ....
4. En situaciones formales nos damos la barriga .... para saludarnos.
5. La espalda .... nos sirve para probar la comida y para hablar.
6. El sombrero lo llevamos en la nariz ....
7. Mi hija tiene los brazos .... azules; mi hijo los tiene marrones.
8. La minifalda tiene que ser muy corta, siempre por encima de las manos ....

3 **a.** Lee este diálogo y completa con las palabras de las etiquetas.

diarrea | estómago | farmacia | fatal | fiebre | grave | mejor | mejore | pasa | receta | tomar

- Hola, buenos días, señor González.
- Hmm, buenos no son...
- A ver, ¿qué le .... hoy?
- Estoy .... Me duele mucho el .... y tengo .... Yo creo que fue la ensaladilla rusa que cené ayer.
- ¿Tiene .... ?
- Sí, treinta y ocho con cinco.
- Hmm... Vamos a ver... Tranquilo, que no es nada .... Con esta .... puede comprar en la .... unas pastillas para la diarrea. Tiene que .... tres al día. Además, hoy tiene que beber mucho y comer cosas ligeras, yogur natural, por ejemplo.
- Bueno, doctor, si no estoy .... mañana, vengo otra vez.
- ¡Que se .... , señor González!

b. 11 – Escucha ahora el diálogo sobre el señor González y completa.

	AYER	HOY
¿QUÉ LE PASA?		
¿POR QUÉ?		
¿QUÉ LE RECETA EL MÉDICO?		

4 ¿Con qué palabras o expresiones de las etiquetas se pueden combinar estos verbos?

diarrea | ejercicios | resfriado | tranquilamente | un baño | deporte | todo con prisa | enfermo

una infusión | fatal | poco y mal | tos | la siesta | una aspirina | alergia al huevo | yoga | dolor de cabeza

hacer ....

tomar ....

dormir ....

tener ....

estar ....

5 Lee el diálogo y completa con las palabras siguientes.

café	concentrarme	con prisa	dieta	espalda	estómago	estrés
hábitos	infusiones	medicamento	ordenador	paquete	practicar	yoga

- No sé qué me pasa. Me cuesta mucho ....: necesito cuatro horas para hacer lo que antes hacía en dos y, claro, luego hago todo .... y mal.
- Según lo que dice, parece que tiene ....
- Eso me dicen mis colegas. Además, después de comer siempre tengo fuertes dolores de ....
- ¿Fuma?
- Antes fumaba solo el fin de semana, ahora estoy fumando demasiado. Un .... al día.
- ¿Qué me dice? ¿Y también toma mucho ....?
- Sí, sí, continuamente. Además, me duele bastante la .... porque paso muchas horas delante del ....
- Necesita hacer una .... rica en frutas y verduras. Le recomiendo tomar .... en lugar de café. También le conviene .... técnicas de relajación. Lo mejor son ejercicios de ....
- ¿No me va a dar ningún ....?
- No, primero tiene que relajarse y cambiar sus .... de vida. Si en un mes no mejora, vamos a ver.

6 Completa en tu cuaderno una ficha para cada paciente según la información del texto.

El paciente que tiene gripe se llama Juan. A la mujer le duele mucho la espalda. Bernardo tiene últimamente mucho estrés y no puede dormir. El paciente con fiebre tiene que beber mucho y tomar paracetamol. El paciente estresado necesita relajarse y hacer deporte. A Carmen el médico le recomienda unos masajes y unos ejercicios.

Paciente: ....

Síntomas: ....

....

Recomendaciones: ....

....

7 Relaciona las preguntas con las respuestas.

1. ¿Qué le pasa al bebé? ☐
2. ¿Tienes fiebre? ☐
3. ¿Por qué no tomas un té con limón? ☐
4. Para el dolor de garganta, ¿qué me recomienda? ☐
5. ¿No tiene algo más fuerte? ☐
6. ¿Qué te ha recetado el médico contra el resfriado? ☐

a. Sí, pero para eso se necesita receta.
b. Unas gotas para la nariz y un jarabe.
c. No sé, tiene una diarrea muy fuerte.
d. Sí, casi treinta y nueve.
e. ¡Huy, no! Tengo alergia al limón.
f. Lo mejor es tomar leche caliente con miel.

8 Completa la tabla.

A mí A ti A él / ella / usted A nosotros/as A vosotros/as A ellos / ellas / ustedes	me .... nos	duele la cabeza. duelen las piernas.

9 Escribe consejos combinando los elementos de las columnas. Conjuga los verbos.

Si	te le os les —	doler tener estar	la cabeza, la espalda, los pies, fiebre / diarrea / tos, cansado/a, nervioso/a, enfermo/a,	poder tener que convenir ¿por qué no...?	tomar comprar quedarse beber descansar dormir trabajar	aspirinas / medicamentos. en la cama. algo caliente / una infusión de hierbas / leche con miel. mucho. menos. un baño de pies.

10 a. Lee estos comentarios y elige la opción correcta en cada caso.

1. María Jesús: "Pues **me / a mí** gusta mucho mi trabajo. Tú ya **le / lo** sabes, ¿no? Pero hace dos semanas empecé con un nuevo proyecto y estoy muy nerviosa, porque es todo muy complicado. **Me / Yo** cuesta mucho concentrarme y **me / mi** duele la cabeza. Ayer fui al médico y **se / me** dijo que **el / lo** que tengo es estrés. **Le / Me** recomendó **irse / irme** de vacaciones y no pensar en el trabajo".

2. Rosa: "**Me / Se** levanto todos los días a las seis y preparo el desayuno para los niños. Después **los / ellos** llevo al colegio en coche y voy directamente a **mí / mi** trabajo. A las cinco **los / me** llevo a la piscina, a la clase de inglés o al deporte. Por la noche **me / yo** acuesto tarde, porque **le / me** gusta ver un poco la televisión o escuchar música en el sofá".

3. Ignacio: "Mi padre tiene 65 años y desde marzo ya no trabaja. **Se / Le** levanta todos los días a las nueve y eso está bien, pero después **le / se** cuesta mucho organizar su día. Los primeros meses **los / las** pasó mejor: ordenó sus fotos, llamó a muchos amigos... Pero ahora se aburre. Mis hermanos y yo **le / lo** recomendamos buscarse una afición, pero él no escucha **nosotros / nuestros** consejos".

b. Lee los comentarios de a otra vez. Luego combina los elementos y forma frases.

María Jesús Rosa El padre de Ignacio	tiene duerme trabaja es está	mucho/a/os/as bastante/s demasiado/a/os/as poco/a/os/as muy	horas. estrés. nervioso/a. tiempo libre. activo/a. trabajo. —

11 Forma frases combinando los elementos de las cuatro columnas.

A los niños	me	fascinan	la reflexoterapia.
A María	te	duelen	las piernas.
A mí	le	encanta	las terapias alternativas, ¿no?
A Jorge y a mí	nos	cuesta	dormir.
A ti	os	duele	concentrarme.
A María y a ti	les	interesa	el estómago.

12 Completa los diálogos con los pronombres directos o indirectos adecuados.

1. • Buenos días, señora Martós, ¿.............. puede decir qué .... duele?
▪ .... duele todo, seguro que tengo gripe.

2. • Teresa, ¿dónde has puesto las aspirinas?
▪ .... tienes en el botiquín del baño.

3. • Hola, Paco. ¿Qué .... ha dicho el médico?
▪ Pues nada, que tengo estrés. .... ha recomendado descansar y hacer más deporte.

4. • A Pepe y a ti .... gusta mucho la naturaleza, ¿no?
▪ Sí, ... encanta y a los niños también .... gusta mucho pasar el día en el campo.

5. • Por favor, ¿.............. puede decir dónde está la consulta del doctor Torres?
▪ Sí, claro. Allí, al final del pasillo .... tiene.

6. • ¿Compraste los medicamentos para tu hermana?
▪ Ay, me olvidé, pero .... compro esta tarde.

13 Completa la tabla con los adverbios en -mente.

diario/a	→	diaria**mente**	frecuente	→	frecuente**mente**
científico/a	→	....	suficiente	→	....
cómodo/a	→	....	normal	→	normal**mente**
lento/a	→	....	regular	→	....

14 Reescribe estas frases como en el ejemplo.

Tuvimos una conversación muy abierta. → Charlamos *abiertamente.*

El fin de semana fue muy tranquilo. → Pasamos el fin de semana ....

Para mí el italiano es una lengua fácil. → Aprendo italiano ....

15 Adjetivos y adverbios. Relaciona las frases con las explicaciones correspondientes.

1.1 Voy a comprar algo de comida rápida. ☐

1.2 Voy a comprar algo de comida rápidamente. ☐

a. Voy a comprar comida lo antes posible.

b. Voy a comprar comida ya preparada.

2.1 Estuvimos en un balneario tranquilo. ☐

2.2 Estuvimos en un balneario tranquilamente. ☐

a. Estuvimos en un balneario y nos relajamos.

b. En el balneario no había ruido.

3.1 Aprendo una lengua fácil. ☐

3.2 Aprendo una lengua fácilmente. ☐

a. La lengua que aprendo no es complicada.

b. No tengo problemas para aprender una lengua.

16 ¿Adjetivo o adverbio? Completa los diálogos con la forma adecuada.

1. • ¿Cómo vais a visitar a tus padres?
 ▪ Esta vez viajamos .... (CÓMODO) en tren.
 • ¿En el AVE? La verdad es que es muy .... (CÓMODO).

2. • Ayer tuve una conversación muy .... (AGRADABLE) con el nuevo jefe.
 ▪ A mí también me parece que es .... (SIMPÁTICO).

3. • ¡Qué inteligente es Juan! Ha aprendido .... (FÁCIL) chino en poco tiempo.
 ▪ Vaya, pues el chino no es un idioma .... (FÁCIL), creo.

4. • ¿Has leído esto? Han probado .... (CIENTÍFICO) que el estrés es más grave que muchas otras enfermedades.
 ▪ ¿Seguro que es un estudio .... (CIENTÍFICO)? Esa revista no es muy seria.

17 Completa la tabla con los infinitivos y los tiempos verbales en la tercera persona del singular (él, ella, usted).

INFINITIVO	PRESENTE	PERFECTO	INDEFINIDO	IMPERFECTO
ser	es	....	....	....
....	....	ha estado	....	....
....	va	....	....	....
....	....	....	hizo	....
ver	....	....	....	....
....	....	ha tenido	....	....
....	....	....	....	ponía

18 Completa las tablas con las formas del pretérito imperfecto.

VERBOS REGULARES			
	-AR	**-ER**	**-IR**
yo	trabajaba	aprendía	....
tú	....	aprendías	conducías
él, ella, usted	trabajaba	....	conducía
nosotros/as	....	aprendíamos	....
vosotros/as	....	....	conducíais
ellos, ellas, ustedes	trabajaban	aprendían	....

VERBOS IRREGULARES			
	SER	**IR**	**VER**
yo	era	....	veía
tú	....	ibas	veías
él, ella, usted	era	iba	....
nosotros/as	éramos	....	veíamos
vosotros/as	....	....	....
ellos, ellas, ustedes	....	iban	....

19 **a.** Las escuelas de antes. Lee el texto y completa con los verbos en imperfecto.

Una escuela en los años 50

Mi abuelo Jesús, el padre de mi padre, ... (SER) profesor. Esta es una foto de mi abuelo en la escuela en el año 1950. La escuela .... (ESTAR) en un pequeño pueblo de la provincia de Málaga. Los profesores entonces .... (GANAR) muy poco dinero y .... (TENER) que hacer otros trabajos para poder vivir. Por eso mi abuelo, por las noches, ... (AYUDAR) también en la oficina de Correos. Allí .... (TRABAJAR) también mi abuela y así los dos se conocieron.
En aquella época los niños y las niñas .... (ESTUDIAR) por separado: ellas, con su profesora, ellos, con su profesor. Además, los alumnos no .... (TENER) libros porque no .... (PODER) comprarlos. También .... (HABER) niños de todas las edades en la misma clase y .... (TENER) que aprender todos juntos. Normalmente, cuando .... (SER) muchos, los mayores .... (AYUDAR) a los más pequeños. Mi abuelo dice que todos .... (APRENDER) mucho y que .... (SER) muy felices.

b. ¿Cómo era la escuela cuando eras pequeño/a? ¿Ha cambiado mucho? Escribe un breve resumen.

20 La vida antes y hoy. ¿Cómo ha cambiado tu vida?

Hace 10 años ....

....

Y ahora ....

....

Hace 5 años ....

....

Y ahora ....

....

Antes de 2020 ....

....

Y ahora ....

....

21 La vida de Daniela ha cambiado en los últimos años. Compara su vida de antes con la de ahora, como en el modelo.

ANTES	AHORA
salir de fiesta casi todas las noches	salir solo los fines de semana
comer en restaurantes	comer comida casera y cenar en casa
vivir en un apartamento en el centro de la ciudad	vivir en una casa en las afueras
acostarse a las 3 de la mañana	acostarse temprano
dormir poco	dormir poco
conducir una moto grande	conducir un coche
visitar cada verano un país diferente	viajar por el país en el que vive
tener muchos planes con gente diferente	hacer planes con amigos cercanos

Antes, Daniela salía de fiesta casi todas las noches, pero ahora sale solo los fines de semana.

22 Elisa habla de su infancia. Completa con las formas del imperfecto.

1. Mis padres .... (ESTAR) separados. Mi madre .... (VIVIR) en Milán porque .... (SER) italiana y .... (TRABAJAR) como diseñadora de moda.
2. Mi hermano y yo .... (VIVIR) con mi padre en Bolzano, donde él .... (TENER) un pequeño hotel.
3. En la escuela se .... (HABLAR) italiano en clase, pero todos los días .... (HABER) una hora de alemán.
4. Mi hermano y yo .... (SER) muy deportistas, nos .... (ENCANTAR) esquiar.
5. Todos los días, después de la escuela, ... (IR) al entrenamiento y el fin de semana .... (PARTICIPAR) en competiciones.
6. Después del deporte y de los deberes .... (ACOSTARSE) a las nueve o nueve y media de la noche.
7. En las vacaciones mi hermano y yo .... (IR) a visitar a nuestra madre y .... (PASAR) el verano con ella en Milán.

23 La movida madrileña. Completa el texto con el verbo adecuado en imperfecto.

bailar	buscar	escuchar	identificarse	intentar

llevar	luchar	moverse	presentarse	salir	ser

La movida madrileña fue un movimiento cultural que nació en la capital española después de la dictadura del general Franco (1936-1975). Este movimiento se extendió rápidamente a otras ciudades españolas y duró hasta finales de los años 80.

En esa época, Madrid no solo ________ la capital de España, era la capital del cambio. La gente joven ya no ________ con el estilo de vida de sus padres. Ellos ________ otros caminos, ________ por ser diferentes y romper con el pasado. Nacieron en España las culturas alternativas o *underground*, movidas por el deseo de los jóvenes de expresarse libremente. La gente joven ________ por las noches, ________ hasta el amanecer y ________ un nuevo tipo de música de grupos nacionales como Los Secretos, Alaska y los Pegamoides, Nacha Pop y muchos más. Las chicas ________ ropa como Madonna y en las discotecas los jóvenes ________ como Michael Jackson.

España ________ a Europa con una nueva imagen más moderna e ________ borrar de esta manera la imagen negativa que tenía después de 40 años de dictadura.

24 En cada frase hay un error. Cambia las palabras en negrita sustituyéndolas por las correctas de la derecha.

1. Antes siempre iba **con** taxi a todos los lugares. ☐
2. Después del paseo **a mí** duelen las piernas, no puedo caminar más. ☐
3. Últimamente mi marido tiene dolores de espalda **mucho** fuertes. ☐
4. **Con** los 17 años viajé por primera vez a Inglaterra. ☐
5. El balneario se encuentra en la provincia **–** Pontevedra. ☐
6. Después del deporte un masaje **se** puede ayudar a relajarse. ☐
7. Cuando **había** 16 años empecé a fumar. ☐
8. Las curas **al** balneario eran muy variadas. ☐

a. de
b. tenía
c. en el
d. le
e. me
f. muy
g. en
h. a

25 Lee de nuevo el texto sobre las Fallas en las páginas 50 y 51 de la Edición para estudiantes y elige la opción correcta.

1. Las Fallas de Valencia son una fiesta **nacional / de la ciudad**.
2. Se celebran **al final del invierno / al principio del verano**.
3. El elemento principal de esta fiesta es **el fuego / el agua**.
4. La fiesta dura **casi una semana / algo más de una semana**.
5. Se trata de una fiesta **muy ruidosa / religiosa**.
6. Las fallas son esculturas **de madera / de cartón**.
7. En la noche de San José, las fallas **se llevan al museo / se queman**.
8. Cuando la fiesta termina, los valencianos **ya piensan en las próximas Fallas / se van de vacaciones**.

MUNDO PROFESIONAL

26 Un/a nuevo/a compañero/a de trabajo tiene estos problemas. ¿Puedes darle consejos?

1. No tengo todavía copia de mi contrato.
2. Todavía no conozco a todos los colegas.
3. Mi ordenador no funciona bien.
4. Hay muchos clientes de EE. UU. y yo no sé inglés.
5. Necesito enviar un paquete.
6. Tengo que reservar un vuelo.
7. El aire acondicionado no funciona.
8. Todavía no he leído los documentos para la reunión de mañana.

a. pedir ayuda a la asistente
b. llamar a la agencia de viajes de la empresa
c. llamar al Departamento de Informática
d. ir a clases de inglés por la tarde
e. llamar al servicio técnico
f. presentarse a los compañeros
g. quedarse en la oficina una hora más
h. preguntar en el Departamento de Recursos Humanos

1. ¿Por qué no preguntas...? / Puedes preguntar...

PRONUNCIAR BIEN

27 a. Pronunciación y ortografía. Lee el texto y comenta las dudas en clase.

Como ya sabes, la pronunciación también afecta a la ortografía:

- El sonido [k] se escribe con la letra **c** delante de las vocales **a**, **o**, **u**, pero **qu** delante de **e**, **i**. **Qu** se escribe exclusivamente delante de las letras **e**, **i**.
- El sonido interdental [θ] se escribe con la letra **z** delante de **a**, **o**, **u**, pero con **c** delante de **e**, **i**. Las combinaciones ~~ze~~ y ~~zi~~ no existen en palabras del español, excepto en algunas de origen extranjero (*zeta*, *Zelanda*...).
- El sonido [x] se escribe con la letra **j** delante de **a**, **o**, **u**, pero delante de **e**, **i** en algunas palabras se escribe con **j** y en otras con **g**.
- El sonido [g] se escribe con **g** delante de **a**, **o**, **u**, pero con **gu** delante de **e**, **i**.

[k]		[θ]	
ca	carácter	za	zapatos
que	queso	ce	centro
qui	quiosco	ci	cinco
co	cómodo	zo	zoo
cu	cuaderno	zu	zumo

[x]		[g]	
ja	jardín	ga	gato
je / ge	jefe / gente	gue	guerrilla
ji / gi	jirafa / gimnasia	gui	guitarra
jo	joven	go	golf
ju	jugar	gu	gusto

Cuando escuchas [ke], puedes estar seguro de que se escribe con **qu**; cuando escuchas [ku], se escribe con **c**. Teniendo esto en cuenta no te vas a equivocar al escribir palabras como **cuando**.

En esta unidad has visto verbos que en la primera persona del singular del indefinido cambian su ortografía para mantener la pronunciación original, por ejemplo: *empezar – yo empe**c**é, buscar – yo bus**qu**é, pagar – yo pa**gu**é.*

b. 12 - Escucha estas palabras y complétalas con las consonantes que faltan.

1. cha____eta
2. ____itarra
3. hi____o
4. venta____a
5. ti____eras
6. ____uarenta
7. practi____é
8. ____entral
9. traba____ó
10. ____apato
11. lle____é
12. co____ina
13. empe____é
14. a____encia

AUTOEVALUACIÓN

YA SÉ...	👍	✋	👎
... nombrar las partes del cuerpo: cabeza, ...	☐	☐	☐
... preguntar por la salud: ¿Qué .... ? .... ?	☐	☐	☐
... describir los síntomas de una enfermedad: Me duele .... Tengo .... Estoy	☐	☐	☐
... comprar medicamentos en la farmacia: Necesito .... ¿Tienen	☐	☐	☐
... hablar de remedios: Si tengo fiebre, tomo	☐	☐	☐
... entender los consejos que da el médico o el farmacéutico: Para eso es bueno .... Conviene	☐	☐	☐
... decir de qué modo se hace una cosa: Aprendo el vocabulario	☐	☐	☐
... describir estados y acciones habituales en el pasado: Cuando iba al colegio, ...	☐	☐	☐
... usar marcadores temporales para el pasado: .... los 16 años, ... los años 80, ... tenía 18 años	☐	☐	☐
... formar adverbios en -mente a partir de adjetivos: lento – .... , fácil – .... , agradable –	☐	☐	☐
... usar adjetivos y adverbios: Entender la gramática es .... Entiendo la gramática	☐	☐	☐
... conjugar los verbos regulares en imperfecto: yo hablaba, tú .... ; yo comía, tú	☐	☐	☐
... conjugar el imperfecto de los verbos ser, ver, ir: ser: yo .... ; ver: tú .... ; ir: usted	☐	☐	☐

4 MIRADOR

Unidad de repaso

1 **a.** **Lee este correo electrónico y marca las opciones correctas.**

Mensaje nuevo

Querida Susana:

¡Por fin estoy [1] León! Estoy en casa de Arturo [2] dos días, pero no te he escrito antes [3] estaba muy cansado. El viaje [4] horrible: el avión a Madrid llegó muy tarde y por eso no [5] tomar el tren a León. Al final tuve que venir [6] autobús y por eso el viaje fue muy [7].

Hasta ahora no hemos hecho muchas cosas, pero [8] más me ha gustado es el ambiente del Barrio Húmedo. Los bares son fantásticos y las tapas, deliciosas. ¡Ya me lo [9]! Bueno, seguro que quieres saber más, porque no eres muy [10]. Mañana te escribo.

Un beso y ¡hasta pronto!

Pedro

1. ☐ a ☐ en ☐ de
2. ☐ hace ☐ desde ☐ desde hace
3. ☐ como ☐ por eso ☐ porque
4. ☐ fue ☐ estaba ☐ fui
5. ☐ pudo ☐ he podido ☐ pude
6. ☐ con ☐ en ☐ al
7. ☐ lento ☐ lentamente ☐ rápido
8. ☐ que ☐ lo que ☐ porque
9. ☐ dijiste ☐ diciste ☐ vas a decir
10. ☐ ordenada ☐ paciente ☐ trabajadora

b. **En una agencia de viajes. Lee este diálogo y completa con cuatro expresiones de las etiquetas.**

es que	me puede	se mejore	no sé	le gusta	me gustaría

- Buenos días. ¿Qué desea?
- ________ ir con mi mujer a un balneario, un fin de semana.
- Vamos a ver. ¿Conoce usted el balneario de Mondariz?
- Pues sí. Estuvimos allí el año pasado. ¿________ recomendar otros?
- Bueno, aquí tengo el catálogo de balnearios de este año. ¿Por qué no lo miran juntos y así deciden?
- Uy, no, ________ ella no sabe nada. Es una sorpresa para su cumpleaños.
- ¿Y qué le gusta a su mujer?
- Seguro que un tratamiento de reflexoterapia ________ mucho.
- Ah, muy bien. Entonces creo que sé lo que necesita. Ahora mismo le muestro las ofertas.

2 13-17 – **Lee las siguientes frases. Luego escucha cinco textos cortos y decide si las frases son verdaderas (V) o falsas (F). Escucha los textos de nuevo y comprueba.**

1. Un anuncio de un centro de belleza y salud:
   ☐ Esta semana tiene que pagar solo un 50 % por los masajes de pies.
2. Un programa de radio:
   ☐ El remedio es contra el dolor de estómago.
3. Un anuncio sobre las fiestas de Ávila:
   ☐ Las fiestas son del 9 al 15 de octubre.
4. Un mensaje en una escuela de idiomas:
   ☐ El curso de inglés de nivel B2 es en el aula B23.
5. Una información de la consulta del doctor Martínez:
   ☐ Los viernes la consulta está abierta de 9 a 12 y de 14 a 17 horas.

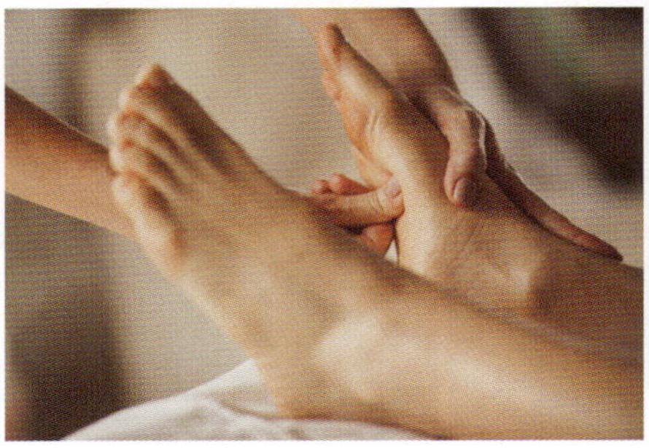

3 **Lee esta guía para visitar León y su provincia, y decide cuál de estos títulos corresponde a cada texto.**

- **a.** ☐ Tratamiento con piedras calientes
- **b.** ☐ El agua, fuente de salud y belleza
- **c.** ☐ Un museo para ver y tocar
- **d.** ☐ Para los amantes del senderismo
- **e.** ☐ Un alojamiento de lujo
- **f.** ☐ Dónde comprar comida típica
- **g.** ☐ Un dulce exquisito
- **h.** ☐ Actividades para todas las edades

1 BALNEARIO CALDAS DE LUNA
Sus aguas medicinales, a una temperatura de 28,5 °C, se usan principalmente para tratamientos nerviosos y de piel. En el balneario también se puede disfrutar de sus tratamientos de belleza, masajes y sauna.

2 MONASTERIO DE SAN MARCOS
En el centro de la ciudad, este monasterio tiene una de las fachadas más bellas de la región. El monasterio es también un hotel de cinco estrellas donde, además, se puede disfrutar de la comida típica de la región.

3 MANTECADAS DE ASTORGA
Hechas con harina, huevo, azúcar y canela, son un clásico de la pastelería de León. Para el desayuno o como postre, tiene usted que probarlas. También son un regalo típico que puede llevar a casa como recuerdo de un viaje inolvidable.

4 LA RUTA DEL CARES
No necesita tener mucha experiencia, solo ganas de hacer un camino de 12 km en unas 3 o 4 horas para disfrutar de un paisaje espectacular. No hay que olvidarse de la cámara fotográfica para llevarse a casa un recuerdo impresionante.

4 **Has pasado hace poco unos días de vacaciones en un país latinoamericano. Escribe una carta a un/a amigo/a y menciona cuatro de estos puntos.**

- Recordar cuándo os visteis por última vez.
- Explicar por qué decidiste viajar a ese país.
- Contar cómo fue tu viaje.
- Mencionar un monumento que viste o alguna comida típica que probaste.
- Contar que conociste a una persona interesante y cómo fue.
- Proponer a tu amigo/a un lugar y una ocasión para veros otra vez.

5 ¿TE ACUERDAS?

Comunicación
- Hablar de recuerdos
- Expresar emociones
- Hablar de acciones habituales en el pasado y de acontecimientos pasados
- Estructurar una historia: los conectores del discurso
- Diferenciar circunstancias y acontecimientos en una narración
- **MUNDO PROFESIONAL** Un currículum

Léxico
- Objetos tecnológicos imprescindibles
- Animales
- Juguetes y regalos

Gramática
- El uso reflexivo y no reflexivo de un verbo y sus cambios de significado
- Diminutivos
- El uso del indefinido y del imperfecto
- Expresar causa
- **PRONUNCIAR BIEN** La pronunciación de la **r** / **rr**

Cultura
- **DE FIESTA** La Semana Santa

1 Completa el crucigrama con los verbos en rojo en imperfecto y los verbos en verde en indefinido. En las casillas marcadas encontrarás una expresión relacionada con el tema de la lección.

1. ser, vosotras
2. estar, ellos
3. comer, nosotros
4. poder, yo
5. trabajar, ellas
6. decir, ellos
7. vivir, tú
8. dar, tú
9. ver, ustedes
10. hablar, nosotros
11. ir, ellas
12. ser, ustedes
13. tener, tú
14. encontrar, él
15. hacer, tú

Recuerda

Los colores rojo y verde, propios de los semáforos, nos refieren al uso de los tiempos del pasado en una narración: el rojo (parar) indica que la narración no avanza y se describen las circunstancias, el verde (avanzar) indica que la narración avanza.

2 Completa con los sustantivos y los diminutivos correspondientes.

el gato	el gatito	la hermana	la hermanita
la abuela			el regalito
el libro			la cerve**c**ita
la casa			el cafe**c**ito
el ratón			el bar**qu**ito

3 Completa la tabla con las formas que faltan.

-O / -A	→	-ITO / -ITA	-E / CONSONANTE	→	-CITO / -CITA
hermano	→	hermanito	coche	→	cochecito
manzana	→		calor	→	
	→	ami**gu**ito		→	jamoncito
	→	gordito		→	grandecito
	→	pequeñita	mayor	→	

4 **a.** Elvira ha cambiado su vida. Combina las expresiones de las tres columnas para comparar la situación de antes con la actual.

ANTES	LO QUE PASÓ	SITUACIÓN ACTUAL
1. comer comida rápida	– ponerse enferma	– hacer tres viajes al año
2. no viajar mucho	– cambiar de empresa	– hacer yoga
3. jugar al tenis	– hacer un viaje a París	– tener su propio blog
4. llegar siempre tarde a la oficina	– tener un hijo	– comer solo comida sana
5. no usar internet	– comprar un ordenador	– pasar más tiempo en casa
6. estar todo el día fuera de casa	– tener problemas en las rodillas	– ser la primera en la oficina

Antes Elvira comía comida rápida, pero un día se puso enferma. Ahora come solo comida sana.

b. Y tu vida, ¿ha cambiado mucho estos últimos años? Escribe un pequeño texto.

5 ¿Indefinido o imperfecto? Lee las frases siguientes y elige cuál es el final correcto.

1. Cuando yo tenía 18 años, ...
- ☐ fui a la piscina todos los días.
- ☐ iba a la piscina todos los días.

2. Cuando Mariana trabajaba en el banco, ...
- ☐ fue al trabajo en metro.
- ☐ iba al trabajo en metro.

3. Cuando vimos esta casa, ...
- ☐ decidimos comprarla enseguida.
- ☐ decidíamos comprarla enseguida.

4. Cuando Felipe era pequeño, ...
- ☐ jugaba en la calle.
- ☐ jugó en la calle.

5. Cuando iba en moto con Óscar, ...
- ☐ teníamos un accidente.
- ☐ tuvimos un accidente.

6. Cuando terminé la novela, ...
- ☐ la leyó mi hermano.
- ☐ la leía mi hermano.

7. Cuando estudiaba en la universidad, ...
- ☐ siempre estaba cansado.
- ☐ siempre estuve cansado.

8. Cuando Lidia tenía 14 años, ...
- ☐ sus padres se mudaron a otra ciudad.
- ☐ sus padres se mudaban a otra ciudad.

6 **a.** Clasifica en tu cuaderno estas frases como positivas o negativas.

Me puse muy contenta. | Fue un fracaso. | Me encantó. | Me dio mucha alegría.

Me decepcionó. | Fue un éxito. | Me puse triste. | Fue una gran sorpresa. | Me pareció horrible.

b. **¿Cómo se sintieron estas personas? Continúa las frases como en el ejemplo, con las expresiones de a. Hay varias posibilidades.**

1. A Ana le regalaron el móvil que quería y por eso *se puso muy contenta* .
2. Todo el mundo habla de esa película, no sé por qué. A mí ....
3. Antonio llamó a su abuela por su cumpleaños y ella ....
4. No me gustó nada de la fiesta: ni la música, ni la comida, ni el lugar. ....
5. La semana pasada terminé de leer esa novela. Es buenísima, ...
6. En esa excursión salió todo perfecto. El tiempo, la ruta, el guía. ....

7 **a.** **Escribe las historias de Alicia y Luis. Utiliza el imperfecto y el indefinido.**

"CUANDO IBA A LA ESCUELA..."

Alicia, profesora de francés

"CUANDO ESTUDIABA EN LA UNIVERSIDAD.. "

Luis trabaja en una empresa de coches

- Estudiar inglés y portugués.
- En verano de 2012 hacer un viaje a Francia.
- Enseguida decidir estudiar francés.
- En 2019 trabajar en una feria de coches.
- Conocer a Luis en la feria.
- Luis ser un hombre muy divertido.
- Enseguida enamorarse de él.

- Querer montar mi propia empresa.
- En 2014 encontrar trabajo en una empresa de coches.
- En 2019 conocer a Alicia en una feria de coches.
- Alicia ser inteligente y muy interesante.
- Poco tiempo después mudarse a casa de Alicia.

b. 🔊 18 – **Alicia y Luis cuentan un poco más sobre sus vidas. Lee las frases. Luego escucha y marca la información correcta. Corrige las frases falsas.**

1. ☐ Se conocieron en el aeropuerto.
2. ☐ En la empresa de Luis nadie hablaba francés.
3. ☐ Luis se mudó a casa de Alicia poco después.
4. ☐ Antes Luis vivía con unos amigos.
5. ☐ Alicia compró la casa hace dos años.
6. ☐ Alicia pidió un crédito al banco.

8 **Algunos conectores tienen un significado muy parecido a otros. Relaciona.**

1. entonces	☐	a. al final
2. así que	☐	b. como
3. finalmente	☐	c. después
4. porque	☐	d. por eso
5. al día siguiente	☐	e. total que
6. resulta que	☐	f. un día después

9 ¿Qué le pasó el martes a Mercedes? Completa la historia con estos conectores.

primero	después	al final	entonces	mientras	cuando	como	porque	así que

El martes no fue un buen día para Mercedes. ______ llegó a casa después del trabajo, abrió la nevera y vio que no había casi nada. Tenía mucha hambre, ______ decidió ir al supermercado. Salió del apartamento y tomó el ascensor, pero ______ bajaba, el ascensor se quedó entre dos pisos. ______ tocó el botón de alarma, pero no vino nadie. ______ empezó a gritar ______ nadie oía la alarma. ______ unos vecinos la ayudaron a salir. ______ eran ya las nueve, todas las tiendas estaban cerradas. ______ decidió pedir una pizza y sentarse delante de la tele.

Conectores

Como y **porque** introducen una causa, pero **porque** no puede estar al principio de la frase:

- Como llovía, tomé un taxi. = Tomé un taxi porque llovía.

10 La semana pasada Eduardo hizo muchas cosas. Formula frases usando el imperfecto o el indefinido y los conectores siguientes. A veces hay varias posibilidades.

cuando	mientras	como	porque	por eso	así que

1. no tener café en casa – desayunar en el bar de la esquina
2. no haber agua caliente – ducharse con agua fría
3. tener que ir al aeropuerto – tomar un taxi
4. estar en una entrevista de trabajo – sonar el móvil
5. pasear por el centro – ver un robo
6. nevar mucho – no llegar a tiempo al aeropuerto
7. esperar el autobús – encontrarse con un amigo
8. tener dolor de cabeza – acostarse a las ocho

1. Como Eduardo no tenía café en casa, desayunó en el bar de la esquina.
Eduardo no tenía café en casa, por eso...

11 Sopa de letras. Busca los nombres de 11 animales en esta sopa de letras. Se lee de izquierda a derecha y de arriba abajo.

E	L	C	A	I	M	A	J
A	P	E	R	R	O	S	A
F	A	R	E	R	S	T	G
N	E	D	N	A	Q	I	U
I	T	O	R	T	U	G	A
P	U	L	P	O	I	R	R
G	A	T	O	N	T	E	A
O	S	O	S	M	O	N	O

12 **Lee estos recuerdos de la infancia de Miguel y marca la opción correcta en cada caso.**

1. Mi madre **me regaló / me regalaba** una cámara polaroid cuando **cumplí / cumplía** 12 años. **Me gustó / Me gustaba** mucho porque **me encantó / me encantaba** pasarme el día haciendo fotos instantáneas.
2. La primera película que **vi / veía** en el cine **fue / era** *E.T.*, cuando **tuve / tenía** 10 años. Lo **pasé / pasaba** fenomenal y **fue / era** muy emocionante. Nunca olvidaré ese día.
3. Una vez, en el cumpleaños de mi mamá, le **hice / hacía** un pastel de chocolate. El resultado **fue / era** horrible, pero a ella le **dio / daba** mucha alegría porque lo **hice / hacía** yo. No **estuvo / estaba** muy rico, pero nos lo **comimos / comíamos** todo.
4. Mis amigos y yo **dimos / dábamos** un concierto en la escuela cuando **tuvimos / teníamos** 15 años. **Vino / Venía** muy poca gente y la acústica **fue / era** muy mala. En realidad **fue / era** un fracaso, pero nosotros nos lo **pasamos / pasábamos** genial.

13 **Paula y Marta están de Erasmus en Stuttgart. El fin de semana pasado decidieron visitar otra ciudad. Completa el texto con las expresiones de las etiquetas.**

así que	mientras	al final	porque	a primera hora de la mañana
dos horas más tarde	después	total, que	primero	

El sábado pasado mi amiga Marta y yo decidimos pasar el domingo en Heidelberg .... no conocíamos la ciudad y ese fin de semana hacía un tiempo excelente.
.... la fui a buscar en coche y tomamos la autopista. .... yo conducía, Marta me contaba historias de la universidad y qué tal le iban las clases de alemán, y yo le hablaba de mis exámenes y de mis clases de yoga. Aproximadamente .... llegamos a nuestro destino. .... paseamos por el centro histórico y .... cruzamos el río y pudimos ver la ciudad desde el famoso puente. También subimos al castillo y .... comimos una pizza en una terraza.
Fue un día estupendo. Pero cuando llegamos a casa, no encontré las llaves de mi piso, ... tuve que volver a casa de Marta y dormir allí. .... la excursión fue genial, pero la vuelta a casa fue un desastre.

14 Lee estas frases y marca la opción correcta.

1. Mi madre es muy buena cocinera **por eso / como / porque** mi abuela le enseñó a cocinar.
2. Ayer mi hijo se cayó. **Por eso / Como / Porque** le dolía la pierna, no pudo ir al colegio.
3. Ernesto y yo jugábamos en el mismo equipo de fútbol, pero hace algunos años se mudó con su familia a Zaragoza, **porque / por eso / como** perdimos el contacto.
4. De niño, no me gustaba leer. Pero **por eso / como / porque** me encantaban los cuentos, mi padre siempre me contaba uno antes de dormir.

15 Ordena las fichas de dominó para formar pares de contrarios.

primero	dormirse
encontrar	triste
mentira	preguntar
despertarse	perder
contestar	contar
contento	verdad
escuchar	al final

16 Completa con los pronombres reflexivos si son necesarios.

1. • El sábado hay una fiesta, ¿vienes?
   ▪ Lo siento, tengo que quedar .... en casa.
2. • Ayer, en el metro, ... encontré con Pablo.
   ▪ ¿Y .... pusiste muy nerviosa?
3. • ¿........ pones el jersey? ¡Pero si hace calor!
   ▪ ¿Sí? Pues yo tengo frío.
4. • El de las gafas es mi primo. .... llama Paco.
   ▪ Pues parece muy simpático.
5. • Anoche, en el cine, ... dormí.
   ▪ ¡Es que últimamente .... has dormido poco!
6. • ¿Dónde .... quedamos? ¿En el Café Central?
   ▪ Vale, a las cinco.
7. • ¿Quieres poner .... la mesa, por favor?
   ▪ Bueno, ya voy.
8. • Mamá, ... he encontrado un euro en la calle.
   ▪ ¡Qué suerte tienes, hija!

17 19 - Lee esta historia y marca la opción correcta en cada caso. Luego escucha la anécdota y comprueba tus respuestas.

1. Cuando éramos pequeñas, mi hermana menor y yo **dormíamos / dormimos** en la misma habitación.
2. Una noche mi hermana me **pedía / pidió** un cuento para poder dormirse.
3. Le **gustaba / gustó** mucho escuchar historias y a mí me **encantaba / encantó** contarlas.
4. Así que **empezaba / empecé** a contar un cuento.
5. Después de algunas frases mi hermana se **dormía / durmió**, pero yo **seguía / seguí** con el cuento hasta el final.
6. Al día siguiente yo **estaba / estuve** muy cansada, pero mi hermana me **preguntaba / preguntó**: "¿Cómo terminó la historia?".
7. Mientras **íbamos / fuimos** a la escuela, **repetía / repetí** otra vez el cuento.
8. Ese día me **dormía / dormí** en la escuela, en clase de Música, en la cena... Pero por la noche mi hermana me **preguntaba / preguntó** otra vez: "¿Me cuentas un cuento?".

18 ¿Indefinido o imperfecto? Elige la opción correcta en cada caso.

1. Antes **iba / fue** mucho al cine, pero ahora veo las películas en internet.
2. **Vivía / Viví** medio año en Tokio, pero no aprendí casi nada de japonés.
3. Llegamos muy tarde al restaurante y nuestros amigos ya **estaban / estuvieron** comiendo el postre.
4. ¿Vosotros también **veíais / visteis** siempre en la tele los dibujos animados antes de ir a la cama?
5. Cuando Ana y Luis **compraban / compraron** la casa, Ana ya estaba embarazada.
6. Mi abuela tenía una casa en el campo, **era / fue** vieja y no tenía calefacción. Así que la vendió.
7. Mi hermana tenía mucha fantasía y siempre me **contaba / contó** historias que ella inventaba.
8. Antes, yo **estudiaba / estudié** español sola en casa, pero ahora voy a un curso.
9. Mi abuelo era de Jaén, pero vivía ya un año en Madrid cuando **conocía / conoció** allí a mi abuela.
10. Llovía mucho cuando salimos de la ópera anoche y por eso **tomábamos / tomamos** un taxi.

19 Completa las frases poniendo los verbos en indefinido o en imperfecto.

1. Cuando Ester era pequeña, ...
   - no .... (GUSTARLE) nada la verdura.
   - sus padres .... (COMPRARLE) un piano.
   - .... (JUGAR) en la calle con sus amigas.
2. Cuando tenía 14 años, ...
   - sus padres .... (MUDARSE) a otra ciudad.
   - .... (CAMBIAR) de colegio dos veces.
   - .... (IR) al cine todos los sábados.
3. Cuando iba a la universidad, ...
   - .... (ESTUDIAR) todos los fines de semana.
   - .... (LEVANTARSE) muy temprano.
   - .... (COMPRARSE) un coche de segunda mano.
4. Cuando tenía 35 años, ...
   - .... (VIVIR) en el extranjero.
   - .... (CASARSE) con su gran amor.
   - .... (NACER) su hija Elisa.

20 Lee estas frases y elige la opción correcta en cada caso.

QUEDAR, QUEDARSE

- ¿Vas a **quedar / quedarte** con Luis para ir al cine?
- No, prefiero **quedar / quedarme** en casa.

PONER, PONERSE

- ¿**Has puesto / Te has puesto** ya el termómetro?
- No, yo nunca **pongo / me pongo** enferma.
- Bueno, pero si lo haces, luego **ponlo / póntelo** en su sitio otra vez.

LLAMAR, LLAMARSE

- ¿**Has llamado / Te has llamado** ya al hermano de Ana para la fiesta sorpresa?
- No, todavía no, porque no me acuerdo de cómo **llama / se llama**.

DORMIR, DORMIRSE

- ¿Cuántas horas **duermes / te duermes** cada noche?
- Cuatro o cinco. No necesito más.
- Sí, claro. Ahora entiendo por qué **duermes / te duermes** en clase cada día.

ENCONTRAR, ENCONTRARSE

- ¿**Has encontrado / Te has encontrado** el regalo para Elena?
- No, porque **he encontrado / me he encontrado** con Julián y nos hemos ido a comer juntos.

21 ¿Recuerdas que algunos verbos cambian de significado si llevan el pronombre reflexivo? Lee estas frases y marca la opción correcta.

1.
- ¿Sabes? Ayer **encontré / me encontré** con Bruno en la universidad. Estaba **poniendo / poniéndose** un anuncio para buscar un compañero de piso.
- Pero ¿Mila y él ya no viven juntos?
- Pues le pregunté por Mila y **puso / se puso** muy rojo. Me dijo que Mila vive ahora con sus padres.
- ¿Ah, sí?

2.
- Ana, ¿**has llamado / te has llamado** a Roberto?
- No, pero **he encontrado / me he encontrado** con él. **Hemos quedado / Nos hemos quedado** para ir al cine juntos.

3.
- Por fin **he encontrado / me he encontrado** un piso que me gusta, mira el anuncio. ¿Por qué no **pones / te pones** el abrigo y vamos a verlo?
- Pero ¿ahora?
- Sí, no quiero **poner / ponerte** nerviosa, pero hay mucha gente interesada...

4.
- Eva no viene. **Ha quedado / Se ha quedado** en casa porque le dolía un poco la cabeza y ha decidido **dormir / dormirse** la siesta.
- ¡Qué pena! ¿**Has quedado / Te has quedado** con alguien más?
- No, vamos solo tú y yo.

22 Estas frases contienen errores. Cambia las palabras en negrita por las correctas de la derecha.

1. El gato es un animal cariñoso **y** individualista.
2. Los años 70 **estuvieron** maravillosos.
3. Cuando **era** 20 años, María hacía mucho deporte.
4. El perro es el **mayor** amigo del hombre.
5. ¡Qué bonita foto! Esta señora guapa es mi abuela cuando **estaba** joven.
6. La oveja es un animal **mucho** útil.
7. Cuando vi **–** Jaime, lo saludé.
8. Pasamos un día en Heidelberg **por qué** es una ciudad muy bonita.
9. ¿**Acuerdas** cuándo aprendiste a ir en bici?

a. porque
b. era
c. e
d. a
e. fueron
f. tenía
g. mejor
h. muy
i. recuerdas

23 a. Lee otra vez el texto de la Semana Santa de Sevilla de las páginas 68 y 69 de la Edición para estudiantes y relaciona las palabras con su definición.

1. cofradía
2. paso
3. costaleros
4. saeta
5. nazareno
6. capucha

a. Canto improvisado que se canta espontáneamente a las imágenes de los pasos.
b. Prenda de ropa que cubre la cabeza y la cara de los nazarenos.
c. Asociación de católicos que organizan procesiones y cuidan los pasos todo el año.
d. Miembro de la cofradía que acompaña el paso, lleva una capucha y una capa larga.
e. Figura enorme que representa una escena de la pasión de Cristo.
f. Miembros de la cofradía que llevan el paso a hombros.

b. Decide si estas frases son verdaderas (V) o falsas (F).

1. La semana antes de Pascua, las cofradías organizan procesiones por las calles.
2. Existen unas 50 cofradías en Sevilla.
3. Un paso puede pesar más de cinco toneladas.
4. Durante las procesiones hay silencio absoluto.
5. Las saetas son una mezcla de flamenco y música árabe.
6. No se puede ver la cara de los nazarenos.
7. Algunos nazarenos no llevan zapatos.

MUNDO PROFESIONAL

24 **a.** Lee el currículum de Teresa y resume la información.

Datos personales
Teresa Romero Abad
14/06/1982
Avda. Virgen de Guadalupe, 24 / 10001 Cáceres
tromero@info.com

Estudios
1996–1999 Escuela Secundaria (Instituto de Secundaria Ágora, Cáceres)
2000–2003 Diplomada en Turismo (Universidad de Extremadura)

Experiencia profesional
2002 Prácticas de recepcionista en el Hotel Alfonso IX (Cáceres)
2004–2008 Asistente de dirección en el Parador Nacional de Cáceres
2009–actualidad Directora de la agencia de viajes RomeroAbad

Idiomas
Inglés, nivel avanzado (C1)
Alemán, nivel intermedio (B1)

Teresa Romero nació el 14 de junio de...

b. Lee otra vez el currículum y decide si estas frases son verdaderas (V) o falsas (F).

1. ☐ Teresa Romero Abad vive en Cáceres.
2. ☐ Empezó sus estudios universitarios en 2003.
3. ☐ Tiene más de 10 años de experiencia profesional.
4. ☐ Actualmente trabaja en una empresa de exportación.
5. ☐ Habla inglés bastante bien.
6. ☐ Es directora de un hotel.

PRONUNCIAR BIEN

25 **a.** La pronunciación de la r/rr. Lee el texto y comenta las dudas en clase.

¿Te has dado cuenta de que en español se pronuncia la **r** de diferentes formas?
A principio de palabra y cuando se escribe **rr**, la punta de la lengua vibra más fuerte, es decir, produce un sonido vibrante múltiple: ***ratoncito***, ***arriba***. Cuando la **r** está en el medio, entre vocales o a final de palabra, la punta de la lengua produce una vibración muy ligera: *caro*, *ayudar*. Ten en cuenta que la forma de pronunciar la **r** puede diferenciar significados de palabras: *caro* – *carro*.
En algunas lenguas, la **r** a final de palabra se pierde o su pronunciación se suaviza mucho; si sucede en tu lengua, intenta pronunciar la **r** española a final de palabra con claridad.

b. 20 – Clasifica estas palabras según su pronunciación. Luego, escucha y comprueba.

perro | pero | abierto | borrar | aburrirse | responder | oreja | barriga | nariz | rodilla

ERRE SUAVE	ERRE FUERTE

c. 21 – Lee estas palabras y concéntrate en la pronunciación y en la entonación. Luego, escucha y comprueba.

vivía – vivir   aprende – aprender   esta – Ester   salía – salir   dibuja – dibujar

AUTOEVALUACIÓN

YA SÉ...	👍	✋	👎
... hablar de recuerdos: Cuando tenía 14 años ______ .	▢	▢	▢
... nombrar algunos animales: el pulpo, ______	▢	▢	▢
... diferenciar la acción principal de las circunstancias de una narración: Como yo ______ mucha hambre, ______ al supermercado.	▢	▢	▢
... expresar emociones: Me puse contenta. ______ .	▢	▢	▢
... estructurar una historia: Primero llegué a casa, ______ cené y ______ puse la tele.	▢	▢	▢
... contar cosas que sucedieron en el pasado: Yo ______ a trabajar aquí en 2015. ______ .	▢	▢	▢
... formar diminutivos: la casa – ______ , el ratón – ______ , pequeño – ______	▢	▢	▢
... diferenciar el uso del imperfecto y del indefinido: El ratón ______ (TOMAR) el diente porque ______ (SER) parecido a la perla.	▢	▢	▢
... diferenciar el uso reflexivo del uso no reflexivo de un verbo: ______ (PONER / PONERSE) el plato en la mesa; ______ (PONER / PONERSE) unos zapatos; ______ (PONER / PONERSE) triste.	▢	▢	▢

6 ¡QUÉ AMABLE!

Comunicación
- Felicitar las fiestas y momentos especiales
- Reaccionar a la narración de un suceso
- Invitar, aceptar y rechazar invitaciones
- Empezar una conversación
- Dar un regalo y reaccionar
- Ofrecer algo y reaccionar
- Pedir permiso y reaccionar
- Hablar de normas y convenciones sociales
- **MUNDO PROFESIONAL** Una invitación y consejos en el trabajo

Léxico
- Celebraciones
- Fiestas

Gramática
- El uso de **ir** / **venir** y **llevar** / **traer**
- El superlativo absoluto (**-ísimo/a/os/as**)
- La apócope de algunos adjetivos: **grande**, **bueno/a**, **malo/a**
- El imperativo afirmativo
- **PRONUNCIAR BIEN** La acentuación de los verbos

Cultura
- Convenciones sociales
- **DE FIESTA** El Velorio de Cruz de Mayo

1 **a.** Lee estas invitaciones. ¿Son formales o informales? ¿Cuál es el motivo de cada una?

día del santo	boda	nacimiento	cumpleaños	examen	Año Nuevo	Navidad	mudanza

Hola a todos:
El sábado cumplo
40 años
y me gustaría celebrarlo con vosotros en El Rinconcito a partir de las nueve. Después podemos ir a bailar al Manila.
Os espero, Manuel

Querid@s amig@s:

¡Nos hemos mudado! La casa es preciosa, ¿no queréis venir a verla? Os esperamos el sábado a partir de las ocho.

Besitos, Paula & Ricardo

Tenemos el gusto de invitarles al enlace matrimonial de
Penélope & Ernesto
que se celebrará el próximo 5 de marzo a las 12.30 horas en la Iglesia de Santa Clara. A continuación nos reuniremos todos para el cóctel y almuerzo, que se servirá en el Hotel Milán.

Se ruega confirmación.

b. ¿A qué invitación de **a** se refiere esta respuesta? ¿Se acepta o se rechaza? Escribe también una respuesta a otra de las invitaciones.

Mensaje nuevo

Hola:
Lo siento mucho, pero el sábado no puedo ir. Es que voy a pasar el fin de semana en Bilbao con mis padres. Bueno, pero quiero ver vuestra nueva casa. Ya quedamos otro día, ¿vale?
Muchos besos,
Isabel

2 ¿Qué dices en estas situaciones? Hay varias posibilidades.

1. Una compañera de trabajo cumple 55 años. ....
2. Llamas a alguien el 25 de diciembre. ....
3. Un amigo va a una fiesta. ....
4. Alguien te cuenta que se casó hace un mes. ....
5. Una amiga tiene un examen mañana. ....
6. Tus vecinos han tenido un bebé. ....
7. Te encuentras con una vecina el 1 de enero. ....
8. En una boda, todos beben por los novios. ....

3 El uso de los verbos de movimiento ir/venir y llevar/traer. Relaciona las frases con las imágenes.

1

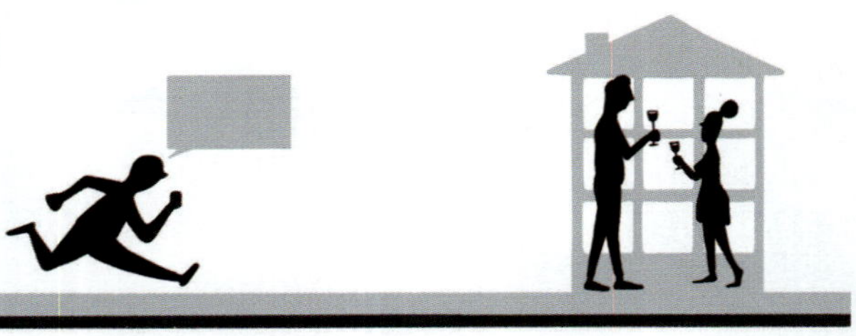

3

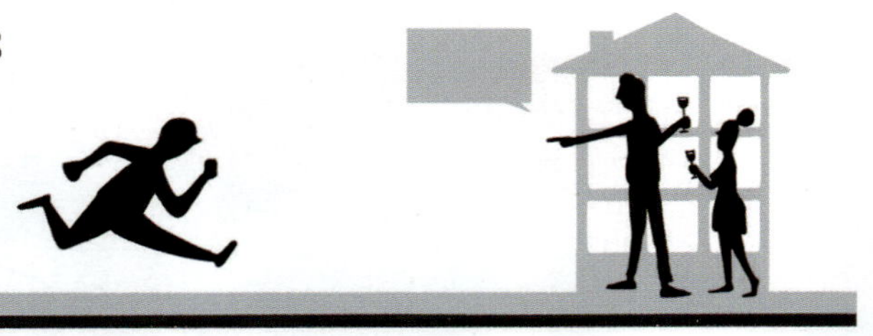

2

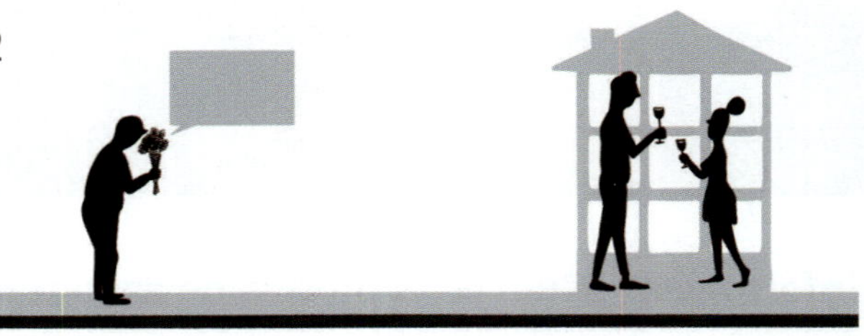

4

- [ ] ... y **llevo** unas flores.
- [ ] Él **viene** a la fiesta...
- [ ] ... y **trae** unas flores.
- [ ] Yo **voy** a la fiesta...

4 Completa el diálogo de dos amigas con las formas adecuadas de ir, venir, llevar y traer.

- ¿Diga?
- Hola, Luisa, soy Andrea. ¿Qué tal va todo por Barcelona?
- Pues muy bien, con nuevos proyectos, estoy muy contenta.
- ¡Qué bien, qué ganas de que me cuentes todo! Justamente te llamo por eso. Quería saber si al final .... a la fiesta del próximo domingo.
- Sí, sí, claro que ....
- ¡Genial! Entonces, una pregunta: ¿puedes .... unas botellas de vino de la bodega de tu familia? Ya sabes que a Javier le encanta.
- Por supuesto. Como .... en coche, eso no es problema. Puedo .... varias botellas. Y .... mis discos también, ¿vale?
- ¡Sí, sí, genial! Entonces nos vemos pronto. ¡Buen viaje!
- Gracias. ¡Hasta el domingo!

5 Completa las tablas con las formas del imperativo.

VERBOS REGULARES				VERBOS CON CAMBIO DE VOCAL		
	-AR	-ER	-IR	CERRAR (E → IE)	PROBAR (O → UE)	PEDIR (E → I)
tú			abre	cierra	prueba	
usted	pase	beba		cierre		pida
ustedes	pasen		abran		prueben	

ALGUNOS VERBOS IRREGULARES									
	DAR	DECIR	HACER	IR	PONER	SALIR	SER	TENER	VENIR
tú	**da**	**di**	**haz**	**ve**	**pon**	**sal**	**sé**	**ten**	**ve**
usted	**dé**	diga		**vaya**					venga
ustedes			hagan		pongan		**sean**		vengan

6 Marca si en las frases se habla de tú o de usted y después escribe la otra variante.

	tú	usted	
1. Toma algo de beber.	[X]		*Tome algo de beber.*
2. Coma un poco más de tarta.			
3. Deje aquí su chaqueta.			
4. Pasa, pasa.			
5. Ponga música.			
6. Llama un taxi.			
7. Siéntese en el sofá.			
8. Dale el regalo a Juana.			
9. Ponte un poco más de vino.			

7 ¿Cómo reaccionas a estas preguntas de los/as invitados/as? Utiliza el imperativo.

1. ¿Podemos abrir esta botella de vino?
2. ¿Puedo poner la música que he traído?
3. ¿Puedo tomar otro trozo de pastel?
4. ¿Te importa si cerramos la ventana?
5. ¿Te importa si llamo un momento a una amiga?
6. ¿Puedo fumar en el balcón?
7. ¿Puedo probar las patatas bravas?
8. ¿Te importa si bajamos el volumen de la música?

1. Sí, claro. Abridla, abridla.

8 Ana va al cumpleaños de Julia. Completa los diálogos con el imperativo (forma tú).

1.
- Ana, para llegar a casa .... (TOMAR) la primera calle a la derecha, ... (CRUZAR) la plaza y .... (SEGUIR) por la calle Toledo. Vivo en el número 15.

2.
- Marta, ¿qué regalito le puedo llevar a Julia?
- .... (BUSCAR) un disco para su colección, le va a gustar. .... (MIRAR) esta web.

3.
- ¿Qué piensas, llevo también algo para comer?
- ¡Qué buena idea! .... (PREPARAR) un postre, te salen muy bien. .... (HACER) una tarta de chocolate. O .... (PROBAR) la receta nueva de pastel de zanahoria.

4.
- ¿Quedamos a las ocho en la plaza y vamos juntas en taxi?
- Sí, ... (PEDIR) tú el taxi y .... (ESPERARME) en la parada.

9 Busca los imperativos y luego clasifícalos.

VENPONGAABRECOMACIERRENVOLVEDHAGANVUELVAPRUEBENTRAIGANTOQUECERRADEMPIECEN

tú ....

vosotros/a ....

usted ....

ustedes ....

10 Lee estos diálogos y complétalos con las palabras y expresiones de las etiquetas.

a. esta es la señora Juárez,	**b.** ¿conoces a Marcelo?	**c.** Encantada.	**d.** presentarle

e. Encantado.	**f.** Igualmente.	**g.** te presento

1.
- • Édgar, ☐
- ▪ No, todavía no.
- • Pues ven. Marcelo, ☐ a Édgar.
- ▪ ☐
- ♦ Mucho gusto.

2.
- • Señora Juárez, ¿conoce a mi madre?
- ▪ Pues no, todavía no.
- • Venga conmigo y se la presento... Mamá, ☐ la vecina.
- ♦ Mucho gusto.
- ▪ ☐

3.
- • Señor Iglesias, quiero ☐ a un nuevo colega: Mateo Urquijo, el nuevo jefe de personal.
- ▪ Hola, encantado.
- ♦ ☐

11 a. ¿Qué se dice? Relaciona las situaciones con las frases de los bocadillos.

☐ entregar un regalo ☐ ofrecer algo ☐ dar las gracias

☐ presentar a alguien ☐ pedir permiso ☐ despedirse

1. TE HE TRAÍDO UNA COSITA.
2. ¿POR QUÉ NO PRUEBAS LA TORTILLA?
3. ¡QUÉ DETALLE!
4. PERO ¿POR QUÉ TE HAS MOLESTADO?
5. ¿CONOCES A PAULA, MI COMPAÑERA DE TRABAJO?
6. TOMA UN POQUITO MÁS, ESTÁ RIQUÍSIMO.
7. ¿TE IMPORTA SI ABRO LA VENTANA?
8. LO HE PASADO FENOMENAL.

b. Relaciona estas frases con la reacción adecuada.

1. Mira, esto es para ti.	☐	**a.**	Sí, claro, toma.
2. Mira, esta es mi madre.	☐	**b.**	Gracias, está muy rica, pero no puedo más.
3. ¿Puedo usar tu móvil?	☐	**c.**	Sí, un poquito. Está muy bueno.
4. ¿Te apetece un poco más de ensalada?	☐	**d.**	Muchas gracias. ¡Me encanta!
5. ¿Te pongo un poco más de vino?	☐	**e.**	Llama, llama.
6. ¿Te importa si llamo a mi hijo?	☐	**f.**	Mucho gusto, señora. ¿Cómo está usted?

12 Una receta de patatas bravas. Reescribe el texto con los verbos en imperativo.

PATATAS BRAVAS

UNA COMIDA TÍPICA

INGREDIENTES:
(para cuatro personas)

tres patatas
media lata de tomate
una guindilla
vinagre
aceite de oliva
sal

Pelar las patatas y cortarlas en trozos pequeños. Poner las patatas a freír en mucho aceite de oliva. Poner a freír también el tomate con un poco de aceite, añadir un poco de vinagre y la guindilla. Añadir la salsa por encima de las patatas. ¡A comer!

pelar

cortar

freír

13 Completa la tabla.

	BUENO/A	MALO/A	GRANDE
MASCULINO	un buen libro	un .... consejo	un .... actor
FEMENINO	una buena idea	una .... noticia	una .... comida

14 Completa con los adjetivos y superlativos correspondientes.

buena	buenísima	mucho	muchísimo
pocos			riquísimas
grandes			elegantísima
largas			simpatiquísimo
fácil			viejísimos

15 Completa las frases con los adjetivos adecuados en su forma correcta.

bueno	grande	malo	primero

1. • ¿Vamos a esta tienda? Hay rebajas y está todo a muy .... precio.
▪ No, ahí no quiero comprar. Tuve una .... experiencia con un vendedor muy antipático.

2. • La semana pasada nuestra jefa nos dio una .... sorpresa: invitó a todo el equipo a un restaurante muy ....

3. • ¡Qué .... tiempo hace! ¿Vamos a dar un paseo?
▪ ¡........ idea!

4. • ¿Qué te pasa? ¿Has tenido un .... día?
▪ Sí. Hoy ha sido mi .... día de trabajo después de las vacaciones y ahora necesito una .... cena para relajarme.

16 Completa el diálogo con el superlativo adecuado de estos adjetivos.

difícil	cansado	poco	rico	amable	simpático	tarde

- Buenos días, Carmen. ¿Qué te pasa? Pareces cansada...
- ¿Cansada? ¡ .... ! Ayer fue la fiesta de mi prima y estuve en su casa hasta las tres de la madrugada.
- ¿Y qué tal lo pasaste?
- Fenomenal. Invitó a sus compañeros del trabajo, ¡todos .... ! Nos reímos mucho. Y la comida también estaba .... La preparó mi tía.
- ¿Y fue mucha gente?
- ¡Sí! Y mi prima, como siempre, ... con todo el mundo. Me parece .... atender a tanta gente. No sé cómo lo hace.
- Entonces, fue una noche estupenda...
- La verdad es que sí. Lo único es que se hizo .... y ahora tengo .... ganas de ir al trabajo.

Recuerda

Para mantener la pronunciación original, hay que hacer cambios ortográficos.
*rico → ri**qu**ísimo*
*larga → lar**gu**ísima*

Recuerda

La **o** final de los números ordinales *primero* y *tercero* desaparece delante de sustantivos masculinos en singular.
El primer autobús.

17 Lee estas frases y elige la opción correcta.

1. Hace **buen tiempo / tiempo bueno**, ¿vamos al parque?
2. Buscamos una **gran casa / casa grande**. Necesitamos unos 200 metros cuadrados.
3. ¿Ir de excursión? No es **mala idea / idea mala**.
4. Buenos Aires me encanta. Es realmente una **gran ciudad / ciudad grande**.
5. Nos hemos mudado a Madrid. Es que prefiero vivir en una **gran ciudad / ciudad grande**.
6. Mis amigos me regalaron una guitarra. Fue una **gran sorpresa / sorpresa grande**.
7. Parece que estás de **mal humor / humor malo**. ¿Qué te pasa?
8. Muchas gracias, eres un **buen amigo / amigo bueno**.

18 22 - Escucha esta llamada telefónica y marca las palabras correctas.

1. Hay una **fiesta / reunión de vecinos** en casa de Anabel.
2. Todos están **felicitando / esperando** a Santi.
3. Ha venido en **autobús / metro** y tiene un problema.
4. La parada más cercana se llama **Islas Filipinas / Moncloa**.
5. Tiene que tomar la **primera / segunda** calle a la derecha.
6. Después tiene que seguir hasta la **tercera / cuarta** calle.
7. Allí tiene que girar a la **derecha / izquierda**.
8. Anabel vive en el número **58 / 68** de la calle Andrés Mellado.

19 ¿Qué palabra o expresión no forma parte del grupo?

1.	Año Nuevo	cumpleaños	Pascua	Navidad
2.	fiesta	recepción	producción	celebración
3.	¡Enhorabuena!	¡Que te mejores!	¡Feliz santo!	¡Felicidades!
4.	¡Feliz Navidad!	¡Feliz Año Nuevo!	¡Felices Pascuas!	¡Feliz viaje!
5.	¡Bienvenido!	¡Qué sorpresa!	¡Mucho gusto!	¡Encantado!
6.	¿De verdad?	¿Tú crees?	¡A tu salud!	¡No me digas!

20 ¿Qué podemos celebrar, ofrecer, enviar o regalar? Relaciona las siguientes palabras con los verbos y añade una palabra más para cada verbo. Hay varias posibilidades.

el cumpleaños	tarjetas	flores	una fiesta	una carta	un buen vino	un aperitivo	una botella

un nacimiento	el aniversario de boda	una copa de champán	una caja de bombones	la jubilación

celebrar ....

ofrecer ....

enviar ....

regalar ....

21 ¿Qué recomiendas? Formula frases combinando elementos de las cuatro columnas.

Para ir a una fiesta oficial	es normal	dar	alguna explicación.
Para rechazar una invitación	es usual	preguntar	cuánto tiempo se quedan.
En una despedida de soltera	conviene	festejar	a tu novio.
En casa de un familiar	tienes que	llevar	solo con amigas.
Cuando hay invitados en casa	no puedes	ayudar	ropa elegante.
			en la cocina.

22 Relaciona las frases con las reacciones.

1. ¿Te apetece venir el domingo a mi casa? ☐
2. Te presento a Olga; nos conocimos en Machu Picchu. ☐
3. El sábado celebro mis treinta y, claro, estáis invitados. ☐
4. ¡Felicidades, abuelo! Mira, esto es para ti. ☐
5. Vamos a brindar por mi nuevo trabajo. ☐
6. Mira, Carlos, mi nieta Alba. Hoy cumple ya 5 añitos. ☐
7. Toma un poquito más. ☐
8. ¿Puedo usar este vaso? ☐

a. ¡A tu salud! Te felicito.
b. Vamos con mucho gusto. Esto hay que festejarlo.
c. Me encantaría ir, pero es el santo de mi madre.
d. Pues ¡muchas felicidades, chiquita!
e. ¡Muchas gracias! Pero si no hacía falta.
f. ¡No me digas! ¿En Perú? Pues ¡encantada de conocerte!
g. Muchas gracias, estoy lleno.
h. Toma este otro, ese está sucio.

23 ¿A qué se refieren estas expresiones? Clasifica las frases según las siguientes categorías.

☐ ¿Por qué no vienes el sábado a cenar a casa?
☐ Lo siento, pero es que ese día tengo una cita.
☐ No, muchas gracias, tengo que conducir.
☐ ¿Te apetece un poco más de tarta?
☐ Este es mi novio. Se llama Manuel.
☐ ¿Te importa si fumo en la terraza?
☐ ¿Otra cervecita o prefieres un vino?
☐ Toma. Esto es para ti.
☐ ¿Puedo abrir esta botella?
☐ ¿Ya conoces a Olga, mi compañera de piso?

1. entregar un regalo
2. pedir permiso
3. presentar a alguien
4. rechazar
5. invitar
6. ofrecer

24 Completa estos diálogos usando el imperativo.

1. • Oye, ¿me pongo el vestido nuevo?
   ■ Pues claro, ______.
2. • Señora Alba, ¿podemos cerrar la puerta?
   ■ Por supuesto, Sofía, ______.
3. • Ya son las 7. ¡ ______, Marta!
   ■ ¡Qué tarde! ¡Me levanto ahora mismo!
4. • Rosa, ¿puedo bajar el volumen de la música?
   ■ ______, a mí también me molesta.
5. • Luis, ¿puedo usar tu móvil un momento?
   ■ Sí, claro, ______.
6. • Carlos, ¡ ______ a comer!
   ■ Ya voy, mamá.
7. • Señor director, ¿podemos empezar?
   ■ Sí, ______ sin mí. Enseguida voy.
8. • Pepa, ¿puedo probar las galletas?
   ■ Sí, sí, ______.

25 Estas frases contienen errores. Cambia las palabras en negrita por las correctas de la columna derecha.

1. ¡Qué amable! Es el regalo que **mejor** me gusta.	☐	**a.**	es tu
2. Esto me parece una **buen** idea.	☐	**b.**	buena
3. ¿Puedo **traer** a mi novio a tu casa el sábado?	☐	**c.**	buen
4. ¿Podéis venir a la cocina? - Sí, ya **venimos**.	☐	**d.**	llevar
5. ¿Cuándo **tienes** cumpleaños?	☐	**e.**	es
6. ¿Les llevamos un **bueno** vino?	☐	**f.**	vamos
7. La fiesta **está** en casa de mi hermana.	☐	**g.**	más
8. ¿Sabe si falta mucho **por** llegar a la estación?	☐	**h.**	para

26 Lee de nuevo el texto de El Velorio de Cruz de Mayo de las páginas 82 y 83 de la Edición para estudiantes y decide si las frases son verdaderas (V) o falsas (F).

1. ☐ El Velorio de Cruz de Mayo se celebra solo en Venezuela.
2. ☐ En esta fiesta se unen tradiciones cristianas e indígenas.
3. ☐ La cruz fue una novedad absoluta para los pueblos indígenas.
4. ☐ Para celebrar el Velorio de Cruz de Mayo, la gente decora cruces en lugares públicos.
5. ☐ Se cantan solamente canciones religiosas.
6. ☐ La gente se reúne alrededor de los altares para comer y beber.
7. ☐ En esta fiesta se come mucho, pero no se bebe alcohol.
8. ☐ Al final, la gente termina la fiesta bailando y pasándolo bien.

MUNDO PROFESIONAL

27 Lee la invitación y marca en cada número la palabra correcta.

Mensaje nuevo

[1] clientes:
Tenemos el placer de [2] a la inauguración de nuestra nueva [3] en la c/ Balmes, 27. La celebración tendrá [4] el 16 de abril [5] las 20.30 horas. En este nuevo [6] hemos puesto toda nuestra energía e ilusión, y queremos compartirlo con nuestros clientes.
[7] cordiales,
Amparo Alonso, directora general
Se ruega [8].

1. ☐ Nuestros ☐ Estimados
2. ☐ invitarlos ☐ invitarnos
3. ☐ fiesta ☐ tienda
4. ☐ lugar ☐ sitio
5. ☐ a partir de ☐ después
6. ☐ oficina ☐ proyecto
7. ☐ Saludos ☐ Adiós
8. ☐ acción ☐ confirmación

28 Completa en imperativo estos consejos para tener éxito en tu primer día de trabajo.

anotar | concentrarse | llegar | llevar (2 x) | ponerse | recordar | saludar

PARA TENER ÉXITO EN SU PRIMER DÍA DE TRABAJO, SIGA ESTOS CONSEJOS

1. .... ropa adecuada al contexto.
2. .... ropa de un color neutro, por ejemplo, negro, gris o marrón.
3. .... puntual, mejor unos diez minutos antes.
4. .... los documentos necesarios.
5. .... a su jefe/a y a sus nuevos/as compañeros/as.
6. .... que los/as compañeros/as pueden ayudarle en muchas cosas.
7. .... las informaciones importantes para no olvidar nada.
8. .... bien en sus tareas.

Si sigue usted estos consejos, seguro que su primer día de trabajo va a ser estupendo.

PRONUNCIAR BIEN

29 a. La acentuación de los verbos. Lee el texto y comenta las dudas en clase.

Algunas formas verbales se distinguen solo por su entonación o acentuación. Fíjate, por ejemplo, en el presente (**yo**) y en el indefinido (**él**, **ella**, **usted**) de los verbos en **-ar**: *yo compro* - *usted compró*. Ocurre lo mismo con el imperativo de **usted** y el indefinido de **yo**: *compre* (**usted**) - *yo compré*. Por eso es importante pronunciar y acentuar correctamente.

b. 23 - Escucha algunas frases. ¿En qué tiempo están los verbos?

	1.	2.	3.	4.	5.	6.
presente						
indefinido						
imperativo						

AUTOEVALUACIÓN

YA SÉ...			
... expresar buenos deseos y reaccionar: ¡Feliz ______ ! – ______ .			
... invitar y reaccionar: ¿Te apetece ______ ? – ______ .			
... pedir permiso y reaccionar: ¿Puedo ______ ? – Sí, claro ______ .			
... dar un regalo y reaccionar: Toma, te he ______ . – ¿Por qué ______ ?			
... ofrecer algo y reaccionar: ¿Te pongo ______ ? – Gracias, pero ______ .			
... presentar a alguien y reaccionar: Le presento a ______ . – Mucho ______ .			
... diferenciar el uso de ir / venir y llevar / traer: ______ a tu casa y te ______ cedés. Mira, te he ______ cedés.			
... formar y usar el imperativo: ______ la puerta, por favor. ______ este vino.			
... intensificar el significado del adjetivo usando -ísimo: La comida está buen ______ . He comido much ______ .			
... usar la apócope: Antonio es un ______ amigo. ¡Eso es una ______ sorpresa!			

7 VAMOS AL PARQUE

Comunicación
- Organizar una excursión
- Mantener una conversación telefónica
- Expresar alegría y tristeza
- Expresar prohibición y obligación
- **MUNDO PROFESIONAL** Conversaciones formales e informales

Léxico
- Animales
- Paisajes
- Parques y jardines

Gramática
- El imperativo negativo
- Los demostrativos
- Los pronombres posesivos tónicos
- **PRONUNCIAR BIEN** La combinación de las palabras

Cultura
- Parque Nacional Picos de Europa
- Parque Cabárceno
- **DE FIESTA** La noche de San Juan

1 ¿Qué palabra no forma parte del grupo?

1.	colibrí	flamenco	lince	papagayo
2.	bosque	lago	río	océano
3.	duna	arena	desierto	peligro

4.	flor	árbol	granja	planta
5.	gallina	vaca	oveja	marisma
6.	reptiles	pinos	pájaros	peces

2 ¿Qué animal es? Relaciona cada definición con uno de los animales.

1. Es un animal muy alto que vive en África.
2. Se dice que es el rey de los animales. Vive también en África.
3. Su pelo nos sirve para hacer ropa de lana.
4. Este reptil vive en el Amazonas y tiene unos dientes muy grandes.
5. Es un animal cariñoso e independiente.
6. Con su leche podemos hacer yogur o mantequilla.
7. Es un pájaro de muchos colores. Algunos saben repetir palabras.

a. papagayo
b. cocodrilo
c. vaca
d. oveja
e. león
f. jirafa
g. gato

3 Clasifica las palabras y escribe el artículo correspondiente. Añade una más a cada grupo.

selva	sol	bosque	vaca	desierto	bicicleta	pez	nubes	duna	gallina	barco	tigre	elefante
marisma	jirafa	todoterreno	león	niebla	cerdo	moto	viento	coche	montaña	nieve	valle	

1. paisajes
2. animales salvajes
3. animales de granja
4. tiempo
5. medios de transporte

4 a. En una agencia de viajes. Completa este diálogo con las palabras siguientes.

dura	excursión	incluida	plazas libres	recorrido	reserva	sale	vacaciones

- Hola, buenos días, ¿qué desea?
- Quiero hacer una ________ para la excursión al Parque Nacional de los Picos de Europa el cuatro de mayo.
- Vamos a ver... Lo siento, pero el cuatro de mayo no quedan ________.
- ¡Qué pena!
- ¿La excursión tiene que ser ese día? La ofrecemos también el día seis.
- El día seis es nuestro último día de ________, pero no importa. ¿A qué hora ________ el autobús?
- A las ocho y media. Sale de la Plaza de Guzmán y el viaje ________ más o menos hora y media.
- ¿El ________ por el parque es muy largo?
- No, unos seis kilómetros. Hay un buen camino al lado del río y el paisaje es fantástico.
- ¿Cuánto cuesta la ________?
- 35 euros por persona y la visita guiada está ________.
- De acuerdo. Entonces quiero reservar para dos personas.

b. 24 - Escucha esta llamada, marca la información correcta y corrige la incorrecta.

1. ☐ En la excursión del día siete de septiembre quedan plazas libres.
2. ☐ La excursión del día cuatro se ha cancelado.
3. ☐ La agencia de viajes no les puede devolver el dinero.
4. ☐ Los señores Toscano van de excursión.

5 25 - Lee estas respuestas. Después escucha ocho preguntas y pon el número en la respuesta adecuada.

- ☐ Soy Felipe Herrera, de la agencia de viajes TodoTurismo.
- ☐ Por supuesto, pero reservar por teléfono también es posible.
- ☐ 230 euros, e incluye las dos comidas.
- ☐ Sí, tiene dos posibilidades: en español o inglés. ¿Cuál le interesa a usted?
- ☐ Del aparcamiento principal, directamente delante de la empresa.
- ☐ En este momento no está. ¿Quiere dejarle un recado?
- ☐ Para esos días no, lo siento, solo quedan para los días 7 y 8.
- ☐ Entre 5 y 6 horas si hace el camino al lago, o dos días si recorren también los bosques.

6 Lee las respuestas del/de la empleado/a y formula posibles preguntas del/de la cliente/a.

1. • ________
   ▪ Lo siento, para este domingo, cuatro de agosto, no.
2. • ________
   ▪ Un momento, a ver. Sí, para el próximo domingo todavía hay algunas plazas.
3. • ________
   ▪ A las 8:30. El autobús sale de la puerta del hotel.
4. • ________
   ▪ Aproximadamente dos horas.
5. • ________
   ▪ 35 euros por persona y la comida en el restaurante 15 euros.
6. • ________
   ▪ Perfecto. Entonces, dos plazas con comida el domingo 11 de agosto.

7 Reacciona a estos comentarios con alegría o tristeza. Hay varias posibilidades.

1. • ¿Sabes? Marta no puede venir a la fiesta porque está enferma.
   ▪ ....
2. • En julio Alfredo y yo vamos a hacer un crucero por el Mediterráneo.
   ▪ ....
3. • ¿Vas a la Costa Brava? Pues el paisaje es fascinante. Te va a encantar.
   ▪ ....
4. • Ayer nació nuestro primer nieto, el hijo de Roberta, nuestra hija mayor.
   ▪ ....
5. • Juan ha perdido el avión. No puede ir a tu fiesta de cumpleaños.
   ▪ ....
6. ▪ Queríamos ir al Parque de Doñana el sábado, pero no quedan plazas libres.
   ▪ ....

8 26-29 - Escucha estas llamadas telefónicas y marca la opción correcta.

1. ☐ Puede hablar con el señor Esteve.
   ☐ No es posible hablar con el señor Esteve.
2. ☐ La persona que llama deja un recado.
   ☐ La persona va a llamar otra vez.
3. ☐ Hay un error en el número de teléfono.
   ☐ Andrea no está en casa.
4. ☐ Antonio puede hablar con Sofía.
   ☐ Antonio deja un recado para Sofía.

9 Completa las tablas con las formas del imperativo afirmativo y negativo que faltan.

IMPERATIVO AFIRMATIVO	PAGAR	BEBER	DORMIR	SALIR	PONER	LAVARSE
tú	paga	bebe	.....	.....	.....	.....
vosotros/as	.....	.....	.....	.....	poned	.....
usted	.....	.....	duerma	.....	.....	.....
ustedes	.....	.....	.....	salgan	.....	.....

IMPERATIVO NEGATIVO	SALIR	PONER	LAVARSE	SER	TENER	VENIR
tú	.....	.....	.....	.....	.....	.....
usted	.....	.....	.....	.....	.....	.....

10 Consejos para ahorrar agua. Completa este anuncio usando el imperativo.

- Si te bañas, no llenes (LLENAR) toda la bañera, solo la mitad.
- No .... (DUCHARSE) más de diez minutos.
- .... (ABRIR) el grifo solo el tiempo necesario.
- Mientras te lavas los dientes, no .... (DEJAR) el grifo abierto.
- .... (LAVAR) la fruta en un plato, no debajo del grifo.
- No .... (PONER) la lavadora si no está llena.
- .... (UTILIZAR) agua de lluvia para las plantas del jardín.
- Para lavar el coche no .... (USAR) más de diez litros de agua.
- .... (VOLVER) a usar el agua de tu piscina el año siguiente.

11 Combina los elementos de estas columnas para dar consejos. Pon los verbos en imperativo afirmativo o negativo de tú. A veces hay varias posibilidades.

(No)	ahorrar	agua	si hay suficiente luz.
	compartir	la bicicleta	solo si está llena.
	encender	la basura	en plástico, papel y vidrio.
	poner	las lámparas	en la cocina y en el baño.
	seguir	la calefacción	si vas al mismo lugar que otras personas.
	separar	la lavadora	o el transporte público.
	tomar	el aire acondicionado	a una temperatura de menos de 21 grados.
	usar	las instrucciones	solo si hace frío en casa.
		el coche	de los aparatos eléctricos.

12 a. El Parque Cabárceno es uno de los mayores atractivos turísticos del norte de España. Lee el anuncio y completa el texto los verbos en del imperativo (forma usted).

PARQUE DE LA NATURALEZA

CABÁRCENO *Cantabria*

venga (VENIR) a conocer nuestro parque y _____ (DISFRUTAR) del gran espectáculo de la naturaleza. No _____ (PERDERSE) las más de 150 especies de animales que viven aquí, en 750 hectáreas y en el ambiente más natural posible. _____ (PASAR) un día inolvidable en familia y _____ (DESCUBRIR) nuestro parque infantil, los miradores y las zonas de recreo. No _____ (OLVIDAR) que en ningún otro parque puede ver más animales en semilibertad. _____ (DESCANSAR) en nuestros restaurantes y cafeterías. _____ (PREGUNTAR) por nuestros precios para grupos. ¡Vale la pena!

HORARIO
De 9:30 a 19:00 (cierre de taquillas a las 18:00)

DEMOSTRACIONES
Vuelo de aves rapaces: 12:00, 15:30 y 17:30
Leones marinos: 13:00, 16:00 y 18:00

TELECABINA
Recorrido de 6 km en telecabina para disfrutar de una vista panorámica (50 minutos)

ENTRADAS EN TEMPORADA ALTA
Adultos: 30 €
Niños (4–12 años): 17 €

b. Marca las frases correctas y corrige las incorrectas.

1. ☐ Se pueden comprar entradas hasta las 19 h.
2. ☐ Los niños a partir de cuatro años pagan la mitad del precio de los adultos.
3. ☐ Hay tarifas especiales para grupos.
4. ☐ En el parque viven unos 150 animales de diferentes especies.
5. ☐ Los animales no están encerrados como en un zoológico.
6. ☐ Tres veces al día hay un espectáculo con pájaros.
7. ☐ Existe la posibilidad de ver el parque desde arriba.

13 Compara la descripción del lugar de vacaciones con la imagen y corrige la información de la postal.

Querido Daniel:
Saludos desde Dalacós, un pueblo maravilloso de la costa mediterránea, donde estoy pasando mis vacaciones. El paisaje que se ve desde mi ventana es fantástico. Hay solo un hotel pequeño, el mío, en primera línea de playa, y al lado hay un bosque de pinos. Todo es muy tranquilo aquí porque hay muy pocos turistas. Es estupendo descansar y escuchar solo el mar y los pájaros, lejos de la gente y del estrés. Tengo mucha suerte, porque es un lugar que la gente no conoce. El año próximo vuelvo seguro.
Valentina

14 ¿De quién es? Completa los minidiálogos con los posesivos adecuados.

1. • No encuentro mi móvil.
   ▪ Pues si tienes que llamar, usa el ....
2. • Señora Suárez, ¿cómo está su madre?
   ▪ Muy bien, ¿y la .... ?
3. • Me encanta tu abrigo nuevo.
   ▪ El .... también es muy bonito.
4. • ¿Fue Maribel a la fiesta?
   ▪ Sí, con un amigo .... guapísimo.
5. • ¿Qué tal vuestras vacaciones?
   ▪ Muy cortas, como siempre. ¿Y las .... ?
6. • Un amigo me ha invitado a su casa a cenar.
   ▪ ¿Y ese amigo .... sabe cocinar?
7. • Nuestros hijos hablan muy bien inglés.
   ▪ Pues los .... hablan inglés y francés.
8. • ¿Sabes que Pablo se ha mudado a Bilbao?
   ▪ Uff, tiene todavía muchos libros ....

15 Lee estas frases y tacha la forma incorrecta de los posesivos.

1. • Señores Sánchez, ¿me dejan **sus / suyos** pasaportes?
   ▪ Aquí tiene el **mi / mío**. Mi mujer no tiene el **su / suyo**. ¿Hay algún problema?
2. • Julián, ¿es **tu / tuya** esta chaqueta?
   ▪ No, **mía / la mía** es negra.
3. • Adrián, ¡qué bonito es **tu / el tuyo** piso! Tiene mucha luz.
   ▪ Sí, pero es un poco pequeño, ¿no? **Tuyo / El tuyo** es mucho más grande.
4. • ¿Has visto a Virginia? Creo que este es **su / suyo** libro de francés.
   ▪ No, no es **su / suyo**, es **de mí / mío**.

16 Elige los demostrativos y adverbios de lugar según la distancia con los objetos.

este pájaro de aquí
.... fuente de aquí

.... flor de ahí
.... bancos de ahí

.... planta de allí
.... caminos de allí

aquel paisaje de ....
.... dunas de allí

.... estatuas de ....
.... quiosco de ....

.... animales de ....
.... personas de ....

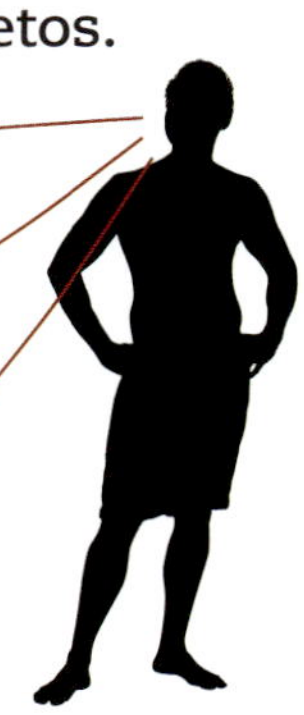

17 ¿Cuándo se usan estas frases por teléfono? Relaciona.

1. Dígame. ☐
2. ¿Puedo hablar con...? ☐
3. ¿De parte de quién? ☐
4. En este momento no está. ☐
5. ¿Quiere dejar un recado? ☐
6. Ahora mismo le paso. ☐
7. Lo siento, se ha equivocado de número. ☐

a. Hay un error en el número de teléfono.
b. Así se pregunta por el nombre de la persona que llama.
c. Así se contesta una llamada telefónica.
d. La persona que llama pregunta por alguien.
e. Enseguida va a poder hablar con la persona deseada.
f. No es posible hablar con esa persona.
g. La persona ofrece dar un mensaje.

18 Completa las frases con la preposición y el artículo que faltan. Luego observa el dibujo del parque y marca si la información es verdadera (V) o falsa (F). Escribe tres frases verdaderas más.

1. ☐ Hoy hay muy poca gente .... parque.
2. ☐ Un señor está leyendo el periódico .... banco.
3. ☐ Un grupo de jóvenes está haciendo yoga al lado .... fuente.
4. ☐ Dos niños pequeños están jugando .... pelota azul.
5. ☐ Un chico moreno está leyendo .... césped.
6. ☐ Una mujer está corriendo .... parque.

19 Completa estas expresiones con las vocales. ¿Cuáles son emociones positivas y cuáles negativas?

1. ¡C _ _ N T _ M _ _ L _ G R _!
2. ¡Q _ _ L _ S T _ M _!
3. F _ _ _ N _ X _ T _
4. ¡Q _ _ M _ L _ S _ _ R T _!
5. F _ _ _ M _ C _ _ N _ N T _
6. ¡Q _ _ P _ N _!
7. ¡_ S T _ P _ N D _!
8. M _ D _ C _ P C _ _ N _
9. M _ _ N C _ N T _
10. F _ _ _ N F R _ C _ S _

20 Consejos para proteger el medio ambiente. Formula estos consejos usando el imperativo afirmativo o negativo (forma usted).

1. Utilizar bombillas de bajo consumo.
2. Hacer mejor uso de la luz natural.
3. Encender todos los electrodomésticos al mismo tiempo.
4. Tener la calefacción encendida en toda la casa.
5. Separar y reciclar la basura en casa.
6. Ducharse en lugar de bañarse para ahorrar agua.
7. Usar bolsas de plástico en la compra.
8. Abrir las ventanas cuando la calefacción está encendida.
9. Utilizar los medios de transporte públicos.

21 Normas y recomendaciones en el parque. Completa usando el imperativo (forma ustedes).

cortar	dar	entrar	hacer (2x)	separarse	tirar	tocar

1. No ______ ruido, respeten a los animales.
2. No ______ basuras ni restos.
3. No ______ de comer a los animales.
4. No ______ fuego en las zonas de descanso.
5. No ______ del grupo y de su guía.
6. No ______ a los animales.
7. No ______ flores.
8. No ______ en las zonas exclusivas de los animales.

22 Carina y Gloria se encuentran después de las vacaciones. Completa el diálogo con los posesivos adecuados.

- Nuestras vacaciones en Asturias han sido maravillosas. ¿Y ______ ?
- ■ ______ vacaciones también han sido estupendas. Si quieres, yo te enseño mis fotos y tú me enseñas ______ , ¿qué te parece?
- Me parece fenomenal.
- ■ Mira, esta es ______ playa en Ribadesella. Muy bonita, ¿verdad?
- Sí, pero ______ en Vega era mucho más familiar. ¿Y este es el bar en el que comíais? Nosotros también comíamos en un bar que estaba al lado de la playa, pero a ______ hijos no les gustaba nada.
- ■ Pues a ______ les encantaba porque estaba al lado de la playa. Disfrutaron mucho del mar. Se pasaban el día jugando con ______ amigos y amigas de allí.
- ¡Qué bien! Nosotros también lo hemos pasado muy bien. El año que viene repetimos.

23 En un albergue juvenil. Reformula las reglas del albergue usando el imperativo (forma tú) en lugar de las expresiones subrayadas.

Los albergues juveniles son un lugar de encuentro para gente de diferentes edades y culturas. A veces hay diferencias entre sus hábitos. Cada albergue tiene sus propias reglas. Todos los visitantes quieren disfrutar, por eso **es necesario respetar** determinadas reglas básicas:

RESERVA
Para asegurar una plaza, **tienes que reservar** con tiempo en nuestra página web.
Si no tienes una reserva, **puedes preguntar** si hay plazas libres por teléfono o personalmente en el albergue.

ESTANCIA
Tienes que cuidar las instalaciones del albergue.
Los albergues ayudan a proteger el medio ambiente. **Debes separar** la basura y **reducir** el consumo de agua y energía.
Está prohibido comer en los dormitorios. **Hay que usar** el comedor y la cocina.
No se permite fumar en el albergue.
Está prohibido consumir alcohol dentro del albergue.
El albergue cierra a las 22:00 horas. **No se puede llegar** más tarde.
Está prohibido hacer ruido de 23:00 a 7:00 horas.
No hay que dejar la habitación desordenada.

DÍA DE SALIDA
Hay que dejar la habitación antes de las 10:00 horas.

Respeta estas reglas básicas.

24 a. Vuelve a leer el texto sobre la noche de San Juan en las páginas 96 y 97 de la Edición para estudiantes. ¿Cuáles de estos titulares no corresponden al texto?

- ☐ La magia del fuego aleja a los malos espíritus.
- ☐ Los demonios y las brujas dan la bienvenida al verano.
- ☐ Hay cantos y bailes alrededor del fuego.
- ☐ Es una noche de ritos, tradiciones y supersticiones para despedirse del verano.
- ☐ El olor a hierbas se respira en toda la ciudad.
- ☐ Es una noche mágica alrededor de las hogueras.

b. Relaciona cada palabra con su significado.

1. leyenda	☐	**a.** Palabra gallega que significa bruja.
2. banda	☐	**b.** Fuego hecho al aire libre.
3. gaita	☐	**c.** Creencia que no se puede explicar con la lógica.
4. meiga	☐	**d.** Grupo de músicos.
5. superstición	☐	**e.** Instrumento tradicional de Galicia y Escocia.
6. hoguera	☐	**f.** Historia con más hechos maravillosos que históricos y reales.

MUNDO PROFESIONAL

25 🔊 30-32 - **¿Estas llamadas de teléfono son formales o informales? Léelas y completa con las frases 1–5. Luego escucha y comprueba.**

1.
- • Caja Mediterráneo. ¿En qué puedo ayudarle?
- ▪ Hola, buenos días. ▢
- • Un momento… El señor Marco está hablando ahora mismo por la otra línea. ▢
- ▪ Sí, dígale que ha llamado la señora Paredes. Se trata de la tarjeta de crédito.
- • Muy bien. Le dejo una nota.
- ▪ Gracias.
- • De nada.
- ▪ Adiós.

2.
- • ▢
- ▪ Hola, ¿está Alejandra?
- • ▢
- ▪ Soy Samuel.
- • Un momento, Samuel. ¡Alejandra, Alejandra, teléfono! Es Samuel.

3.
- • ¿Sí?
- ▪ Buenas tardes. ¿Puedo hablar con la señora Martín?
- • ¿Martín? ▢
- ▪ Perdone. Adiós.

1. ¿Dígame?
2. ¿Puedo hablar con el señor Marco?
3. ¿De parte de quién?
4. ¿Quiere dejar un recado?
5. Lo siento, se ha equivocado de número.

PRONUNCIAR BIEN

26 a. La combinación de las palabras. Lee el texto y comenta las dudas en clase.

Seguramente te has dado cuenta de que al hablar, en español hay una unión de palabras que dificulta la comprensión auditiva. Un hablante no nativo tiene que separar las palabras mentalmente para reconocerlas. Esto ocurre tanto con palabras que empiezan y terminan con la misma vocal (por ejemplo, *conocía‿a‿Ana*) como con palabras que empiezan y terminan con la misma consonante (*el‿león, comprar‿rosas*). Es especialmente difícil reconocer dónde termina y empieza una palabra, y por lo tanto identificarla, cuando la última consonante de una palabra forma una sola sílaba con la primera vocal de la siguiente palabra: *la‿so‿ve‿jas*. En estos casos tenemos que ayudarnos de nuestra experiencia y de nuestro conocimiento de la lengua para separar bien las palabras *las ovejas* y no buscar en vano la palabra *sovejas* en el diccionario.

b. 🔊 33 - **Escribe estas frases. Después, escucha y comprueba.**

1. No-be-ba-sa-gua-frí-a.
2. Da-mel-te-lé-fo-no.
3. ¿Qué-ses-to?
4. Es-te-su-na-mi-go-mí-o.
5. ¿Dón-des-tá-sa-ho-ra?
6. Voy-co-nu-na-mi-ga.
7. No-va-ya-se-nau-to-bús.
8. ¿Co-no-ce-sa-mi-sa-bue-los?
9. No-sen-can-ta-tra-ba-ja-re-nel-jar-dín.

AUTOEVALUACIÓN

YA SÉ...			
... nombrar animales y paisajes: el flamenco, ... ; el lago, ...	☐	☐	☐
... organizar una excursión: Quiero .... una reserva. ¿Quedan ....?	☐	☐	☐
... expresar alegría y tristeza: ¡Cuánto ....! ¡Qué ....!	☐	☐	☐
... mantener una conversación telefónica: ¿Puedo ....? – Lo siento, pero	☐	☐	☐
... expresar obligación y prohibición: Está .... fumar.	☐	☐	☐
... describir comportamientos respetuosos con el medio ambiente:	☐	☐	☐
... formar y usar el imperativo negativo: ¡No .... bolsas de plástico!	☐	☐	☐
... usar los pronombres posesivos tónicos: Mi bicicleta es roja, ¿y la ....? La mía	☐	☐	☐
... usar los artículos y pronombres demostrativos: .... coche es de mi padre y .... de ahí es el mío.	☐	☐	☐

8 MIRADOR

Unidad de repaso

1 a. Lee este correo electrónico y marca en cada número la palabra correcta.

Mensaje nuevo

Hola, Lucía:

¿Cómo estás? Ya sabes que el sábado Manuel [1] cumpleaños, ¿no? María y yo hemos pensado que podemos [2] un regalo los tres juntos. Le queremos [3] unas gafas de sol. ¿Te parece un [4] regalo? Es que él ha perdido las [5] hace poco y todavía [6] ha encontrado. ¿O tienes tú [7] idea mejor? María [8] las quiere comprar esta tarde, así que [9] y dile si quieres participar también o ir con ella. No [10] preguntar en la tienda si se pueden cambiar las gafas si no le gustan a Manuel.

Un abrazo y ¡hasta el sábado!

Gabriel

1.
- tiene
- en su
- celebra su

2.
- le comprar
- nos comprar
- comprarle

3.
- prestar
- regalar
- devolver

4.
- bueno
- buen
- grande

5.
- sus
- suyas
- suyos

6.
- las
- ya no
- no las

7.
- algún
- alguna
- ninguna

8.
- te
- le
- se

9.
- llámala
- llames
- llame

10.
- olvidéis
- olvidad
- olvidáis

b. Lee el diálogo y completa las frases con cuatro de las expresiones de las etiquetas.

cuánto es	qué suerte	me devuelven	Lo tienen en	Cuánto cuesta	Qué pena

En una tienda de moda:

- Buenas tardes. ¿Puedo ayudarla?
- ¿.................... ese jersey gris?
- Está rebajado. Cuesta 75 euros.
- ¿.................... la talla 38?
- En gris no, solo lo tenemos en azul.
- ¡....................! El azul no me gusta...
- Tenemos también las camisas en oferta.
- Esa de ahí me gusta para mi hija, pero si no le queda bien, ¿.................... el dinero?
- Por supuesto. Tiene una semana para cambiar o devolver sus compras.

2 34-38 - **Lee las siguientes frases. Luego escucha cinco textos cortos y decide si las frases son verdaderas (V) o falsas (F). Escucha los textos una segunda vez.**

Cinco personas hablan sobre el medio ambiente.

1. José Rodríguez, director de hotel.
☐ Dice que no es posible ahorrar agua en el hotel porque lavan las toallas todos los días.

2. Adelina Menéndez, estudiante.
☐ Va a la universidad en coche con un compañero.

3. Hugo Atienza, jubilado.
☐ La mayoría de los jóvenes españoles dice que separa la basura.

4. Luis Benítez, enfermero.
☐ En su casa se puede encender la calefacción central siempre.

5. Corina Penedés, ama de casa.
☐ En su casa se pone la lavadora una vez por semana.

3 **Lee el siguiente texto y decide si las frases son verdaderas (V) o falsas (F).**

a. ☐ El autobús sale a las ocho y media.
b. ☐ En la visita guiada no participan otras personas.
c. ☐ Conviene llevar ropa para la lluvia.

INFORMACIÓN PARA LOS PARTICIPANTES DE LA EXCURSIÓN

Queridos/as estudiantes:

Como ya sabéis, hemos tenido que hacer algunos cambios en los planes de la excursión del sábado. El autobús va a salir media hora antes, a las ocho. Tenéis que estar a esa hora en la Plaza de España. Por favor, no lleguéis tarde porque queremos llegar puntuales, a las nueve y media, al museo. Allí vamos a tener una visita guiada solo para nuestro grupo. La visita dura hora y media y después tenéis tiempo libre para pasear por el parque. Han dicho que va a llover, por eso, no olvidéis llevar ropa adecuada.

Hasta el sábado,

Roberto

4 **Expresión escrita. Un/a amigo/a español/a y tú vais a hacer un intercambio de casa durante las vacaciones. Escríbele un correo y menciona tres de estos puntos.**

- Confírmale que puede quedarse en tu casa esos días.
- Explícale dónde puede recoger la llave.
- Dale algunas instrucciones para estar cómodo/a en tu casa.
- Explícale qué lugares puede visitar.
- Cuenta con detalle cómo es uno de esos lugares (por ejemplo, un parque) y explica por qué te gusta.
- Dile cómo va a ser el tiempo y qué ropa conviene traer.

9 PROYECTOS CON FUTURO

Comunicación
- Hablar del carácter y de las habilidades
- Hablar del compromiso social
- Hablar del futuro
- Expresar emociones y experiencias
- **MUNDO PROFESIONAL** Recursos Humanos y candidatos/as

Léxico
- Iniciativas sociales
- Cualidades personales
- La música y los instrumentos musicales
- Emociones

Gramática
- El uso de **ser** y **estar**
- La comparación: verbo + **tanto** y **tanto/a/os/as** + nombre
- El futuro regular e irregular
- Los usos del futuro
- Expresar hipótesis
- Expresar necesidad
- **PRONUNCIAR BIEN** Las pausas en las frases

Cultura
- **DE FIESTA** La Verbena de la Paloma

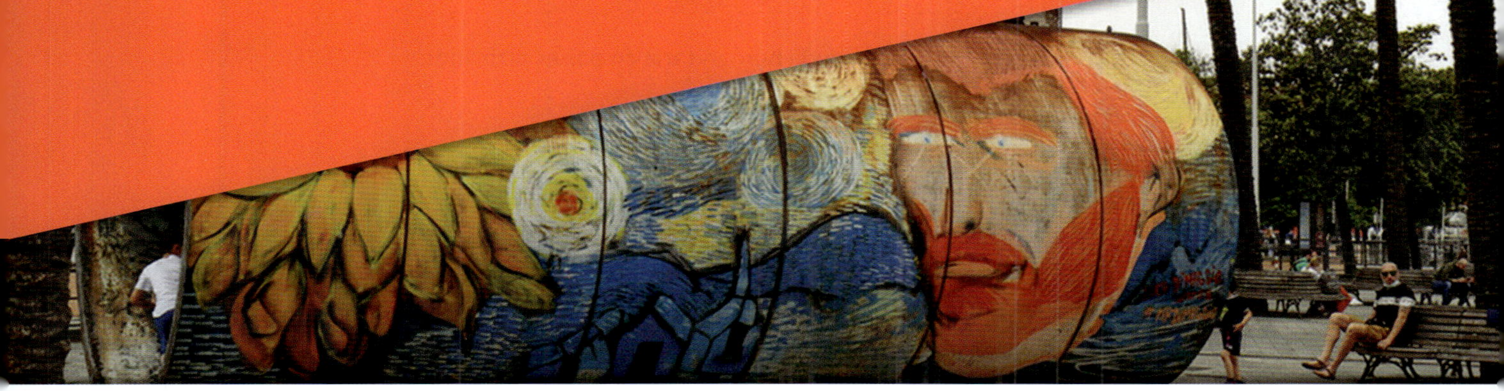

1 ¿Qué palabra no corresponde a cada grupo? ¿Puedes sustituirla por una que sí?

1.	piano	guitarra	ordenador	saxofón	
2.	dirigir	bailar	escuchar	gastar	
3.	melancolía	tristeza	orden	entusiasmo	
4.	concierto	rumba	salsa	chachachá	
5.	pianista	guitarrista	optimista	violinista	
6.	coro	cantante	banda	grupo	

2 Completa con los verbos, nombres y adjetivos correspondientes.

NOMBRE	VERBO	NOMBRE	VERBO
la fundación	fundar	la asociación	asociar
la organización			reciclar
el desarrollo			colaborar
la ayuda			integrar
la motivación			vender

NOMBRE	ADJETIVO	NOMBRE	ADJETIVO
creatividad	creativo/a		disciplinado/a
responsabilidad			motivado/a
sensibilidad			paciente
flexibilidad			entusiasmado/a
tolerancia			empático/a

3 Comentarios de voluntarios/as. Tacha las palabras incorrectas. Luego, formula frases con ellas.

1. Con la venta de ropa reciclada **apoyamos / contaminamos** la economía solidaria.
   Usando los medios de transporte público contaminamos menos que con el transporte privado.
2. Me encanta el *plogging**, es una iniciativa original para la **donación / protección** del medio ambiente.
   ....
3. Muchos jóvenes hacen un **trabajo voluntario / comercio justo** en proyectos de **sociedad / solidaridad**.
   ....
4. Las organizaciones que **luchan / contaminan** por los derechos humanos necesitan nuestra ayuda.
   ....
5. Buscamos gente que quiere **cuidar / impulsar** perros y gatos abandonados.
   ....
6. Nos **dedicamos / protegemos** a la ayuda humanitaria en países africanos.
   ....
7. Nuestro principal objetivo es **luchar / colaborar** contra el cambio climático.
   ....
8. Compro tarjetas de Navidad de Unicef y así apoyo su trabajo para **defender / contaminar** los derechos de los niños.
   ....

* Es una iniciativa que nació en Suecia y que consiste en aprovechar el deporte al aire libre para recoger residuos.

4 Completa estas frases con los verbos de las etiquetas en su forma adecuada.

ser necesario	colaborar	proteger	impulsar	luchar

1. Unicef es una organización mundial que .... los derechos de los/as niños/as.
2. Con la venta de ropa de segunda mano, Koopera .... la economía solidaria.
3. Para defender los derechos de los animales .... cambiar nuestros hábitos de comida.
4. Con el comercio justo podemos .... contra la pobreza en los países productores.
5. Muchos/as jóvenes .... en organizaciones que se dedican a la ayuda humanitaria.

5 Algunos/as voluntarios/as hablan de cómo se sienten colaborando con una ONG. Elige la opción adecuada.

1. Colaborar como voluntario en Greenpeace me **impulsa / aporta** mucho.
2. La iniciativa de vender ropa reciclada me **encanta / cuesta**.
3. Ver que nuestro trabajo ayuda a los demás me hace mucha **ilusión / alegría**.
4. La pobreza de mucha gente en este barrio me **pone / hace** triste.
5. Los discursos de algunos/as políticos/as arrogantes me dan **rabia / alegría**.
6. Ver tantos animales abandonados me **decepciona / hace ilusión**.

6 ¿Con qué palabras o expresiones se pueden combinar estos verbos?

pena | ilusión | igual | alegre | pensar en los demás | triste | lo mismo | contento/a

nervioso/a | ganas de participar | orgulloso/a | mucha alegría | una buena impresión | rabia

ME HACE	ME DA	ME PONE

7 Completa las frases con las expresiones de las etiquetas. Luego decide quién dice cada frase: Eva (E) o Diego (D).

me aporta (2x) | me siento | he aprendido a ser | me da ganas

me hace pensar | me recuerda | me recuerda a | me pone

Eva, profesora que ayuda a chicos/as migrantes con sus deberes

Diego, bailarín que da clases de tango

1. ☐ Me encanta el tango, siempre .... de bailar.
2. ☐ Dar clases de baile es algo increíble para mí. .... mucho.
3. ☐ Cuando veo que han mejorado sus notas en la escuela, ... muy orgullosa.
4. ☐ Para mí es muy importante. .... mucho ayudar a mis estudiantes y me siento útil.
5. ☐ El tango .... melancólico. .... mi infancia y a las fiestas en casa.
6. ☐ Ayudarlos en sus tareas .... que aprender no siempre es fácil.
7. ☐ Antes era muy estricta. Hoy .... más paciente y comprensiva con los estudiantes.
8. ☐ Ver el entusiasmo que tienen para bailar mis estudiantes .... en los primeros años de mi aprendizaje.

8 Una voluntaria de Mundo Solidario. Lee el texto y completa con las palabras de las etiquetas.

ONG | convencida | colaboro | comercio justo | luchar | aporta | voluntarios | apoyo | pobreza

“Soy profesora de inglés y .... como voluntaria de Mundo Solidario desde el año 2013. Trabajo sobre todo en la tienda de ...., pero como faltan más ...., intento ir a otras actividades donde se necesita .... Entré en Mundo Solidario porque quería colaborar en alguna .... y me siento muy feliz, me gusta mucho mi trabajo aquí. Estoy .... de que cambiar el mundo es posible si nos unimos y nos organizamos, pero todos tenemos que .... contra la .... Ser voluntaria en esta ONG me .... experiencia en muchos campos de la vida y además tengo la oportunidad de conocer gente que tiene valores similares a los míos.”

Trinidad Salgado, voluntaria de Mundo Solidario en Valladolid

9 Lee las frases y completa con tan, tanto/a... como, más/menos... que.

1. Granada no tiene .... habitantes .... Barcelona.
2. Los Alpes no son .... altos .... los Andes.
3. El río Amazonas es .... largo .... el Guadalquivir.
4. La producción de arroz en Europa es .... importante .... en Asia.
5. En España no hay .... variedad de pan negro .... en Bélgica.
6. Hace 10 años la gente no compraba .... por internet .... hoy.
7. El francés no se habla en .... países .... el español.
8. En Portugal se cena .... pronto .... en España.

10 Reformula estas frases usando (no) tan, tanto/a... como.

1. Los voluntarios de Unicef y los de Greenpeace trabajan mucho. Todos trabajan 40 horas al mes.
   Los voluntarios de Unicef trabajan tanto como los de Greenpeace.
2. Greenpeace es más conocida que Intermón Oxfam.
   Intermón Oxfam no es tan conocida como Greenpeace.
3. En Koopera los precios son más bajos que en otras tiendas.
   ....
4. En Koopera hay menos tallas para elegir que en otras tiendas.
   ....
5. La gente compra más en tiendas de segunda mano que en tiendas solidarias.
   ....
6. Defender los derechos humanos me parece más importante que apoyar el comercio justo.
   ....
7. En mi proyecto de Mundo Solidario trabajo mucho. Más que mi hermana en su proyecto.
   ....
8. El problema del cambio climático es muy importante. También el de la desigualdad.
   ....

11 Completa los comentarios de Aurora con ser y estar. Luego completa los datos.

“ *Soy* Aurora Úbeda Rivera, ... casada y tengo 58 años. .... de La Trinidad, ... profesora y trabajo en la biblioteca Rubén Darío de mi ciudad. El edificio .... pequeño y .... un poco lejos del centro, pero gracias a la ayuda de la Asociación de Hermanamiento La Trinidad-Moers, la biblioteca .... muy bien equipada. .... muy contenta con mi trabajo porque .... todo el día entre libros y puedo ayudar a las personas que buscan información. Mi ilusión .... seguir haciendo cursos de formación para mejorar el servicio de la biblioteca. ”

Nombre: ....
Edad: ....
Estado civil: ....
Lugar de residencia: ....

Profesión: ....
Lugar de trabajo: ....
Satisfacción con el trabajo: ....
Planes: ....

12 Combina los elementos de las columnas para formar frases. No olvides poner los verbos en su forma adecuada. Hay varias posibilidades.

Dudamel		un músico venezolano.
El Sistema		nervioso porque tiene un concierto.
Pablo y Lidia		un programa de integración social.
Pablo	ser	director de orquesta.
Lidia	estar	orgullosas de sus hijos.
El concierto		en la ópera de Caracas.
Las familias de Pablo y Lidia		trompetista / violinista.
		de Caracas.

13 Completa estas presentaciones con los verbos ser y estar.

Hola, ______ Andrea y ______ de Caracas. ______ auxiliar de vuelo y trabajo en una compañía aérea. ______ una profesión bastante divertida y me gusta, pero la verdad es que hay que ______ muy flexible y ______ bastante difícil tener una vida familiar normal. Hoy ______ un poco nerviosa porque ______ mi primer vuelo transatlántico.

Yo me llamo Alfonso, ______ casado con Andrea y ______ vendedor en unos grandes almacenes. Además, también ______ voluntario en Amnistía Internacional, una ONG que ______ bastante famosa y que se dedica a luchar por los derechos humanos. ______ colaborando en la ONG desde el año 2012. Igual que Andrea, yo ______ siempre de viaje y no tengo mucho tiempo para los proyectos. Pero ______ muy orgulloso del trabajo que hacemos.

Yo ______ Paula y ______ la dueña de dos tiendas de ropa reciclada. ______ muy contenta porque hoy ______ la fiesta de inauguración de una nueva tienda, que ______ en la calle Virgen de los Lirios. ______ muy fácil llegar hasta allí porque la tienda ______ enfrente del estadio de fútbol. La fiesta ______ a las ocho. ¡______ todas y todos invitados!

14 Combinaciones con el verbo estar. Completa los contrarios.

ESTAR					
cerca	≠	lejos	bien	≠	______
abierto/a	≠	______	______	≠	enfermo/a
sentado/a	≠	de pie	alegre	≠	______
______	≠	ahí / allí	______	≠	de mal humor

15 Lee los datos biográficos de José Antonio Abreu y escribe su biografía en pasado.

1939 Nace en Valera, Venezuela.
1950 Empieza a estudiar música en Barquisimeto.
1957 Se muda a Caracas y aprende a tocar varios instrumentos musicales en la Escuela Superior de Música.
1964 Recibe el título de profesor y director de orquesta.
1966 Estudia Economía en la universidad de Caracas y luego en Pensilvania, Estados Unidos.
Años 70 Es profesor de Economía en la Universidad. Además es director en el Consejo Nacional de Economía y miembro del Congreso Nacional.
1975 Funda el Sistema Nacional de las Orquestas Juveniles e Infantiles de Venezuela.
1988–1994 Es ministro de Cultura.
2004 Recibe el Premio Nobel Alternativo.
2018 Muere en Caracas después de una larga enfermedad.

16 Mira la tabla y complétala con las formas del futuro.

VERBOS REGULARES		Terminaciones	TRABAJAR
yo	infinitivo +	-**é**	trabajaré
tú		-**ás**	
él, ella, usted		-**á**	
nosotros/as		-**emos**	
vosotros/as		-**éis**	
ellos, ellas, ustedes		-**án**	

17 Verbos con raíz irregular. Completa la tabla.

	Raíz	Terminaciones	DECIR
DECIR	**dir**-		diré
HACER		é	
PODER		ás	
PONER	**pondr**-	á	
SABER	**sabr**-	emos	
SALIR	**saldr**-	éis	
TENER	**tendr**-	án	
VENIR			

18 Así será tu futuro. Completa tus predicciones con la forma adecuada del futuro.

1. El próximo año .... (SER) un año con muchas sorpresas y .... (TENER) mucha suerte.
2. .... (GANAR) la lotería y .... (COMPRARSE) el coche que te gusta tanto.
3. .... (CONOCER) a una persona que te .... (AYUDAR) mucho en tus planes futuros.
4. .... (HACER) un viaje de fin de semana y .... (ENAMORARSE) de alguien muy especial.
5. Un amigo te .... (TRAER) de regalo algo que deseabas desde hace mucho tiempo.
6. .... (ENCONTRAR) el piso ideal que estabas buscando.
7. .... (PODER) hacer un curso de perfeccionamiento de español en Madrid.
8. .... (CAMBIAR) de trabajo y .... (ESTAR) muy satisfecho/a.

19 ¿Tienes buenos propósitos para el próximo año? Relaciona y escribe frases en futuro.

1. hacer	☐	**a.** menos dinero en cosas que no necesito realmente
2. comer	☐	**b.** deporte tres veces por semana
3. ir	☐	**c.** más alimentos frescos
4. gastar	☐	**d.** menos al bar durante la semana
5. participar	☐	**e.** más tiempo a mis aficiones
6. usar	☐	**f.** la bicicleta con más frecuencia
7. dedicar	☐	**g.** más activamente en la clase de español

Comeré más alimentos frescos, pero no sé si haré deporte tres veces por semana.

20 Unos amigos han quedado para ir al concierto, pero una persona no ha venido. Reescribe estas suposiciones usando el futuro. Ten en cuenta los fragmentos marcados en negrita.

1. **Quizás está** enferma.
2. **Pienso que no tiene** la dirección para llegar.
3. **Creo que llega** un poco más tarde.
4. **A mí me parece que no quiere** ver a Gustavo.
5. **Me imagino que no tiene** ganas de venir.
6. **Seguramente no está** en la ciudad.
7. **Supongo que no sabe** nada del concierto.
8. **Quizá piensa** que es la próxima semana.
9. **Probablemente no le gusta** este tipo de música.

1. Estará enferma.

21 Relaciona las preguntas con las respuestas. Luego marca cuáles son suposiciones (S) y cuáles predicciones (P) sobre el futuro.

1. ¿Qué quieres ser de mayor?
2. ¿Quién es la chica al lado de Carla?
3. ¿Qué música le gustará a la tía Ana?
4. ¿Sabes qué profesión tiene Paola?
5. ¿Cómo vas a colaborar?
6. ¿Por qué no ha venido Amalia?
7. ¿Qué será el paquete?
8. ¿Tienes planes para el fin de semana?
9. ¿Y las próximas vacaciones?
10. ¿Sabes cuándo es la fiesta de inauguración?

a. Creo que la clásica.
b. Haré una donación.
c. Estará enferma.
d. Es el sábado 21 de junio.
e. No sé, será funcionaria.
f. Será su hermana.
g. El sábado voy a dar un paseo.
h. Será un regalo para Jaime.
i. Seré una futbolista famosa.
j. Las pasaremos en la playa.

22 Completa las frases con la forma adecuada del futuro.

1. Si papá no **prepara** la cena, nadie la ______.
2. Si ella no **hace** las camas, nosotros tampoco las ______.
3. Si los niños no **ponen** la mesa, yo la ______.
4. Si vosotros no **salís** con el perro, el pobre no ______ en todo el día.
5. Si nosotros no le **decimos** la verdad a papá, nadie se la ______.
6. Si no **sabes** cuándo es el examen, pregunta a tu profe, que lo ______.

23 Relaciona las frases con las suposiciones y complétalas con las formas del futuro.

1. Llamas a tu hermano muchas veces, pero tiene el teléfono apagado.
2. Tu compañera de trabajo no ha venido hoy.
3. Alguien llama a la puerta, pero no estás esperando a nadie.
4. Recibes un ramo de flores sin tarjeta.
5. Tu pareja está de muy mal humor.
6. Tu vecino ha salido de casa con una maleta.

¿______ (SER) UN REGALO SORPRESA POR MI CUMPLEAÑOS?

¿______ (SER) EL VECINO DE ENFRENTE?

¿______ (ESTAR) ENFERMA?

¿SU MÓVIL NO ______ (TENER) BATERÍA?

¿______ (IRSE) DE VACACIONES?

¿______ (TENER) PROBLEMAS EN EL TRABAJO?

24 Haz predicciones combinando los elementos de las columnas. No olvides conjugar los verbos.

Muchos animales abandonados		crear	una familia adoptiva.
El reciclaje de la ropa usada		encontrar	puestos de trabajo.
La digitalización		trabajar	conocer la biodiversidad submarina.
Mis amigos y yo	(no)	tener	producir menos plástico.
Los turistas en el Caribe		poder	consecuencias imprevisibles.
No solo proyectos como Koopera		ayudar a	hasta los 70 años.
El turismo sostenible		vender	productos reciclados.

25 Estas frases contienen errores. Cambia las palabras en negrita por las correctas de la derecha.

1. Pensar en los niños pobres me **hace** triste.
2. **Como** mayor, seré una pianista famosa.
3. Mi jefe **será** unos 45 años.
4. **Estuvo** en 2003 cuando conocí a mi marido.
5. Esa ONG no tiene tantos socios **que** Greenpeace.
6. En el concierto había **tanto** gente que no encontré a Paco.
7. Para trabajar aquí hay que **estar** disciplinado.
8. Colaborar en esa asociación me **trae** mucho.
9. Mi jefe no **está** capaz de escuchar nuestros problemas.
10. **Hay** falta proteger el medio ambiente.

a. tanta
b. ser
c. aporta
d. hace
e. es
f. tendrá
g. pone
h. como
i. de
j. fue

26 a. Vuelve a leer el texto de la Verbena de la Paloma en las páginas 114 y 115 de la Edición para estudiantes. ¿Cuáles de estas frases son verdaderas (V) y cuáles falsas (F)?

1. La Verbena de la Paloma se celebra en invierno.
2. Durante las fiestas de la Paloma se regalan churros.
3. Los churros son los dulces más populares de esta fiesta.
4. Los barquilleros llevan una ruleta y, si pierden, regalan a la gente los barquillos.
5. Las chulapas llevan un sombrero y una flor.
6. La palabra "chotis" es de origen escocés.
7. La procesión de la Paloma es el primer día de las fiestas.
8. Solo los bomberos pueden poner la imagen de la Virgen en su carroza.

b. Relaciona cada una de las palabras con su significado.

1. clavel
2. chotis
3. churro
4. verbena
5. barquillo
6. madrileño
7. barquillero
8. bombero

a. vendedor de dulces
b. habitante de la capital española
c. dulce típico hecho de harina, azúcar y canela
d. persona que lucha contra los fuegos
e. flor de color rojo
f. dulce frito
g. baile típico de Madrid
h. fiesta popular con música y baile

MUNDO PROFESIONAL

27 En el Departamento de Recursos Humanos de una empresa han mezclado las fichas de tres candidatos. Lee las frases siguientes y completa las fichas.

1. Uno de los candidatos tiene 32 años.
2. Álvaro es más joven que José Luis.
3. Alejandro tiene 28 años.
4. El mayor es capaz de organizar proyectos.
5. Alejandro es tan joven como Álvaro.
6. Dos candidatos son optimistas y el otro no.
7. El pesimista tiene 28 años.
8. Álvaro es optimista.
9. Un candidato es pesimista y muy flexible.
10. El joven optimista tiene mucha paciencia.

Nombre: ....
Edad: ....
Cualidades: ....

Nombre: ....
Edad: ....
Cualidades: ....

Nombre: ....
Edad: ....
Cualidades: ....

PRONUNCIAR BIEN

28 **a.** 39 - Las pausas en las frases. Lee el texto y comenta las dudas en clase.

En frases largas es recomendable hacer una pausa tras grupos de palabras o unidades de significado. Esta separación ayuda a entender mejor el mensaje. Escucha los siguientes ejemplos y fíjate en las curvas de entonación:

Necesitaré muchas horas para explicárselo a mi hijo.

A los 18 años comenzó a estudiar música en Caracas.

b. 40 - Lee las frases y marca el lugar de la pausa. Luego escucha y comprueba.

Desde hace tres años, Matilde trabaja en la misma empresa que yo.

Si Miguel me explica algo, siempre me cuesta mucho entenderlo.

Nos reuniremos en casa de Carlos para cenar el sábado.

En septiembre del año pasado, viajé por primera vez a Madrid.

Quiero descansar un poco antes de seguir con este trabajo.

En tu barrio hay muchas pastelerías que venden productos de buena calidad.

AUTOEVALUACIÓN

YA SÉ...	👍	✋	👎
... hablar del compromiso social: Mucha gente .... en proyectos sociales.	☐	☐	☐
... hablar de características y habilidades: Yo soy ...., tengo .... y soy capaz de	☐	☐	☐
... expresar necesidad: Se debe .... Hace falta	☐	☐	☐
... expresar sentimientos e interés: La música me .... mucho. Me pone	☐	☐	☐
... hablar del futuro: En el futuro mucha gente	☐	☐	☐
... expresar hipótesis: Supongo que José .... 50 años. / .... 50 años.	☐	☐	☐
... hacer comparaciones: El teatro no me gusta .... como el cine. El cine me gusta	☐	☐	☐
... algunos usos de ser y estar: .... violinista. .... en un concierto.	☐	☐	☐
... conjugar los verbos regulares e irregulares en futuro: ser: yo ....; tener: yo ....; poder: yo ....; hacer: yo	☐	☐	☐

10 LA TECNOLOGÍA Y YO

Comunicación
- Hablar de la oferta audiovisual
- Marcadores de frecuencia
- Expresar acuerdo, duda y desacuerdo
- Hablar de informática
- Describir un proceso
- Indicar la simultaneidad de dos acciones
- **MUNDO PROFESIONAL** Normas y reglas de comunicación en internet

Léxico
- Dispositivos electrónicos e internet
- Actividades cotidianas
- Programas de televisión

Gramática
- El uso de **mismo** como adjetivo, intensificador y pronombre
- Los usos de **para** y **por**
- El condicional regular e irregular
- Los usos del condicional
- **PRONUNCIAR BIEN** Los diptongos

Cultura
- El uso del móvil
- Las plataformas de contenido audiovisual
- **DE FIESTA** La vendimia

1 Ordena las palabras según estas categorías y añade otras. Hay varias posibilidades.

chatear	buscador	canal	conexión	enlace	impresora	noticia	pantalla	programa	ratón
reportaje	serie	documento	navegar	bloguero	carpeta	tutorial	documental	aplicación	

ordenador: ......

internet: ......

televisión: ......

2 Completa las frases con las siguientes palabras.

digitalización	enlace	aplicaciones	videoconferencia

1. Este es el blog de recetas de cocina del que te he hablado. Te mando el ....
2. No tuve que ir a Madrid para la entrevista de trabajo, me la hicieron por ....
3. Las ...... que más uso son las del tiempo meteorológico y las de mensajería.
4. Nuestro modo de trabajo está cambiando cada vez más a causa de la ....

3 ¿Qué palabra no forma parte del grupo?

1.	película	documental	concurso	mensaje
2.	cargador	tutorial	batería	pila
3.	periódico	televisión	impresora	radio
4.	canal	tertulia	noticias	reportaje
5.	buscador	página web	enlace	serie
6.	cobertura	enchufe	conexión	plataforma
7.	chatear	navegar	celular	escanear
8.	pantalla	ratón	tiempo	aplicación

4 ¿Qué vemos hoy? Completa la programación de televisión con el tipo de programa.

PROGRAMACIÓN TV

	17:00	18:00	19:00	20:00
TV 1	TELEDIARIO 17:00	EL OSITO PIPO 17:30	CANCIONES DEL MUNDO 18:30 	Clásicos del cine: TODO SOBRE MI MADRE 20:30
CANAL 5	HUERTOS URBANOS 17:15 	SABER Y TRIUNFAR 17:45	FORMULA 1 EN DIRECTO 18:45 	LA VIDA DE FRIDA KAHLO 20:00 
ANTENA 2	PREVISIÓN METEOROLÓGICA 17:00	VIAJE POR EL AMAZONAS 17:30 	AMOR PARA SIEMPRE T5 : E12 19:00	DISCUSIÓN Y DEBATE 20:30

1. noticias
2. deporte
3. película
4. el tiempo
5. documental
6. concurso
7. reportaje
8. serie
9. tertulia
10. dibujos animados
11. reportaje
12. programa musical

5 41 – Escucha el diálogo y marca los argumentos que se mencionan.

- La televisión ofrece mucha información interesante.
- Ver la tele es una forma cómoda para relajarse.
- Ver la tele es una actividad pasiva.
- Con la tele se puede aprender.
- Muchos programas tienen poco nivel.
- Con la tele no hay comunicación en las familias.
- La tele es un tema de conversación.
- La tele es importante para la gente mayor que no puede salir de casa.
- Hay que aprender a usar la tele, muchos no saben cómo.

6 Anota la categoría más adecuada para cada persona.

1. Jorge quiere ver los resultados del Campeonato Mundial de Fórmula 1.
2. A Raúl le interesa ver a los políticos hablando de temas de actualidad.
3. A Marcela le gusta practicar inglés con las películas y series en versión original.
4. A Julia le gustaría ver un programa informativo sobre las culturas prehispánicas.
5. Enrique se va de viaje a Brasil y quiere saber más sobre el Amazonas.
6. A Rosa le encantan los programas de preguntas y respuestas.
7. El lunes Lucía no pudo ver *Guerreras*, pero no quiere perderse ningún episodio.
8. Elena y Pablo comen y cenan viendo los informativos.

Programas de la tele

- las tertulias
- los reportajes
- los documentales
- las noticias / el telediario
- las retransmisiones deportivas
- los programas de deportes / de música / de actualidad...
- los concursos
- las películas
- las series
- las telenovelas
- los dibujos animados

7 Compara en tu cuaderno los perfiles de estas dos personas. ¿Qué tienen en común?

Nombre:	José López
Ciudad:	Salamanca
Profesión:	profesor de Biología
Lengua materna:	español
Lenguas extranjeras:	inglés
Periódicos que lee:	El País, El Mundo
Deportes:	fútbol, tenis
Redes sociales:	Facebook

Nombre:	José Luis Carrasco
Ciudad:	Salamanca
Profesión:	profesor de Biología
Lengua materna:	español
Lenguas extranjeras:	portugués
Periódicos que lee:	El Mundo, El País
Deportes:	tenis, golf
Redes sociales:	Facebook, Instagram

Los dos tienen el mismo nombre: José.

8 Completa los diálogos con las expresiones de las etiquetas.

aquí mismo	ahora mismo	tú mismo	no es lo mismo	me da lo mismo

1. • Camarero, ¿me trae la cuenta, por favor?
   ▪ ________ se la llevo.
2. • ¿Sabes dónde puedo conectarme a internet?
   ▪ Pues ________. En este café hay wifi gratis. Le pides la clave al camarero y él te la da.
3. • Ana María, ¿qué día vamos al cine?
   ▪ Elige tú el día, a mí ________ porque esta semana no tengo clases.
4. • Marina, ¿dónde has puesto la llave del coche?
   ▪ ¡La tengo yo, Alfredo! Me la diste ________.
5. • No entiendo por qué Elvira está tan triste. ¡Ha aprobado el examen!
   ▪ Sí, pero con una nota baja. Y para ella ________ aprobar con nota baja que con alta.

9 Relaciona las preguntas con las respuestas y complétalas con mismo/a/os/as.

1. ¿A qué hora empieza el partido?	☐	**a.** Sí, estaba aquí ________, en el sofá.
2. ¿Quién ha diseñado la página web?	☐	**b.** No, es la ________ de siempre.
3. ¿Has encontrado ya tu cargador?	☐	**c.** Claro, toma, la tienes aquí ________.
4. ¿Qué vemos esta noche?	☐	**d.** Nosotros ________ con la ayuda de una amiga.
5. ¿Puedo usar tu tableta?	☐	**e.** La verdad es que me da lo ________.
6. ¿Has cambiado la clave de acceso?	☐	**f.** Ahora ________, ya son las ocho.

10 Completa la tabla con las formas del condicional.

VERBOS REGULARES			
			COMER
yo		**-ía**	
tú		**-ías**	
él, ella, usted	infinitivo +	**-ía**	
nosotros/as		**-íamos**	
vosotros/as		**-íais**	
ellos, ellas, ustedes		**-ían**	

11 Completa la tabla con las formas irregulares del condicional y la conjugación del verbo poner.

VERBOS CON RAÍZ IRREGULAR			
INFINITIVO	RAÍZ	TERMINACIÓN	PONER
decir	**dir-**		pondría
hacer		ía	
poder		ías	
poner		ía	
saber	**sabr-**	íamos	
salir	**saldr-**	íais	
tener		ían	
venir	**vendr-**		

12 Mira estos usos del condicional y traduce las frases a tu lengua.

Expresar cortesía: ¿Podría repetirme su nombre y su apellido, por favor?

Expresar deseos: Me encantaría comprarme un nuevo móvil.

Proponer o recomendar: Yo cambiaría de plataforma, la otra es más completa.

Dar consejos: Creo que deberías volver a empezar o pedir ayuda a alguien.

Hacer hipótesis: Estaría cansada, por eso se fue pronto. No te preocupes.

13 Clasifica estas expresiones según las siguientes categorías. ¿Puedes añadir más?

no, en absoluto | de acuerdo | depende | creo que no | yo sí

puede ser | no es verdad | es probable | tienes razón

ACUERDO	DUDA	DESACUERDO

14 **Recomendaciones para aprender español. ¿Puedes darle algunos consejos a una persona que aprende español?**

1. Después de cada clase escribir frases con el vocabulario nuevo.
2. Hacer las tareas regularmente.
3. Aprender frases completas.
4. Ver películas en castellano con subtítulos.
5. Ir de vacaciones a países hispanohablantes.
6. Buscar a hispanohablantes para chatear en internet.
7. Leer en voz alta para practicar la pronunciación.
8. Escuchar música en español.
9. Hablar sin miedo a los errores.
10. Leer textos fáciles y de tu nivel en casa.

1. Yo en tu lugar escribiría después de cada clase frases con el vocabulario nuevo.

15 **¿Qué harías en estas situaciones? Formula frases usando el condicional.**

1. Te han regalado un libro que ya has leído.
2. Tus vecinos han cuidado tus plantas en las vacaciones.
3. No has ido a clase y no sabes cuáles son los deberes.
4. Te has levantado tarde y no tienes agua caliente en casa.
5. Necesitas escanear un documento y tu escáner no funciona.
6. Has tenido un accidente de coche y tu móvil no funciona.

1. Yo iría a la tienda y lo cambiaría por otro.

16 **Un/a amigo/a que quiere viajar a Perú te pide consejo. Relaciona las frases y sustituye los infinitivos por la forma adecuada del condicional.**

1. poner un anuncio en el periódico		a.	porque no llueve tanto
2. hacer el viaje durante el invierno	1	b.	para buscar a otras personas para el viaje
3. reservar el vuelo		c.	porque se camina mucho en la excursión
4. preguntar en la embajada		d.	muchos meses antes
5. hacer la excursión del Camino Inca		e.	si se necesita visado para Perú
6. informarse en una agencia de viajes		f.	para saber qué hay que llevar para el Camino Inca
7. descansar unos días en Cusco		g.	porque es un camino fascinante al Machu Picchu
8. llevar zapatos cómodos		h.	para evitar el mal de las alturas, el soroche

1. Yo en tu lugar pondría un anuncio en el periódico para buscar…

17 **¿Qué podrían decir estas personas para preguntar o pedir permiso amablemente?**

1. • ¿Podría decirme la hora?
   ■ ¡Por supuesto! Son las cuatro y media.
2. • ……
   ■ ¡Ábrela! ¡Ábrela! Yo también tengo calor.
3. • ……
   ■ Claro, toma nota: es el 915 414 100.
4. • ……
   ■ Por supuesto, aceptamos todas las tarjetas.
5. • ……
   ■ Ahora mismo. ¿Lo quiere con limón?
6. • ……
   ■ ¿Un bolígrafo? A ver... no, no tengo ninguno.
7. • ……
   ■ Siga todo recto hasta la plaza, allí hay una.
8. • ……
   ■ Sí, sí, llévatela, hay reportajes muy buenos.

18 ¿Puedes ordenar las siguientes frases, según su grado de cortesía, de menos a más (1-8)?

- ¿Me prestarías el libro?
- ¡Préstame el libro!
- ¿Me podrías prestar el libro?
- ¿Por qué no me prestas el libro?
- ¿Me prestas el libro?
- ¿Te importaría prestarme el libro?
- ¿Te importa prestarme el libro?
- ¿Me puedes prestar el libro?

19 **a.** Lee este mensaje de un foro sobre nuevos medios y elige la opción adecuada.

Mi nombre es Rosana y tengo 19 años. Vuestro **reportaje / concurso** *Consumo y televisión* me ha ayudado mucho, por eso quería pediros algunos consejos. Desde hace unos meses mis amigos me dicen que no **quedo / quiero** con ellos, que siempre tengo **excusas / excursiones** cuando hacemos planes. No entiendo qué me **pasa / paso**. La verdad es que no me interesa tanto estar con ellos, prefiero ver mis **series / tertulias** favoritas. Paso muchas horas viendo las series, porque en la **plataforma / televisión**, cuando termino un capítulo, veo el siguiente y no puedo parar. A mis padres les digo que todo es en versión **original / infantil** para practicar inglés y por eso no me dicen nada. Pero la verdad es que por las mañanas estoy muy cansada porque duermo poco... ☺

b. Escribe algunos consejos para Rosana usando la información de las etiquetas. Utiliza el condicional.

contarles el problema a tus padres	sacar el ordenador de la habitación	quedar con tus amigos/as
no empezar con una nueva serie	hacer deporte	no ver series ni vídeos después de las diez de la noche

Querida Rosana: Tendrías que... y deberías... Además, podrías...

20 Ordena las siguientes palabras, según la frecuencia, de menos a más (1-12).

a veces	con frecuencia	cada año
casi siempre	de vez en cuando	nunca
casi nunca	siempre	todos los días
raramente	algunas veces	regularmente

21 🔊 42-45 – Escucha cuatro diálogos y decide si las personas están de acuerdo, expresan duda o están en desacuerdo.

	1.	2.	3.	4.
acuerdo ☺				
duda 😐				
desacuerdo ☹				

22 Lee las opiniones de Tina, una estudiante de español, y escribe tu reacción expresando acuerdo, duda o desacuerdo, según el emoticono.

1. Lo más interesante en clase es hablar con mis compañeros y compañeras y jugar, ¿verdad?
   ☺ ....
2. Yo hago una lista de todas las palabras nuevas después de la clase. ¡Es muy práctico!
   😐 ....
3. Leer literatura en español es una forma muy buena de aprender.
   ☹ ....
4. Me siento muy insegura cuando hablo con gente de España o Latinoamérica.
   😐 ....
5. Lo mejor para practicar la lengua es ver muchas películas con subtítulos en español.
   ☺ ....
6. Para aprender español hay que viajar a países hispanohablantes.
   😐 ....
7. En internet puedo conocer gente y practicar el español.
   ☺ ....
8. Creo que aprender con el ordenador es muy efectivo.
   ☹ ....

23 Formula consejos para estudiar español combinando los elementos de las columnas.

	leer en voz alta
	cantar canciones
	escribir las palabras nuevas
practicar la pronunciación	hacer muchas tareas en casa
aprender vocabulario	consultar el diccionario
acostumbrarse a la melodía del español	ver películas con subtítulos
superar el miedo a hablar	escuchar la radio
	contar historias personales en clase
	jugar en clase
	aprender frases completas de memoria

Puedes practicar la pronunciación leyendo en voz alta.

24 Corrige las palabras en negrita por las correctas de la derecha.

1. Otra vez **la misma** programa, ¿no te aburres?	☐	a. mismo
2. He comprado este libro **para** 35 euros en internet.	☐	b. para
3. A mí, en realidad, me da **el mismo**.	☐	c. razón
4. Habría **de** hacer una televisión de calidad.	☐	d. que
5. Necesito estos documentos **en** el viernes.	☐	e. la
6. Aprendo mucho escuchando **el** radio.	☐	f. estoy
7. **Soy** de acuerdo contigo, este vino es excelente.	☐	g. el mismo
8. Me informo **al ver** la televisión.	☐	h. viendo
9. El jefe tiene **derecho**, no has preparado los documentos.	☐	i. lo mismo
10. ¿Has diseñado la página web tú **propio**?	☐	j. por

25 Lee esta entrevista sobre el uso de los medios y marca la opción adecuada.

- Estamos haciendo una encuesta sobre el uso de los medios de comunicación. ¿Tiene unos minutos **por / para** nuestro programa?
- **Por / Para** supuesto.
- En primer lugar, ¿con qué frecuencia ve usted la tele?
- La verdad, raramente. **Por / Para** la noche mientras estoy cenando.
- Y dígame, ¿qué hace **por / para** estar informado?
- Escucho la radio en el coche o navego **por / para** internet.
- ¿Pasa muchas horas **por / para** día frente al ordenador?
- Bueno, en mi trabajo lo uso **por / para** necesidad. En la oficina estoy siempre conectado.
- Claro, y **por / para** eso, cuando llega a casa, necesita desconectar.
- Exactamente, **por / para** mí la tele, y también internet, es algo pasivo. Yo necesito actividad y después del trabajo prefiero correr **por / para** el parque.
- ¿Y su familia?
- Mi padre se pasa la vida viendo telenovelas y mi mujer compra mucho **por / para** internet.
- ¿Y sus hijos?
- Mi hija mayor está todo el tiempo comunicándose **por / para** WhatsApp y los chicos usan Instagram **por / para** intercambiar fotos y hablan con los amigos **por / para** Skype.
- Entiendo, muchas gracias **por / para** la entrevista.

26 Vuelve a leer el texto de la vendimia de las páginas 128 y 129 de la Edición para estudiantes y marca qué frases son verdaderas (V) y cuáles falsas (F).

1. ☐ El vino de reserva tiene mejor calidad que el vino de crianza.
2. ☐ Las distintas categorías de calidad del vino dependen del tiempo que este pasa en el barril y en la botella.
3. ☐ Un rioja es un vino producido totalmente en la región de La Rioja.
4. ☐ La vendimia se realiza en otoño y está acompañada de muchas fiestas.
5. ☐ El mosto es un vino de baja calidad.
6. ☐ Una parte bonita de la fiesta es cuando el primer mosto se ofrece a la patrona de Logroño.

MUNDO PROFESIONAL

27 Lee estas normas y reglas de comunicación en internet y ordénalas según el grado de importancia que tienen para ti. Luego formula los cinco consejos más relevantes según el modelo.

'NETIQUETA' EN LOS CORREOS ELECTRÓNICOS

- ☐ Escribe mensajes claros y concretos. Recuerda que los mensajes largos son difíciles de entender.
- ☐ Pon siempre un título al mensaje.
- ☐ Contesta a todas las preguntas y formula tus dudas también.
- ☐ Ten cuidado con la ortografía y escribe correctamente.
- ☐ Separa el texto en párrafos. Un texto con estructura clara es más fácil de leer.
- ☐ No pongas elementos de "decoración" en el mensaje. En el mundo profesional es poco serio.
- ☐ Saluda y despídete correctamente en cada mensaje.
- ☐ Revisa siempre si aparecen tus datos de identificación (teléfono, dirección postal, etc.).
- ☐ Lee el mensaje completo antes de hacer clic en "enviar". Así puedes evitar muchos problemas.

Yo escribiría mensajes claros y concretos.

PRONUNCIAR BIEN

28 **a.** Los diptongos. Lee el texto y comenta las dudas en clase.

Los diptongos son la unión de una vocal abierta o fuerte (**a**, **e**, **o**) y una vocal cerrada o débil (**i**, **u**), o la unión de dos cerradas (**i**, **u**). Este doble sonido forma una única sílaba. Si el acento recae en un diptongo formado por dos vocales cerradas, el golpe de voz está siempre en la segunda vocal: *in-clu**i**-do*. Si el diptongo lo forman una vocal abierta y una cerrada, o viceversa, el golpe de voz recae sobre la vocal fuerte: ***o**i-go, p**a**u-sa; de-ma-si**a**-do, cu**e**s-ta*.
Si, excepcionalmente, el golpe de voz recae sobre la vocal cerrada, esta se acentúa: *Ma-**rí**-a, pa-**ís**, Ra-**úl***. En este caso las dos sílabas se pronuncian por separado. Ten en cuenta que en español dos vocales abiertas (**a**, **e**, **o**) nunca pertenecen a la misma sílaba: *tra-er, Co-rre-os*.

b. 46 – Divide estas palabras en sílabas y pon los acentos si es necesario. Después comprueba con la grabación.

paciencia	tendrias	bailar	idioma
bueno	farmacia	despues	ruido
caotico	frio	guardar	linea

AUTOEVALUACIÓN

YA SÉ...

... proponer o recomendar:
El uso de los móviles debería ....

... hablar de películas y programas de televisión:
Me gusta ver .... y ....

... indicar la frecuencia de una acción:
Escucho las noticias .... veo películas.

... hablar de ordenadores e internet:
Me gusta .... por internet y ....

... describir la simultaneidad de dos acciones:
Canto mientras me ducho. / Me ducho ....

... expresar acuerdo, duda o desacuerdo:
¿Estás de acuerdo?
Sí. / No sé, puede ser. / No, ...

... usar mismo como adjetivo o como pronombre:
La .... hora, los .... programas. Me da ....

... conjugar los verbos regulares e irregulares en condicional:
hablar: yo .... ; decir: yo .... ; tener: yo ....

... usar las preposiciones para y por correctamente:
Veo series .... relajarme. Uso internet .... necesidad.

11 ¡BUEN TRABAJO!

Comunicación
- Describir las condiciones laborales
- Hablar de funciones y actividades en el trabajo
- Expresar habilidades y cualidades
- Redactar una solicitud de empleo
- Expresar datos: porcentajes, fracciones y números ordinales
- **MUNDO PROFESIONAL** Ofertas de trabajo y cartas de solicitud

Léxico
- Profesiones
- Ofertas de trabajo
- Voluntariados

Gramática
- El participio con el pretérito perfecto
- El participio con **estar**
- El pretérito pluscuamperfecto
- **PRONUNCIAR BIEN** Algunas variedades del español

Cultura
- El mundo laboral
- **DE FIESTA** Día de Muertos

1 **Clasifica las profesiones en los grupos siguientes. Hay varias posibilidades. ¿Puedes añadir otras profesiones?**

mecánico/a | recepcionista | dentista | taxista | peluquero/a | arquitecto/a | pintor/a
médico/a | secretario/a | fontanero/a | vendedor/a | panadero/a | actor, actriz | director/a de cine
escritor/a | veterinario/a | electricista | cantante | agricultor/a | camarero/a

1. Atiende a clientes: ....
2. Cuida a pacientes: ....
3. Realiza trabajos artísticos: ....
4. Repara cosas: ....
5. Produce o vende productos: ....

2 **Completa con las profesiones que se describen. En las casillas marcadas encuentra otra profesión y escribe su definición.**

1. Trabaja en un taller y repara coches.
2. Lo necesitamos si un grifo no funciona.
3. Se dedica a tocar un instrumento musical o cantar.
4. Lleva a la gente en coche de un lugar a otro.
5. Escribe cartas y lleva la agenda de su jefe o jefa.
6. Vamos a su consulta cuando tenemos problemas con los dientes.
7. Trabaja en un colegio y ayuda a los/as alumnos/as a aprender.
8. Trabaja en un restaurante preparando la comida.

Solución: ....

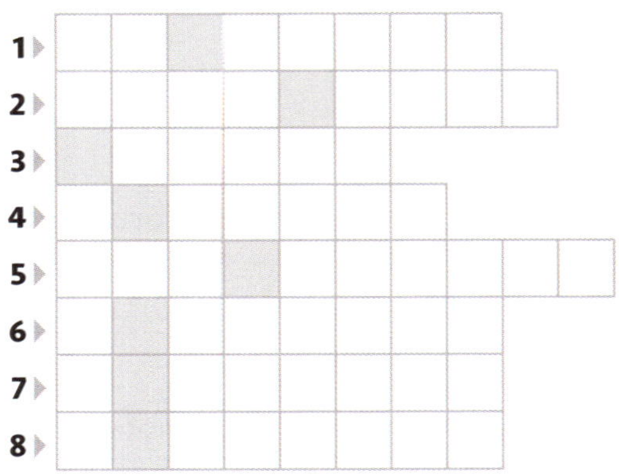

3 Utiliza estas expresiones para describir tu trabajo.

trabajar	a tiempo completo / parcial
ser	un trabajo manual
tener	empleado/a / autónomo/a
hacer	horario fijo / flexible
hablar	por turnos / en equipo
leer / escribir	a clientes
coordinar / organizar	contactos
visitar / atender	por teléfono
calcular	correos electrónicos
archivar	documentos / facturas
asistir a	reuniones / viajes
presentar	proyectos / datos / precios

Trabajo a tiempo completo. Organizo reuniones y visito a clientes.

4 ¿En qué consiste tu trabajo? Relaciona los comentarios con las fotos y después escribe la descripción que falta.

1. En esta profesión hay que ser muy flexible. A veces tengo que trabajar muchas horas seguidas, incluso los fines de semana. Después de un vuelo transatlántico tengo unos días libres.
2. Trabajo por turnos y tengo que estar mucho tiempo de pie. Atiendo a los clientes y sirvo las mesas. El trabajo en la alta gastronomía es bastante exigente.
3. Soy autónoma. En general, me gusta hablar con los clientes, pero los atascos me molestan mucho.
4. ....

5 Completa la tabla con los adjetivos y sustantivos correspondientes.

SUSTANTIVO	ADJETIVO	SUSTANTIVO	ADJETIVO
la sensibilidad	sensible	la comprensión	comprensivo/a
la flexibilidad			responsable
la creatividad			motivado/a
la tranquilidad			comunicativo/a
la paciencia			perfeccionista
la rapidez			ordenado/a
el trabajo			sistemático/a

6 ¿Qué palabra no forma parte del grupo? Táchala.

1. mitad | tercio | cuarto | tercero
2. estudios | idiomas | experiencia | vacaciones
3. perfeccionista | impulsiva | ordenada | puntual
4. reconocimiento | prestigio | promoción | equipo
5. fijo | flexible | de prácticas | de tres meses
6. panadero | peluquero | pastelero | cocinero

7 ¿Cómo son estas personas? Relaciona las definiciones con las cualidades.

1. Una persona que se adapta fácilmente a nuevas situaciones es ☐
2. Una persona que tiene muchas ideas originales es ☐
3. Una persona que no se pone nerviosa fácilmente es ☐
4. Una persona que odia esperar es ☐
5. Una persona que no piensa las cosas antes de hacerlas es ☐
6. Una persona desordenada y que nunca hace las cosas por orden es ☐
7. Una persona que hace las cosas por orden y siguiendo un método es ☐
8. Una persona que tiene siempre las cosas en su lugar es ☐

a. impulsiva
b. caótica
c. tranquila
d. flexible
e. ordenada
f. sistemática
g. impaciente
h. creativa

8 47 - Lee estas respuestas. Después escucha ocho preguntas y pon el número en la respuesta adecuada.

☐ Sí, pero estoy bastante nerviosa.
☐ Parece responsable y trabajador. Y con mucha experiencia.
☐ Tendrá unos treinta años, pienso.
☐ Bueno, el sueldo no es lo más importante. Tengo responsabilidad y me siento útil.
☐ Aburridísimo. Me paso la mitad del día escribiendo informes.
☐ Sí, y siempre está de buen humor.
☐ Sí. Los vuelos están reservados y el hotel también.
☐ Está disponible a partir de junio.

9 Aquí tienes la estadística de una empresa sobre la satisfacción de sus empleados/as. Escribe un pequeño texto utilizando las palabras de las columnas, como en el ejemplo.

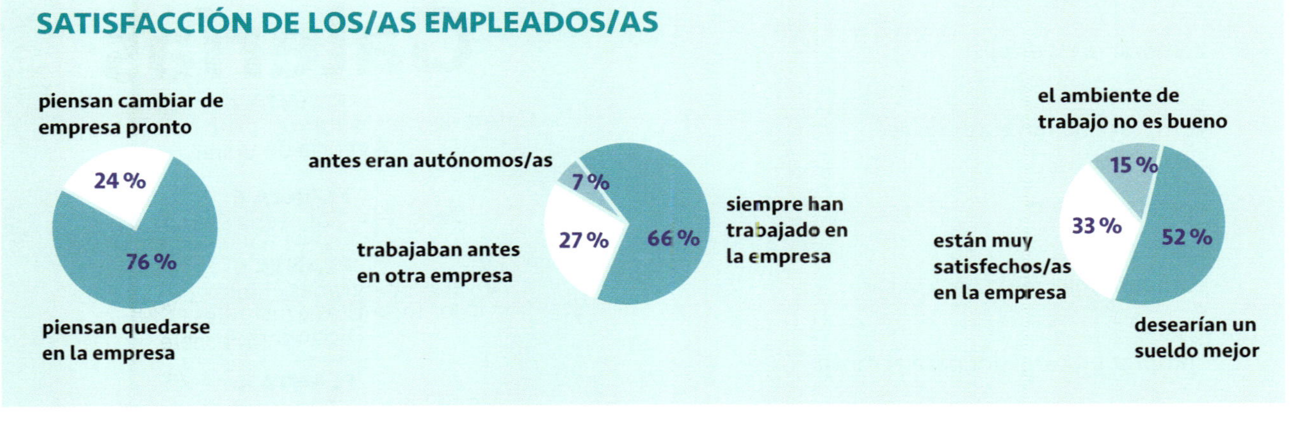

(casi)	todos/as
(aproximadamente)	la mitad
(más de)	un / dos tercio(s)
(menos de)	un / tres cuarto(s)
(solo)	algunos/as
(muy)	pocos/as

Más de la mitad de los/as empleados/as desearía un sueldo más alto.

10 Completa la tabla con el infinitivo de cada verbo y, luego, con la forma él, ella, usted en cada tiempo.

INFINITIVO	PERFECTO	INDEFINIDO	IMPERFECTO	PLUSCUAMPERFECTO	CONDICIONAL
ser	ha sido			había sido	
		presentó			
					leería
escribir					
	ha puesto				
			venía		

11 Relaciona los hechos históricos y forma frases como en el ejemplo.

- Cae el Muro de Berlín (1989) | Muere Franco (1975)
- Günter Grass recibe el Premio Nobel de Literatura (1999) | Camilo José Cela: Premio Nobel de Literatura (1989)
- Gaudí empieza a construir la Sagrada Familia (1882) | Walter Gropius funda la Bauhaus (1919)
- La guerra civil española termina (1939) | La Segunda Guerra Mundial termina (1945)
- Cervantes escribe el *Quijote* (1605) | Goethe publica *Fausto* (1808)
- Picasso pinta el *Guernica* (1937) | Dalí pinta *Muchacha en la ventana* (1925)
- Mark Zuckerberg crea Facebook (2004) | IBM vende el primer teléfono inteligente (1995)

Cuando cayó el Muro de Berlín, Franco ya había muerto.
Cuando murió Franco, todavía no había caído el Muro de Berlín.

12 ¿En qué planta de estos grandes almacenes puedes hacer estas cosas?

- tomar un café
  En la séptima planta
- comprar unos esquís
- comprar una novela policíaca
- cortarse el pelo
- comprar una crema para la cara
- comprar un cargador para el móvil
- hacerse unas fotos
- comprar un traje y una camisa
- probarse una falda
- enviar unas flores
- reservar un viaje

Galerías

PLANTA 7
Cafetería · Restaurante · Club del Gourmet · Agencia de Viajes

PLANTA 6
Deportes · Zapatería Deportiva

PLANTA 5
Novelas · Biografías · Libros de Bolsillo · Libros Infantiles y Juveniles · Cómics · Diccionarios

PLANTA 4
Moda Juvenil · Vaqueros · Zapatería · Peluquería

PLANTA 3
Ropa niños–niñas · Bebés · Estudio Fotografía

PLANTA 2
Todo para el Hombre · Camisería · Tallas Especiales · Ropa Interior

PLANTA 1
Todo para la Mujer · Tallas Especiales · Boutique · Futura Mamá

PLANTA BAJA
Perfumería · Cosmética · Relojería · Farmacia · Óptica · Informática

SÓTANO
Supermercado · Pastelería · Flores Naturales

13 Lee las ofertas de trabajo y contesta estas preguntas.

1

ASISTENTE DE DIRECCIÓN

PARA EMPRESA MULTINACIONAL (MADRID)
Incorporación inmediata

Requisitos:
- flexibilidad de horarios
- trato agradable con el público
- buen nivel de inglés y francés

Se ofrece:
- trabajo de lunes a sábado
- cheques restaurante
- formación continua

Solicitudes: www.servicom.org

2

Agencia de publicidad busca

Asistente de marketing

Perfil:
- formación en secretariado internacional
- conocimientos de marketing
- buenos conocimientos de inglés
- persona muy flexible

Ofrecemos:
- contrato fijo
- posibilidad de promoción

Interesados enviar CV a:
p_lopezarriaga@temponet.com

3

Empresa de ingeniería busca administrativo/a para su departamento financiero

SE REQUIERE:
› incorporación inmediata
› nivel avanzado de Excel y SAP
› experiencia en puesto similar
› inglés hablado y escrito

SE OFRECE:
› contrato a autónomos/as
› jornada flexible

Contacto: c.kaiser@alcyon.es

¿En qué anuncio(s)...

1. ... se necesita hablar por lo menos dos idiomas extranjeros?
2. ... hay que trabajar los fines de semana?
3. ... piden conocimientos de informática?
4. ... hay que empezar a trabajar enseguida?
5. ... se ofrece la posibilidad de hacer cursos de formación?
6. ... se puede ascender después de un tiempo?

14 48 - Escucha esta conversación y marca la respuesta correcta. ¿Cuál de los tres anuncios le interesa a Roberto?

1. Roberto tiene conocimientos de
   - ☐ inglés.
   - ☐ francés.
   - ☐ alemán.
2. A Roberto le interesa trabajar
   - ☐ a tiempo parcial.
   - ☐ a tiempo completo.
   - ☐ de autónomo.
3. Lo más importante para él es
   - ☐ la promoción.
   - ☐ el sueldo.
   - ☐ el horario.

15 ¿Qué tareas ha hecho hoy Alfonso? Completa con la forma correcta del participio.

Alfonso ya se puede ir a casa porque ya ha .... (TERMINAR) su trabajo. Para la reunión de mañana lo tiene todo .... (PREPARAR): las fotocopias están .... (HACER), los informes están .... (PREPARAR) y también ha .... (ESCRIBIR) unos correos para recordar a la gente invitada la hora y el lugar. Además, también ha .... (LLAMAR) a la agencia de viajes. El billete de avión y el hotel para el viaje de su jefa están .... (RESERVAR). Las invitaciones para la fiesta de cumpleaños ya están .... (ESCRIBIR), pero todavía no las ha .... (ENVIAR). Lo hará mañana.

16 Relaciona las preguntas con las respuestas.

1. ¿Trabaja usted a tiempo completo?
2. ¿Se piden varios idiomas?
3. ¿Qué tipo de contrato ofrecen?
4. ¿Está satisfecho con su sueldo?
5. ¿Cuándo empezó a trabajar en la empresa?
6. ¿Se requiere experiencia?
7. ¿Tiene conocimientos de informática?

a. Uno a tiempo parcial.
b. En el año 2015.
c. No. La verdad es que me parece poco.
d. Sí, a nivel de usuario.
e. No, a tiempo parcial.
f. Solo un buen nivel de inglés.
g. Sí, 3 años o más en el sector inmobiliario.

17 ¿A qué categoría pertenecen estas palabras o expresiones? A veces hay varias posibilidades. ¿Puedes añadir una palabra o expresión a cada categoría?

por turnos | cocinero/a | disciplina | economista | de prácticas | ilustrador/a

buen sueldo | abogado/a | saber escuchar | optimista | taxista | paciencia

a tiempo completo | ganas de aprender | motivación | flexibilidad | horario flexible | trabajador/a

PROFESIONES	CUALIDADES	CONDICIONES DE TRABAJO

18 Reescribe las preguntas como en el ejemplo.

PARTICIPIO COMO FORMA VERBAL	PARTICIPIO COMO ADJETIVO
¿Has **preparado** el café?	¿El café está preparado?
¿Has **enviado** la invitación?	
¿Has **reservado** los vuelos?	
¿Has **hecho** las fotocopias?	

19 Completa la tabla con las formas del imperfecto del verbo haber y formas que faltan de los participios regulares e irregulares.

	IMPERFECTO DE HABER	PARTICIPIO REGULAR	PARTICIPIO IRREGULAR
yo	**había**	trabajar → trabaj**ado**	abrir →
tú		tener → ten**ido**	decir →
él, ella, usted	**había**	vivir →	escribir →
nosotros/as			hacer →
vosotros/as	**habíais**		poner →
ellos, ellas, ustedes			romper →
			ver →
			volver →

20 ¿Qué valoramos de un buen trabajo? Completa el texto con ayuda del diagrama y las siguientes palabras. No es necesario utilizarlas todas. ¿Cuáles sobran?

mitad	total	tercio	cuarto	cinco	tercer	coma	por ciento

¿Qué es lo que más valoran los empleados de una empresa?

Los datos de un estudio realizado por Randstad en el que han entrevistado a un ______ de 175 000 personas de 30 países diferentes muestran los aspectos que los empleados más valoran dentro de una empresa. El sueldo es lo más importante, ya que el 63 ______ de los encuestados dicen que el factor más importante es la remuneración. A continuación aparece la conciliación entre la vida familiar y laboral: más de la ______ le da mucha importancia a la posibilidad de poder combinar la profesión y la familia. En este caso, las mujeres le dan más importancia a la conciliación que los hombres.
En ______ lugar encontramos la estabilidad: el 48 % de los trabajadores buscan estabilidad en el puesto de trabajo.

Después tenemos la flexibilidad horaria, una opción que han elegido el 41 % ______ cinco de los encuestados. El último factor es que las tareas sean interesantes. Esto es esencial para un ______ de las personas que han contestado a la encuesta.

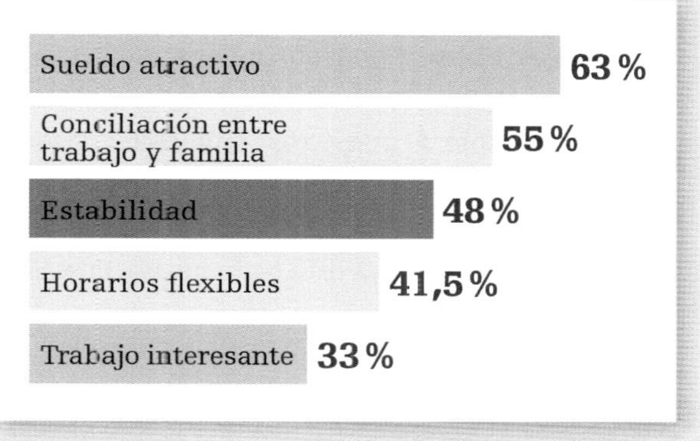

21 Eva nos habla sobre una fiesta de cumpleaños. Completa el texto poniendo los verbos en indefinido o en pluscuamperfecto.

Ayer Ángela celebró su cumpleaños. La fiesta era en su casa a las ocho. ______ (OLVIDAR, YO) comprar un regalo, así que a las siete y media ______ (IR) a una librería y le ______ (COMPRAR) una novela. Yo ______ (SER) la última en llegar, porque todos ______ (LLEGAR) antes y ya ______ (FELICITAR) a Ángela. Cuando Ángela ______ (ABRIR) mi regalo, ______ (VER) que yo ______ (COMPRARLE) la misma novela que su madre, así que irá a cambiarla.
En la fiesta todos ______ (BAILAR) salsa y ______ (COMER) mucho. Ángela ______ (PREPARAR) unas tapas deliciosas y su hermano Raúl ______ (HACER) una tarta de chocolate enorme. Los invitados ______ (ESTAR) en la fiesta hasta las doce y media de la noche. Algunos, como Marcos, ______ (IR) en metro a casa de Ángela, así que los que teníamos coche los ______ (LLEVAR) después a casa.

22 Alicia es secretaria en una empresa. ¿Cuáles de las tareas ha hecho ya y cuáles todavía no?

1. • ¿Has hecho ya las fotocopias?
   ▪ ☺ Sí, ya están hechas.
2. • ¿Has enviado ya las invitaciones?
   ▪ ☹ No, todavía no están enviadas.
3. • ¿Has preparado el café?
   ▪ ☹ ______
4. • ¿Has contestado los correos?
   ▪ ☺ ______
5. • ¿Has terminado los informes?
   ▪ ☺ ______
6. • ¿Has escrito la carta de invitación?
   ▪ ☹ ______
7. • ¿Has comprado el material de oficina?
   ▪ ☺ ______
8. • ¿Has reservado la mesa en el restaurante?
   ▪ ☹ ______

23 Tus compañeros/as de trabajo están preparando una fiesta de despedida para una colega y tú quieres participar, pero no sabes qué puedes hacer o qué falta. Formula preguntas usando la forma adecuada de los participios.

¿Has / Habéis ¿Está / Están	preparar hacer lavar comprar poner apagar encender	las bebidas? café? los platos? la tarta? los regalos? la mesa? los ordenadores? las velas?

24 Completa el texto con las palabras de las etiquetas.

certificados | oferta | solicitud | tiempo completo | correo electrónico | contrato fijo

Andrés está buscando trabajo. Mirando las páginas de empleo en internet, ha encontrado una ______________ interesante: un trabajo en una inmobiliaria a ______________ y con un horario flexible. El puesto está muy bien pagado y además ofrecen un ______________. Enseguida Andrés se ha puesto a escribir la carta de ______________ y también ha escaneado sus ______________. No tenía ninguna foto para incluir en el CV, así que se ha ido inmediatamente al fotógrafo. Ahora ya está todo hecho, la solicitud está terminada. Ya solo tiene que enviarla por ______________.

25 En cada frase hay un error. Cambia las palabras en negrita por las correctas de la derecha.

1. Vivo en el **tercio** sin ascensor. ☐
2. Cuando llegué ya **ha** empezado la conferencia. ☐
3. Ofrecen trabajo a tiempo **medio**. ☐
4. Estoy **dispuesto** a partir del 1 de septiembre. ☐
5. Es necesario trabajar **de** equipo. ☐
6. En su trabajo tiene que **atender** a reuniones. ☐
7. Antonio es **posible** de trabajar con estrés. ☐
8. Ya podemos cenar, la mesa está **puesto**. ☐

a. puesta
b. asistir
c. disponible
d. había
e. tercero
f. capaz
g. parcial
h. en

26 Vuelve a leer el texto sobre el Día de Muertos de las páginas 142 y 143 de la Edición para estudiantes y marca si las siguientes frases son verdaderas (V) o falsas (F).

1. ☐ En México, como en todas las culturas, la muerte es un tema tabú.
2. ☐ El Día de Muertos tiene origen indígena.
3. ☐ La caléndula es la flor preferida para decorar los cementerios.
4. ☐ El dulce más vendido durante las fiestas es el "pan de muerto".
5. ☐ En las casas se instalan altares en honor a los santos.
6. ☐ El último día se celebra la fiesta en los cementerios, donde se come y se bebe.

MUNDO PROFESIONAL

27 Completa esta carta de solicitud con las frases siguientes.

1. 23 de mayo de 2010
2. hice unas prácticas
3. les envío mi currículum vitae
4. les saluda atentamente
5. ya tengo experiencia laboral
6. como pueden ver en mi CV

Alicante, ______

Estimados/as señores/as:

En respuesta a su anuncio del día 10 de mayo para un puesto de recepcionista, ______. ______, terminé mis estudios de Turismo hace 2 meses en la Universidad de Barcelona. Soy una persona comunicativa y flexible, y tengo buenos conocimientos de inglés y francés. Además, ______ en el sector porque ______ en el Hotel Rey Juan Carlos el verano pasado.

A la espera de recibir pronto noticias, ______

María Jesús Ortega

28 En una oferta de trabajo, marca cuáles de estas cosas las requiere normalmente una empresa (E), cuáles las ofrece un/a candidato/a (C), o ambos (A).

- ☐ horario flexible
- ☐ alto nivel de inglés
- ☐ posibilidad de promoción
- ☐ sueldo adecuado
- ☐ persona organizada y responsable
- ☐ conocimientos de Word y Excel
- ☐ contrato de seis meses
- ☐ experiencia mínima de tres años

PRONUNCIAR BIEN

29 a. Algunas variedades del español. Lee el texto y comenta las dudas en clase.

A lo largo de ***Nos vemos hoy*** te has encontrado con algunas variantes de pronunciación del español. Ya sabes que para algunos/as hablantes nativos/as las consonantes **c** (delante de **e** e **i**) y **z** no son interdentales. En los países latinoamericanos, en las Islas Canarias y en algunas regiones del sur de España, se pronuncian como una **s**.
En español la **ll** y la **y** se pronuncian casi de la misma manera, aunque esta pronunciación es diferente según la zona geográfica, lo que ocurre, por ejemplo, en Argentina o Uruguay.

b. 49 - Escucha y compara la pronunciación de c/z. ¿De dónde son las personas?

	1.	2.	3.	4.	5.
Madrid					
Málaga					

c. 50 - Escucha y compara la pronunciación de ll/y. ¿De dónde son las personas?

	1.	2.	3.	4.	5.
Madrid					
Buenos Aires					

AUTOEVALUACIÓN

YA SÉ...	👍	✋	👎
... describir condiciones laborales: Soy .... Trabajo a tiempo .... Tengo horario	☐	☐	☐
... hablar sobre el grado de satisfacción en el trabajo: Tengo un trabajo .... Tengo un buen	☐	☐	☐
... nombrar las funciones y las actividades en el trabajo: Escribo .... Vendo .... a clientes.	☐	☐	☐
... relacionar acontecimientos del pasado: Antes de .... ya había	☐	☐	☐
... describir habilidades y cualidades: Soy .... Tengo	☐	☐	☐
... solicitar un puesto de voluntariado / trabajo: Me gustaría .... Tengo	☐	☐	☐
... indicar porcentajes y fracciones: 50 % .... = ½ .... ; ⅓ .... ; ¾	☐	☐	☐
... formar y usar el pluscuamperfecto: Cuando empecé a estudiar español, ya había	☐	☐	☐
... usar los números ordinales: 1.° ...., 2.° ...., 3.° ...., 4.° ...., 5.°	☐	☐	☐
... usar el participio detrás de estar: He escrito la carta, por lo tanto, la carta	☐	☐	☐

12 MIRADOR

Unidad de repaso

1 **a.** **Lee este correo electrónico y marca en cada número la palabra correcta.**

Mensaje nuevo

Hola, Rafa:

¿Qué tal estás? Me ha dicho Carolina que tú también [1] al Congreso de Biomedicina de Madrid. ¡Qué bien! Yo [2] el viernes por la tarde. ¿[3] esa noche para ir a cenar? El restaurante lo puedes elegir tú, a mí me da [4], pero seguro que hace [5] reservar. Yo [6] un poco nerviosa porque el sábado presento mi proyecto, aunque creo que esta vez no habrá [7] gente como el año pasado. Ya lo tengo casi todo preparado: la presentación en Power Point está [8], pero no sé si tengo que repartir también unas fotocopias del dosier. ¿Tú qué [9] en mi lugar? Bueno, nos vemos el viernes.

Muchos besos [10] ti, María y los niños.

Irene

1. ☐ vas ☐ vendrías ☐ estás

2. ☐ seré ☐ llegaré ☐ estoy

3. ☐ Nos quedamos ☐ Quedamos nos ☐ Quedamos

4. ☐ mismo ☐ lo mismo ☐ el mismo

5. ☐ falta ☐ que ☐ necesario

6. ☐ tengo ☐ soy ☐ estoy

7. ☐ tanta ☐ que ☐ necesario

8. ☐ terminada ☐ terminado ☐ listo

9. ☐ habías hecho ☐ harás ☐ harías

10. ☐ por ☐ para ☐ de

b. **Lee el diálogo y completa las frases con cuatro expresiones de las etiquetas.**

por supuesto	te puedo	podrías	¿verdad?	entonces	por eso

- Carolina, tú eres fisioterapeuta, ...
- ▪ Sí, trabajo en un centro de rehabilitación.
- ¿.................. hacer una pregunta?
- ▪ Sí, claro.
- ¿Qué es lo que más valoras de tu trabajo?
- ▪ Pues la verdad es que recibir reconocimiento me aporta mucho. Pero, ..., el sueldo también es importante...
- ¿.................. estás satisfecha en tu trabajo? ¿O piensas en cambiar, por ejemplo, tener tu propia consulta?
- ▪ Probablemente algún día. ¿Por qué no?

2 51-54 – **Lee las siguientes frases. Luego escucha cuatro textos cortos y decide si las frases son verdaderas (V) o falsas (F). Escucha los textos una segunda vez y comprueba.**

Cuatro personas hablan sobre internet.

1. María José Mesa, profesora:

☐ El acceso a internet debería ser gratis para todo el mundo.

2. Andrés Navarro, jubilado:

☐ Prefiere utilizar el móvil para hablar con sus hijos.

3. Mercedes Vázquez, jubilada:

☐ Sigue comprando el periódico todos los días.

4. Lucio Antúnez, arquitecto:

☐ Ha dejado de ir a las agencias de viajes.

3 55-56 – **Lee las siguientes frases. Luego escucha dos textos y decide si las frases son verdaderas (V) o falsas (F). Escucha los textos una segunda vez y comprueba.**

1. Un mensaje en el contestador automático:

☐ Alguien ha robado la tarjeta de crédito de la señora Cremades.

2. Un anuncio en la radio:

☐ Esta semana todos los visitantes del parque tendrán descuento en los restaurantes.

4 57-60 – **Lee las siguientes frases. Luego escucha cuatro textos y decide si las frases son verdaderas (V) o falsas (F). Escucha los textos una segunda vez.**

1. Un anuncio en la radio:

☐ El centro comercial abre el próximo domingo de doce a seis de la tarde.

2. Un anuncio en la televisión:

☐ El documental de la Panamericana lo ponen el martes a las 21 h.

3. Un anuncio en la radio:

☐ El 50 % del dinero de las entradas es para un proyecto social.

4. Un mensaje en el contestador automático:

☐ La señora Montero tiene ya una cita para una entrevista de trabajo.

5 **Lee este correo electrónico y decide si las frases son verdaderas (V) o falsas (F).**

1. ☐ Carlos quiere ir a recoger a su madre con Esteban.

2. ☐ Carlos puede prestarle el coche a Esteban.

Hola, Esteban:

Te llamé ayer dos veces al móvil, pero estaba desconectado. Mamá llega el jueves a las seis, ¿podrías ir tú al aeropuerto a recogerla? Yo tengo una reunión que terminará bastante tarde. Si necesitas el coche, te lo puedo dejar. Por favor, llámame para saber si puedes.

Carlos

6 **Esta es una guía informativa sobre proyectos sociales y organizaciones no gubernamentales (ONG). Lee los textos y, luego, elige un título para cada uno.**

- **a.** Las mamás, a la escuela con los niños
- **b.** Derechos humanos ¡ya!
- **c.** Por una costa limpia
- **d.** Agua para todos
- **e.** Cena caliente para todos
- **f.** El comercio justo en tu ciudad
- **g.** Di "¡No!" a las drogas
- **h.** Voluntariado para estudiantes universitarios

Ofrecemos la oportunidad de cuidar el medio ambiente activamente. Nos dedicamos a recoger la basura de nuestras playas en los meses de verano. En nuestra página web podéis ver fotos de las playas antes y después de nuestras acciones. 1

Muchos de nuestros voluntarios son gente famosa: futbolistas, cantantes... Los invitamos y ellos vienen a los colegios y explican a los chicos que con el alcohol y las drogas no se llega a ningún sitio. Presentan alternativas para una vida sana: el deporte, la música, el baile. 2

En este proyecto los voluntarios se dedican principalmente a ayudar con el trabajo del campo. Así las mujeres pueden ir a la escuela para aprender a leer con sus hijos. Es increíble ver el interés que tienen todos por aprender. Cuando están juntos, están más motivados. 3

Nuestros comedores funcionan ya en varias ciudades españolas. Ofrecemos todas las noches un menú con sopa y un segundo plato a la gente necesitada. Las personas que vienen con niños pueden entrar media hora antes y cenar así más tranquilos. 4

7 **Un reportaje sobre un nuevo canal de televisión. Lee primero estas cuatro frases. Después lee el texto y decide en qué parte (a–e) está la información que te interesa.**

1. Juegas muy bien al tenis y es tu deporte favorito.
2. Tus programas favoritos son las series antiguas de televisión.
3. No hay ningún documental, pero te gustaría ver alguno de vez en cuando.
4. Te interesan los vestidos de las actrices en el Festival de Cine Internacional.

UN NUEVO CANAL DE TELEVISIÓN

Por fin encontrarás lo que estabas buscando. A partir del 23 de abril podrás disfrutar de un nuevo canal de televisión. Aquí tienes algunos de los platos fuertes de nuestra programación.

a Por las mañanas empezaremos con un programa informativo en el que os contaremos las primeras noticias del día y el tiempo, y dedicaremos un espacio a las noticias del corazón. La reportera Amaya Dintén comentará las noticias de la prensa rosa.

b A partir de las seis, todo el deporte: fútbol, baloncesto, esquí... En directo y sin publicidad, y con entrevistas a los mejores deportistas del momento.

c Todos los días, a las ocho, tu cine favorito. En este programa nos visitarán algunas personas famosas. Nos hablarán de sus películas favoritas y después las emitiremos. ¿Sabes cuál es la película favorita de Shakira? Si lo quieres saber, te esperamos el próximo jueves.

d Las mejores series policíacas y comedias inglesas, dramas y telenovelas. ¿Recuerdas Colombo, Dallas o Falcon Crest? No te pierdas Los ricos también lloran. El primer capítulo, el próximo sábado a las diez.

e Esta es nuestra programación. ¿Hay algo que te gusta y no encuentras? ¿Pondrías otra cosa? Escríbenos a opinion@teleset.es con tus ideas y sugerencias. A final de mes elegiremos las 5 mejores sugerencias y recibirán un estupendo premio.

8 Escribe una carta a un/a amigo/a español/a y menciona tres de estos puntos.

- Habla de la última vez que os visteis y propón una ocasión para veros de nuevo.
- Has cambiado de trabajo, cuéntale por qué y compara el nuevo trabajo con el antiguo.
- Quieres colaborar en un proyecto social. Habla de él.
- Explica algunos de los planes que tienes para el futuro.
- Invita a tu amigo/a a tu próxima fiesta de cumpleaños.

9 Cuenta algo sobre ti mismo/a. Utiliza la información de las etiquetas. Luego, tu profesor/a te va a hacer una o dos preguntas más.

nombre vivienda estado civil trabajo
idiomas edad aficiones
hijos gustos

10 Habla con tu compañero/a sobre dos o tres de estos temas. Pregúntale y contesta sus preguntas.

su casa | sus últimas vacaciones | su trabajo
una fiesta | sus gustos sobre cine y televisión | sus planes para el futuro

11 Tú y tu compañero/a queréis pasar un sábado juntos/as. ¿Qué te gustaría hacer? Haz propuestas y da razones. Ponte de acuerdo con tu compañero/a en dos actividades y decidid cuándo vais a hacerlas.

¿qué? | ¿por qué? | ¿cuándo?

ir de compras

ir a un concierto

salir a tomar algo

hacer una excursión

correr en el parque

ver una nueva serie

NOS VEMOS HOY 2 COMPACTO
Edición para estudiantes

Autoras
Eva María Lloret Ivorra, Rosa Ribas, Bibiana Wiener

Coordinación editorial y redacción
Clara Serfaty, Pablo Garrido

Diseño gráfico
Laurianne Lopez, Pablo Garrido

Diseño de cubierta
Laurianne Lopez

Ilustración
Miguel Manich (studiomanich.com)

Maquetación
David Caramés, Miner Grillo

Corrección
Pablo Sánchez

Documentación
Emma González Mesas

NOS VEMOS HOY 2 COMPACTO
Cuaderno de ejercicios

Autoras
Celia Jaén Rodrigo, Eva Narvajas Colón, Pilar Pérez Cañizares, Bibiana Wiener

Coordinación editorial y redacción
Clara Serfaty

Diseño gráfico
Laurianne Lopez

Diseño de cubierta
Laurianne Lopez

Ilustración
Miguel Manich (studiomanich.com)

Maquetación
Aleix Tormo

Corrección
Pablo Sánchez

Nos vemos hoy compacto está basado en el manual *Con gusto nuevo*.

ISBN: 978-84-1157-347-4

Impreso en la UE

MIXTO
Papel | Apoyando la silvicultura responsable
FSC® C125125

NOS VEMOS HOY 2 COMPACTO

Edición para estudiantes

ILUSTRACIONES

Miguel Manich (studiomanic.com)

Excepto por: U2: p. 28 Artistashmita/Dreamstime. **U3:** p. 42 Volodymyr Kotoshchuk/iStockPhoto; p. 47 Wikimedia Commons; p. 53 peregrinus/AdobeStock, warmworldAdobeStock, Janoj/iStockPhoto. **U4:** p. 54, p. 56 Dariia/AdobeStock; p. 57 bloomicon/AdobeStock. **U6:** p. 72 Olga Zakharova/iStockPhoto; p. 73 pop_jop/iStockPhoto; p. 74 103/AdobeStock. **U7:** p. 91 Ajwad Creative/iStockPhoto, Oleksandr Pupko/iStockPhoto. **U8:** p. 102 Dariia/AdobeStock. **U10:** p. 122 kbeis/iStockPhoto; p. 123 rambo182/iStockPhoto. **U12:** p. 146, p. 148 Dariia/AdobeStock.

FOTOGRAFÍAS

U1: p. 12 Thitima Thongkham/iStockPhoto, Eve Orea/iStockPhoto, MF3d/iStockPhoto; p. 13 Boarding1now/Dreamstime.com, SolStock/iStockPhoto, javi_indy/iStockPhoto, Namchetoukla/AdobeStock; p. 14 Alexandre Fagundes De Fagundes/Dreamstime.com, Tatiana Chekryzhova/Dreamstime.com, Antartis/Dreamstime.com, JackF/AdobeStock; p. 15 Leonid Andronov/AdobeStock; p. 16 pagadesign/iStockPhoto, pamela_d_mcadams/AdobeStock, mcwhitey/iStockPhoto, by-studio/AdobeStock, Yeti Studio/AdobeStock, Roman Dekan/AdobeStock, deepblue4you/iStockPhoto, privetik/iStockPhoto, kyoshino/iStockPhoto, yaophotograph/AdobeStock, nata777_7/AdobeStock, fumumpa/iStockPhoto, picsfive/AdobeStock; p. 17 luckyraccoon/iStockPhoto, Tetiana Soares/iStockPhoto, bwb-studio/iStockPhoto, Tempura/iStockPhoto; p. 18 El Diario Vasco; p. 19 FatCamera/iStockPhoto, nd3000/iStockPhoto; pp. 22-23 nito100/iStockPhoto; p. 22 MStudioImages/iStockPhoto, AaronAmat/iStockPhoto, aldomurillo/iStockPhoto; p. 23 SolStock/iStockPhoto, Photitos2016/iStockPhoto, andylid/iStockPhoto; p. 24 Potatushkina/Dreamstime.com; p. 25 ljubaphoto/iStockPhoto. **U2:** p. 26 Andrey Popov/AdobeStock, prostooleh/AdobeStock; p. 27 Iryna Mylinska/Dreamstime, Romannerud/Dreamstime, Viculia/Dreamstime.com; p. 29 JJFarquitectos/iStockPhoto; p. 31 RyanJLane/iStockPhoto, aimandshoot/AdobeStock, Neha S/iStockPhoto, Customdesigner/iStockPhoto; p. 32 shapecharge/iStockPhoto, panchof/iStockPhoto; p. 33 Floortje/iStockPhoto, sh22/iStockPhoto, bonetta/iStockPhoto, kaisphoto/iStockPhoto, Liudmyla Liudmyla/iStockPhoto, Floortje/iStockPhoto, zoranm/iStockPhoto, talevr/iStockPhoto, TopDigiPro/iStockPhoto; p. 34 bgblue/iStockPhoto, calvindexter/iStockPhoto, Karyna Kochnieva/iStockPhoto; pp. 36-37 Mauro_Repossini/iStockPhoto; p. 36 insta_photos/iStockPhoto, Nomad/iStockPhoto, JeremyRichards/iStockPhoto, Josemcarrasco/Dreamstime.com; p. 38 RUBEN RAMOS/iStockPhoto, SolStock/iStockPhoto, zoranm/iStockPhoto; p. 39 FilippoBacci/iStockPhoto. **U3:** p. 40 300dpi/iStockPhoto, Rido/AdobeStock, Yakobchuk Olena/AdobeStock; p. 41 Puhhha/Dreamstime.com, vgajic/iStockPhoto; p. 43 pickup/AdobeStock, Dimitris66/iStockPhoto, dekzer007/iStockPhoto, i-rogova/iStockPhoto, Alex Churilov/AdobeStock, Andrea Crisante/Dreamstime.com, Chillim/iStockPhoto, Evgeny/AdobeStock, bonetta/iStockPhoto, StockPhotosArt/AdobeStock, Songglod/iStockPhoto; p. 44 sturti/iStockPhoto; p. 45 Abel Roman/Dreamstime.com, Xulio Villarino/GettyImages; p. 47 antonbelo/AdobeStock; p. 48 Tatiana Muslimova/Dreamstime.com; pp. 50-51 paula/AdobeStock; p. 50 PIKSEL/iStockPhoto; p. 51 Helena GARCIA/AdobeStock, David Ramos/GettyImages; p. 52 Tempura/iStockPhoto, monkeybusinessimages/iStockPhoto, shapecharge/iStockPhoto; p. 53 kupicoo/iStockPhoto. **U4:** p. 56 Equipo Crónica. **U5:** p. 58 mactrunk/iStockPhoto; pp. 58-59 grinvalds/iStockPhoto, simpson33/iStockPhoto; p. 59 natasaadzic/iStockPhoto, marchmeena29/iStockPhoto, PeopleImages/iStockPhoto; p. 62 MilosBataveljic/iStockPhoto, JohnFScott/iStockPhoto; pp. 68-69 javier_garcia/AdobeStock; p. 68 Syda Productions/AdobeStock, roberaten/AdobeStock, THEPALMER/iStockPhoto; p. 70 dszc/iStockPhoto, ivanastar/iStockPhoto. **U6:** p. 72 nito100/iStockPhoto, p. 73 Medesulda/iStockPhoto, mtrlin/AdobeStock, monkeybusinessimages/iStockPhoto; p. 75 gilaxia/iStockPhoto, Oleh_Slobodeniuk/iStockPhoto; p. 77 fascinadora/AdobeStock; p. 79 svetikd/iStockPhoto; p. 80 Prostock-Studio/iStockPhoto; p. 82 Johnnywalker61/Dreamstime.com, DMEPhotography/iStockPhoto; p. 83 joserpizarro/AdobeStock, Phranc/AdobeStock; p. 84 pixdeluxe/iStockPhoto; p. 85 Antonio Guillem/Dreamstime.com, Vadym Pastukh/Dreamstime.com. **U7:** pp. 86-87 Aphelleon/Dreamstime.com; p. 86 Patryk Kosmider/Dreamstime.com, Alexchered/Dreamstime.com, Vasyl Helevachuk/Dreamstime.com, Prapass Wannapinij/Dreamstime.com, Chinnasorn Pangcharoen/Dreamstime.com, Jackiso/Dreamstime.com, Eovsyannikova/Dreamstime.com, Петлин Дмитрий/Dreamstime.com; p. 87 Richard Carey/Dreamstime.com, Isselee/Dreamstime.com, Natalya Aksenova /Dreamstime.com, Les Cunliffe/Dreamstime.com; p. 88 NaiveAngel/iStockPhoto, jacquesvandinteren/iStockPhoto, Jonathan Ross/iStockPhoto, Juan Aunión/

AdobeStock; p. 89 suriya silsaksom/iStockPhoto, ferrantraite/iStockPhoto; p. 90 praetorianphoto/iStockPhoto; p. 92 fotografixx/iStockPhoto; pp. 96-97 J2R/iStockPhoto; p. 96 fizkes/iStockPhoto, Phooey/iStockPhoto; p. 97 h368k742/AdobeStock, Manusemo/AdobeStock; p. 98 akinsh n/iStockPhoto. **U8:** p. 100 AJ_Watt/iStockPhoto; p. 102 José Morillo; p. 103 NoSystem images/iStockPhoto. **U9:** p. 104 Damian/AdobeStock, paulzhuk/AdobeStock, Igal/AdobeStock, Geber86/iStockPhoto; p. 105 mladenbalinovac/iStockPhoto, Andrew Deer/AdobeStock, David Pereiras/AdobeStock; p. 106 greenpeace.org, (Unicef) Wikimedia Commons; p. 107 nimito/AdobeStock; p. 108 AFP/GettyImages; p. 109 Neilson Barnard/GettyImages, AFP/GettyImages; p. 110 THOMAS COEX/GettyImages; p. 111 lechatnoir/iStockPhoto, Rawpixel/iStockPhoto; pp. 114-115 photooiasson/iStockPhoto; p. 114 tirc83/iStockPhoto, Denis Doyle/GettyImages; p. 115 Denis Doyle/GettyImages, Denis Doyle/GettyImages; p. 116 Drazen Zigic/iStockPhoto, eclipse_images/iStockPhoto. **U10:** p. 118 visualspace/iStockPhoto, dusanpetkovic1/AdobeStock, martin-dm/iStockPhoto; p. 119 lordn/AdobeStock, byswat/AdobeStock, kupicoo/iStockPhoto; p. 121 AleksandarNakic/iStockPhoto, kupicoo/iStockPhoto, visualspace/iStockPhoto, Delmaine Donson/iStockPhoto; p. 122 Zocha_K/iStockPhoto, Katie_Martynova/iStockPhoto, stock_colors/iStockPhoto, Nastco/iStockPhoto, RichLegg/iStockPhoto, LanaStock/iStockPhoto, FangXiaNuo/iStockPhoto, hocus-focus/iStockPhoto; p. 123 alvarez/iStockPhoto; p. 124 Blue Planet Studio/iStockPhoto; pp. 128-129 Salima Senyavskaya/iStockPhoto; p. 128 Morsa Images/iStockPhoto; p. 129 Salima Senyavskaya/iStockPhoto; p. 130 StefaNikolic/iStockPhoto; p. 131 vm/iStockPhoto. **U11:** p. 132 PeopleImages/iStockPhoto, Eva-Katalin/iStockPhoto, DragonImages/iStockPhoto, Daria Soldatkina/iStockPhoto, LukaTDB/iStockPhoto, golubovy/iStockPhoto; p. 133 eakrin rasadonyindee/iStockPhoto, South_agency/iStockPhoto, eclipse_images/iStockPhoto, ake1150sb/iStockPhoto, alexeyrumyantsev/iStockPhoto, shapecharge/iStockPhoto; p. 134 FG Trade/iStockPhoto, ronstik/iStockPhoto; p. 135 filadendron/iStockPhoto; p. 136 AaronAmat/iStockPhoto; p. 138 Martin Schütz/iStockPhoto, alvarez/iStockPhoto; pp. 142-143 BeteMarques/iStockPhoto; p. 142 MStudioImages/iStockPhoto, stockcam/iStockPhoto; p. 143 Manuel Velasquez/GettyImages; p. 145 Lyndon Stratford/iStockPhoto. **U12:** p. 146 LeoPatrizi/iStockPhoto; p. 148 LanaStock/iStockPhoto; p. 149 MarioGuti/iStockPhoto.

NOS VEMOS HOY 2 COMPACTO

Cuaderno de ejercicios

ILUSTRACIONES

Miguel Manich (studiomanich.com)

Excepto por: **U1**: p. 158 freepik; p. 165 Ihor Reshetniak/iStockPhoto. **U7**: p. 211 Svetlana Ivanova/iStockPhoto; p. 213 4x6/iStockPhoto. **U10**: p. 232 design vector/iStockPhoto, artsterdam/iStockPhoto, ChrisSteer/iStockPhoto.

FOTOGRAFÍAS

U1: p. 157 SolStock/iStockPhoto, MF3d/iStockPhoto; p. 160 SamyStClair/iStockPhoto; p. 162 Roman Dekan/AdobeStock, pamela_d_mcadams/AdobeStock, Yeti Studio/AdobeStock, pagadesign/iStockPhoto, deepblue4you/iStockPhoto, by-studio/AdobeStock, Maria Korneeva/iStockPhoto; p. 163 MaboHH/iStockPhoto; p. 164 andylid/iStockPhoto. **U2**: p. 168 JJFarquitectos/iStockPhoto; p. 169 Iryna Mylinska/Dreamstime, Goran Jakus Photography/iStockPhoto; p. 174 JeremyRichards/iStockPhoto. **U3**: p. 177 Santiaga/iStockPhoto; p. 182 lcodacci/iStockPhoto; p. 184 Paco Junquera/GettyImages, Helena GARCIA/AdobeStock. **U4**: p. 187 Carlos Soler Martinez/Dreamstime; p. 188 fotostorm/iStockPhoto, R.M. Nunes/iStockPhoto. **U5**: p. 189 simpson33/iStockPhoto; p. 191 simonkr/iStockPhoto, PeopleImages/iStockPhoto; p. 192 MarianVejcik/iStockPhoto, JackF/iStockPhoto; p. 193 Archive Photos/GettyImages, Freeartist/iStockPhoto; p. 194 PeopleImages/iStockPhoto; p. 195 FG Trade/iStockPhoto; p. 196 THEPALMER/iStockPhoto; p. 197 Tempura/iStockPhoto. **U6**: p. 199 gilaxia/iStockPhoto; p. 200 PeopleImages/iStockPhoto; p. 202 Vladimir Akin`shin/Dreamstime; p. 203 MEDITERRANEAN/iStockPhoto, oceane2508/iStockPhoto, DusanManic/iStockPhoto, brazzo/iStockPhoto; p. 204 Kanawa_Studio/iStockPhoto; p. 205 gilaxia/iStockPhoto; p. 206 joserpizarro/AdobeStock. **U7**: p. 209 Jonathan Ross/iStockPhoto; p. 211 -alzay/iStockPhoto; p. 212 JESUSDEFUENSANTA/iStockPhoto, joruba/iStockPhoto; p. 213 amoklv/iStockPhoto; p. 215 carloscastilla/iStockPhoto; p. 216 kate_sept2004/iStockPhoto, Phooey/iStockPhoto; p. 217 poba/iStockPhoto. **U8**: p. 219 sufiyan huseen/iStockPhoto, monkeybusinessimages/iStockPhoto; p. 220 LeoPatrizi/iStockPhoto, Yelizaveta Tomashevska/iStockPhoto. **U9**: p. 221 Simona Sirio/iStockPhoto, agcuesta/iStockPhoto; p. 222 dragana991/iStockPhoto; p. 223 JackF/iStockPhoto, wundervisuals/iStockPhoto, monkeybusinessimages/iStockPhoto; p. 224 Wavebreakmedia/iStockPhoto; p. 225 AzmanL/iStockPhoto, adamkaz/iStockPhoto, eyecrave/iStockPhoto, Neilson Barnard/GettyImages; p. 228 Denis Doyle/GettyImages. **U10**: p. 231 NicoElNino/iStockPhoto; p. 232 Marek Bubenik/iStockPhoto, Patrick Daxenbichler/iStockPhoto, Sjoerd van der Wal/iStockPhoto, johan10/iStockPhoto, DC_Colombia/iStockPhoto; p. 233 Portra/iStockPhoto, Ridofranz/iStockPhoto; p. 235 Grumpy Cow Studios/iStockPhoto; p. 236 SbytovaMN/iStockPhoto, lechatnoir./iStockPhoto; p. 238 dusanpetkovic1/AdobeStock, Salima Senyavskaya/iStockPhoto; p.239 Marta Ortiz/iStockPhoto. **U11**: p. 241 DragonImages/iStockPhoto; p. 242 skynesher/iStockPhoto, Wavebreakmedia/iStockPhoto, Josep Curto/Dreamstime, LeoPatrizi/iStockPhoto, Digital Vision/iStockPhoto; p. 244 atlantic-kid/iStockPhoto; p. 245 laflor/iStockPhoto; p. 248 eclipse_images/iStockPhoto, Manuel Velasquez/GettyImages. **U12**: p. 251 PeopleImages/iStockPhoto; p. 252 Jkstock/iStockPhoto; p. 253 Arturo Holmes/GettyImages; p. 254 Csondy/iStockPhoto, recep-bg/iStockPhoto, e_rasmus/iStockPhoto, leszekglasner/iStockPhoto, Dmitry Belyaev/iStockPhoto, hocus-focus/iStockPhoto.